21世纪法学系列教材

专业通选课系列

法律文献检索

（第四版）

于丽英 著

北京大学出版社
PEKING UNIVERSITY PRESS

图书在版编目(CIP)数据

法律文献检索/于丽英著. —4版. —北京:北京大学出版社,2021.12
21世纪法学系列教材
ISBN 978-7-301-32729-6

Ⅰ.①法… Ⅱ.①于… Ⅲ.①法律—信息检索—高等学校—教材 Ⅳ.①G254.97

中国版本图书馆CIP数据核字(2021)第236029号

书　　　　名	法律文献检索(第四版) FALÜ WENXIAN JIANSUO(DI-SI BAN)
著作责任者	于丽英　著
责任编辑	王　晶
标准书号	ISBN 978-7-301-32729-6
出版发行	北京大学出版社
地　　　　址	北京市海淀区成府路205号　100871
网　　　　址	http://www.pup.cn
电子信箱	law@pup.pku.edu.cn
新浪微博	@北京大学出版社　@北大出版社法律图书
电　　　　话	邮购部 010-62752015　发行部 010-62750672　编辑部 010-62752027
印　刷　者	北京鑫海金澳胶印有限公司
经　销　者	新华书店
	730毫米×980毫米　16开本　16.75印张　367千字
	2010年6月第1版　2013年1月第2版
	2015年1月第3版
	2021年12月第4版　2022年11月第2次印刷
定　　　　价	46.00元

未经许可,不得以任何方式复制或抄袭本书之部分或全部内容。
版权所有,侵权必究
举报电话:010-62752024　电子信箱:fd@pup.pku.edu.cn
图书如有印装质量问题,请与出版部联系,电话:010-62756370

内 容 提 要

本书试图成为一本较为全面、系统介绍法律文献信息资源及其检索利用的教科书和参考指南。

全书分为五个部分，共十四章。第一部分总论/知识篇，包括法律制度概述、法律资源概述与法律检索概述三章。第二部分中国法篇，包括规范性法律资源及其检索，非规范性法律资源及其检索，古代、近代法律资源及其检索以及中文法律数据库举要四章。第三部分外国法及国际法篇，包括外国法律资源与利用、国际法与国际组织资源与利用及英文法律数据库举要三章。第四部分免费网络资源篇，包括搜索引擎与开放获取资源、网络法律资源与利用两章。第五部分法律检索应用篇，包括法律检索应用、法学论文写作与学术规范两章。书中各章的思考练习题，有助于读者进行复习思考和检索训练。

本书可以作为法律专业人士利用各种类型的法律资源的学习指导用书，也可以作为各类法律机构开展法律文献检索课程与用户培训的教材。

第四版修订说明

《法律文献检索》自 2015 年修订第三版以来,党和国家事业发生着历史性变革。我国一批新的法律法规及部门规章颁布出台、生效实施,还有一系列司法解释、指导性案例、典型案例等出台,这些对法学教学及法律实务产生着影响。特别是习近平法治思想,是坚持和完善中国特色社会主义法治体系,全面推进依法治国的指导思想。中共中央印发的《法治中国建设规划(2020—2025 年)》《法治社会建设实施纲要(2020—2025 年)》和中共中央、国务院印发的《法治政府建设实施纲要(2021—2025 年)》等重要文件,对今后我国法治建设具有指导意义。

2020 年,新冠肺炎疫情在全球蔓延,各国采取各种措施抗击疫情。在这种形势下,远程办公、网上办公或者居家办公的方式涌现或正在持续甚至成为常态。远程登录、校外访问成为学校师生必须了解和学会的利用学术资源的方式,电子资源的访问和利用较之前提升了新的高度。

从印刷本到数据库,从新媒体到大数据,信息资源的类型、内容及利用方式都变化巨大。这些变化自然反映在法律检索教学内容与方式的变化中。

法律检索教学相关的因素还体现在法学教育和专业人员的素质要求等方面。2017 年,国务院学位委员会关于转发《法律硕士专业学位研究生指导性培养方案》的通知(学位办[2017]19 号),明确将"法律检索"规定为法律硕士学生的必修课。2017 年,最高人民法院印发《司法责任制实施意见(试行)》(法发[2017]20 号),创设了类案与关联案件检索机制。2020 年 7 月,最高人民法院发布《关于统一法律适用加强类案检索的指导意见(试行)》,对类案检索及其范围、方法等作了说明。律师也普遍注重业务技能和法律检索培训。可见,在法律专业素养中,法律检索素养日趋重要。

学生可以养成检索、阅读、归纳、评价法律资料的能力。为了解释法律,需要查询相关的判例、学说,查阅立法过程的资料。法科学生需要了解相应的文献来源并有效地加以搜集,需要有效率地阅读并归纳其中的观点,并评估其与法律解释的相关性及说服力①。在法律检索教学实践中,通过师生对课堂设计的调整与互动,不断注入对课程的思考:法律检索属于专业教育,而不仅仅是技能培训,其内容能够反映主要的方法论及时代发展的要求与前沿,资源利用与问题需求是并重的。

结合上述变化及法律检索教学实践,此次修订对书中内容作了全面调整,主要有以下几个方面:

(1)章节结构及内容均有调整。总论部分重点修改,分三章对法律制度、法律资源、

---

① 葛云松:《法学教育的理想》,载《中外法学》2014 年第 26 卷第 2 期,第 311 页。

法律检索进行概述,属于知识和方法论内容。中国法部分则是对资源及检索的具体化,并增加"古代、近代法律资源及其检索"章。

(2)检索应用部分调整。第十三章"法律检索应用"将内容调整为针对同一个题目根据不同需求设计不同的检索策略,展示检索思路和方法。

(3)调整思考练习题。各章的思考练习题均作调整,部分附参考答案(可参见书末二维码内容)。

(4)更新附录。包括文献、资源及检索等常识性、参考性内容。

书中对法律法规、相关法律制度及其研究文献、部分网络资源更新时间截至2021年9月。书中所有页面显示均为截图,且因访问时间不同显示页面会有所区别,故仅供参考。对于数据库等电子资源,由于访问途径不同,显示的界面也不相同。如一些订购资源只能校园网访问,外网可能无法登录。此修订版试图将检索思路和方法贯穿全书,检索工具和数据库以常用为主。虽努力避免单个资源的一库一检、"只见树木不见森林",但是,从介绍到应用,时有重复性的描述和步骤,处理得不尽如人意,敬请谅解。

欢迎各位读者批评指正。

于丽英
2021年9月于清华大学法律图书馆

第三版修订说明

2013年以来,我国一批新的法律法规及部门规章陆续颁布实施,这些法律法规的制定、修改及实施具有重要的意义和影响。例如,2014年,全国人大常委会《关于修改〈中华人民共和国行政诉讼法〉的决定》(2015年5月1日实施)、关于对《中华人民共和国民法通则》《中华人民共和国婚姻法》《中华人民共和国刑事诉讼法》《中华人民共和国刑法》部分条款的解释,以及2014年修正的《中华人民共和国保险法》《中华人民共和国证券法》《中华人民共和国预算法》《中华人民共和国环境保护法》《中华人民共和国政府采购法》和2013年修正的《中华人民共和国消费者权益保护法》《中华人民共和国商标法》《中华人民共和国海洋环境保护法》《中华人民共和国公司法》《中华人民共和国海关法》《中华人民共和国税收征收管理法》等。此外,一系列行政法规、司法解释、指导性案例、典型案例等的出台,都对法学教学研究及法律实务产生了深刻影响。

在此背景下,本次修订对书中部分内容作了一些调整,主要体现在以下几个方面:

(1) 部分法律法规、研究文献的更新,以及网站、网址的更新和变化。

(2) 增加了最高人民法院典型案例月发布制度及裁判文书上网的最新规定。

(3) 检索实证部分的结构作了适当调整。

(4) 附录1"中文法学核心期刊目录"部分进行了更新,以反映学术期刊被引用、排名的变化。

特别需要说明的是,网络资源和电子数据库的更新变化比较大,涉及的主要内容部分进行了更新、调整。书中对法律法规、相关法律制度及其研究文献、部分网络资源更新时间截至2014年11月。但是,书中采用的网络页面和数据库检索界面的显示具有直观的参考性,对内容本身无实质性影响;部分检索结果会因数据库更新发生变化,但对于演示作用无影响,此次并没有对这些内容和页面图示作修订。书中所有页面显示均为截图,仅供参考。

欢迎各位读者批评指正。

于丽英
2014年11月于清华大学法学院

第二版修订说明

　　近两年来,我国立法、司法及法制建设都取得很大进展,相关法律文献出版及专业数据库资源不断增加。2011年10月,国务院新闻办公室发表了《中国特色社会主义法律体系》白皮书,宣告中国特色社会主义法律体系已经形成。中国特色社会主义法律体系,是以宪法为统帅,以法律为主干,以行政法规、地方性法规为重要组成部分,由宪法相关法、民法商法、行政法、经济法、社会法、刑法、诉讼与非诉讼程序法等多个法律部门组成的有机统一整体。新的立法如:《中华人民共和国行政强制法》(2011年)、《中华人民共和国车船税法》(2011年)、《中华人民共和国非物质文化遗产法》(2011年)、《中华人民共和国涉外民事关系法律适用法》(2010年)、《中华人民共和国社会保险法》(2010年)、《中华人民共和国人民调解法》(2010年)等。修订法律如:《中华人民共和国民事诉讼法》(2012年修正)、《中华人民共和国刑事诉讼法》(2012年修正)、《中华人民共和国刑法修正案(八)》(2011年修正)、《中华人民共和国清洁生产促进法》(2012年修正)、《中华人民共和国居民身份证法》(2011年修正)、《中华人民共和国兵役法》(2011年修正)、《中华人民共和国建筑法》(2011年修正)、《中华人民共和国个人所得税法》(2011年修正)、《中华人民共和国道路交通安全法》(2011年修正)、《中华人民共和国国家赔偿法》(2010年修正)、《中华人民共和国全国人民代表大会和地方各级人民代表大会选举法》(2010年修正)、《中华人民共和国著作权法》(2010年修正)等。此外,还有一系列行政法规、司法解释、指导性案例等出台,这些都对法学教学研究及法律实务产生着影响。

　　因此,此次修订结合这些变化对书中内容作了一些调整。为了便于读者查看,对于更新部分按目录结构指引如下:

　　第一章:增加了最高人民法院、最高人民检察院对案例指导工作的最新规定。

　　第二章:工具书部分更新,其他变动不大。

　　第三章:变化较大,增加了法律法规汇编、司法解释汇编、案例汇编等最新出版的文献;特别是对案例文献的出版进行比较细致的梳理。

　　第四章:对法学核心期刊、法律集刊的内容全部更新。

　　第五至十章:变动较大。对于一些数据库、网站的地址、介绍、页面等进行更新和组织。

　　第十一章:部分检索题目根据最新立法和法制建设发展调整检索结果;个别检索实例调整。

　　第十二至十三章:变动不大。

　　附录1"中文法学核心期刊目录":完全更新。

附录2"主要图书分类法简介":更新了《中国图书馆分类法》的最新版本。

特别需要说明的是,网络资源和电子数据库的更新变化较大,涉及的主要内容部分进行了更新、调整;部分资源检索时间截至2012年10月。但是,书中采用的网络页面和数据库检索界面的显示具有直观的参考性,如果对内容本身无实质性影响,此次并没有对这些内容和页面图示作修订。书中所有页面显示均为截图,仅供参考。

另外,此次修订结合各章内容和练习题配备了课件。

欢迎各位读者批评指正。

于丽英

2012年10月于清华大学法学院

前　言

在中国,对于"法律检索"一词没有统一或者一致的叫法,一般来说,法律检索、法律文献检索、法律信息检索等意思相同。法律检索主要与英文"legal research"相对应,它包括两个含义,一是指法律文献检索,即查找和收集有关某一法律问题的法律根据(authorities)。亦指为法律检索目的而有效地编排和整理关于某一法律问题的法律依据方面的研究。二是指法律研究,即对法律问题及与法律相关的问题作系统的探讨与考察[①]。本书所讲的"法律检索"主要集中在第一个含义。法律检索即是指以规范的、科学的、系统的方法查找、收集法律资料的过程,以满足解决相应法律问题的需求。它既是一个过程,也是一种方法。目前,在国内出版的各类法学工具书,如法学(法律)辞典、法学百科全书中,还没有"法学检索"或"法律检索"的词汇,没有对这个词的概念解释。这说明法律检索在中国的法学领域中尚未形成概念,专业人士对它的认识也非常有限,远谈不上共识。

法学是实践性科学,法学教育的人才培养目标应该是培养创新型和应用型的法律人才,必须将法律知识、法律职业素养和法律职业技能统一起来,仅单纯具备其中的一种能力是不够的。所以说,法学教育不仅要传授法律知识,同时要培养和训练学生的实践能力和操作能力。能力的培养应当提到与知识的传授同等甚至更高的地位,这样,才能实现培养法律人才的目标。培养法律专业学生的信息素质能力和研究能力,培养查找法律信息的方法,驾驭、运用法律资源的能力,掌握综合应用文献信息的知识和方法,这不仅是对专业人员的实践性训练,也是一种研究思维的训练。同时,现代科学技术不断发展,法律问题更是层出不穷,检索的技巧和方法的训练愈加重要。可见,法律检索教育在法学教育和法律人才培养方面的作用是毋庸置疑、不可忽视的。相信随着中国法学教育事业的改革和发展,法律信息素质教育将被提上日程,法律信息和法律检索对于法学研究及法律实务的作用和意义正在日趋凸现。

本书的宗旨便是试图成为一本较为全面、系统介绍法律文献信息资源及其检索利用的教科书和参考指南。全书分为五个部分,共十三章。

第一部分总论/知识篇。包括中外法律制度概述、法律资源与法律检索概述两章,介绍了中国及大陆法国家和普通法国家的法律渊源、法律制度等内容,从法律学科整体高度把握法律文献的研究和应用。同时,对法律资源的分类及其载体形式进行阐述,介绍了代表性专业工具书类型,这是开展法律检索的基础知识。

第二部分中国法篇。包括规范性法律资源、非规范性法律资源、中文法律数据库举

[①] 薛波:《元照英美法词典》,法律出版社2003年版,第822页。

要三章，具体阐述各类法律资源形式和内容，是本书的中心部分。

第三部分外国法及国际法篇。包括外国法律资源与利用、国际法与国际组织资源与利用、西文法律数据库举要三章，介绍了外国法及国际法学习和研究的基本资源，是本书的中心部分。

第四部分免费网络资源篇。包括网络检索工具与开放获取资源、网络法律资源与利用两章，这些都是最常用和一般性的资源和利用方式，在法律检索中是不可或缺的资源和手段。

第五部分法律检索实证篇。包括法律检索实证、法学论文写作与学术规范、文献资源利用中的著作权保护三章，介绍检索实例和法学论文写作，资源利用中的学术规范及著作权保护等内容，具有较强的实用性和可操作性。

书中各章的思考练习题，有助于读者进行拓展练习和研究。书中所引用的网页及电子资源检索时间均截至2009年12月。本书还有四个附录，包括：(1) 中文法学核心期刊目录；(2) 主要图书分类法简介；(3) 法律文献检索教材和著作目录；(4) 本书主要参考文献。

总之，通过本书的学习和训练，将有助于培养法律专业人员的信息素质能力和研究能力，使其能够了解本学科信息的类别与类型；了解本学科常用的信息源与检索策略；能够对本学科文献的内容作出有效的评价；能够对本学科文献中举出的证据、例子的有效性作出判断等。全书注重法律检索理论和实践的结合，重视文献检索、获取和利用等应用技能的传授，循序渐进地提供了综合应用文献信息的知识和方法。当然，这种技巧和方法并不是只通过阅读此书就能获得，还必须利用图书馆和计算机网络进行各种检索实习和训练，就像书中的范例所展示的那样。实践是培养和检验方法的必经之路。

本书的写作出版，得到了北京大学出版社王晶编辑的帮助和支持。在写作过程中，参考借鉴了国内外有关学者和研究人员的学术成果。在此，一并表示衷心的感谢。

书中仅代表个人认识和观点，囿于作者的学识和水平，缺漏错误在所难免，希望读者赐教指正。

于丽英
2009年岁末于清华大学

目录

第一部分 总论/知识篇

第一章 法律制度概述/003
 第一节 中国的法律制度 /003
 第二节 大陆法系国家的法律制度 /013
 第三节 普通法系国家的法律制度 /016

第二章 法律资源概述/020
 第一节 法律资源概述 /020
 第二节 法律资源(文献)类型 /022

第三章 法律检索概述/037
 第一节 概述 /037
 第二节 检索分析 /037
 第三节 检索工具 /038
 第四节 检索方法 /039
 第五节 检索结果 /044

第二部分 中国法篇

第四章 规范性法律资源及其检索/049
 第一节 法律法规 /049
 第二节 司法解释 /058
 第三节 条约 /060
 第四节 案例 /065

第五章 非规范性法律资源及其检索 /072

第一节 法学图书检索 /072

第二节 法学期刊论文检索 /077

第三节 法律集刊论文检索 /079

第四节 法学学位论文检索 /081

第六章 古代、近代法律资源及其检索 /086

第一节 概述 /086

第二节 电子资源举要 /087

第三节 印刷型资源举要 /094

第四节 1949年以前的条约资料 /097

第七章 中文法律数据库举要 /099

第一节 北大法宝 /099

第二节 威科先行法律库 /102

第三节 律商网 /103

第四节 中国裁判文书网 /105

第五节 其他数据库 /107

第六节 我国港澳台地区法律数据库 /109

第三部分 外国法及国际法篇

第八章 外国法律资源与利用 /119

第一节 外国法研究指南 /119

第二节 普通法国家法律资源举例 /126

第三节 大陆法国家法律资源举例 /136

第四节 外国法检索举例 /145

第九章 国际法与国际组织资源与利用 /153

第一节 研究指南 /153

第二节 国际法与联合国 /155

第三节 欧盟法资源 /164

第四节 国际贸易法与世界贸易组织 /171

第十章 英文法律数据库举要 /179

第一节 Lexis®法律数据库 /179

第二节 Westlaw 数据库 /183

第三节 HeinOnline 法律数据库 /186

第四节　其他数据库资源 /188

第四部分　免费网络资源篇

第十一章　搜索引擎与开放获取资源/195
第一节　搜索引擎 /195
第二节　开放获取资源 /199

第十二章　网络法律资源与利用/204
第一节　法律类网站概述 /204
第二节　媒体法律资源举要 /214

第五部分　法律检索应用篇

第十三章　法律检索应用/221
第一节　一般资料性检索 /222
第二节　实务性资料检索 /224
第三节　研究性资料检索 /226
第四节　域外研究文献检索 /230
第五节　检索报告 /232

第十四章　法学论文写作与学术规范/234
第一节　法学论文写作 /234
第二节　学术规范 /237
第三节　文献资源利用中的著作权保护 /242

附录1　中文法学核心期刊目录 /246
附录2　主要图书分类法简介 /249
附录3　文献类型及代码一览表（国家标准）/253
附录4　主要参考文献 /254

第一部分

总论/知识篇

第一章 法律制度概述

【本章提要】

法学专业知识是法律检索的基础和前提。只有通过对法学基本理论和基本法律制度的了解和掌握，才能从法律学科高度把握法律文献的研究和应用。本章主要介绍中国宪法及国家制度、中国的法律渊源、大陆法国家的法律制度及普通法国家的法律制度等内容，这也是全书的立足点和出发点，从而全面、系统地介绍各类资源的内容、特点及资源分布。本章内容属于法律知识总论部分。

第一节 中国的法律制度

一、中国宪法及国家制度

（一）宪法制度

宪法是国家的根本大法，规定了国家的根本制度、根本任务和国体、政体以及公民基本权利义务等重大问题。宪法具有最高法律效力，是制定其他法律的依据，一切法律、法规都不得同宪法相抵触。我国现行有效的宪法是 1982 年《中华人民共和国宪法》及其修正案。

除宪法本身外，还有宪法相关法，一般是指直接保障宪法上述规定实施和国家政权运作等方面的法律规范的总和，调整国家机关之间、国家与公民之间的法律关系，在维护国家主权，保证国家政权的运作，保障人民的当家作主权利，促进民主政治和法治建设方面，发挥着重要作用。宪法相关法方面的法律主要包括：一是国家机构的产生、组织、职权和基本工作制度方面的法律。二是有关民族区域自治制度、基层群众自治制度方面的法律。三是有关特别行政区方面制度的法律。四是有关维护国家主权、领土完整、国家安全、国家标志等方面的法律。五是有关保障公民基本政治权利方面的法律。

根据宪法的规定，全国人民代表大会为最高国家权力机关，是唯一有权修改宪法的机关。宪法的修改需要按照特别的程序来进行，比修改普通法律更加严格。宪法的解释权属于全国人大常委会，一般通过制定法律、发布决定、决议的形式解释宪法。全国人大履行监督宪法实施的职权；全国人大常委会行使解释宪法、监督宪法实施的职权。全国人大有权改变或者撤销全国人大常委会对宪法所作的解释。

(二) 政治制度

人民代表大会制度是我国的根本政治制度。我国政治制度的基本结构是在中国共产党的统一领导下,实行人民代表大会制度、多党合作和政治协商制度、民族区域自治制度。中华人民共和国的国家机构包括:全国人民代表大会;中华人民共和国主席;中华人民共和国国务院;中华人民共和国中央军事委员会;地方各级人民代表大会和地方各级人民政府;民族自治地方的自治机关;人民法院和人民检察院。①

1. 全国人民代表大会

全国人民代表大会(简称"全国人大")是我国的最高国家权力机关,宪法规定它的一系列权力。根据立法法和有关法律的规定,全国人大及其常委会制定法律的程序,包括法律案的提出、法律案的审议、法律案的表决、法律的公布四个阶段。全国人大设有专门委员会及工作机构和办事机构(参见图1-1)。

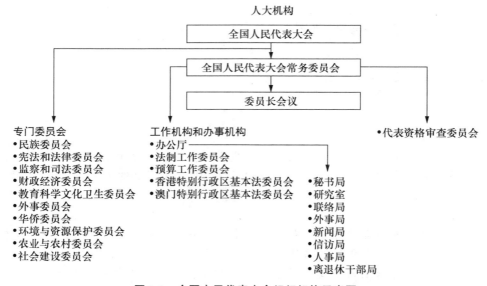

图1-1 全国人民代表大会组织机构示意图

2. 中国人民政治协商会议

中国人民政治协商会议(简称"人民政协")是中国人民爱国统一战线的组织,是中国共产党领导的多党合作和政治协商的重要机构,是我国政治生活中发扬社会主义民主的重要形式,是国家治理体系的重要组成部分,是具有中国特色的制度安排。

《中华人民共和国宪法》规定:中国共产党领导的多党合作和政治协商制度将长期存在和发展。中国人民政治协商会议是中国共产党领导下,由中国共产党、八个民主党

---

① 政治制度部分的内容参见"国家制度",载中国政府网,http://www.gov.cn/guoqing/index.htm,2021年9月5日最后访问。

派、无党派民主人士、人民团体、各少数民族和各界的代表,台湾同胞、港澳同胞和归国侨胞的代表,以及特别邀请的人士组成,具有广泛的社会基础。人民政协的主要职能是政治协商、民主监督、参政议政。

3. 中国共产党

《中国共产党章程》(2017年修改)总纲指出:中国共产党是中国工人阶级的先锋队,同时是中国人民和中华民族的先锋队,是中国特色社会主义事业的领导核心,代表中国先进生产力的发展要求,代表中国先进文化的前进方向,代表中国最广大人民的根本利益。党的最高理想和最终目标是实现共产主义。中国共产党的领导是中国特色社会主义最本质的特征,是中国特色社会主义制度的最大优势。

4. 国家主席

国家主席是中华人民共和国的国家元首。如果主席不能履行其职务和职责,副主席可以代行主席之职。中华人民共和国主席、副主席由全国人民代表大会选举。国家主席根据全国人大的决定和全国人大常委会的决定,公布法律,批准和废除同外国缔结的条约和重要协定,等等。

5. 国务院

国务院即中央人民政府,是最高国家权力机关的执行机关,是最高国家行政机关。它的主要职责是管理国家的行政事务,执行全国人民代表大会通过的法律和决议,有权规定行政措施,制定行政法规,发布决定和命令;向全国人大或者全国人大常委会提出议案,等等。国务院实行总理负责制。各部、各委员会实行部长、主任负责制。国务院的组织由法律规定。

6. 中央军事委员会

中华人民共和国中央军事委员会(简称中央军委)是我国最高军事领导机构。根据宪法的规定,中央军委领导全国武装力量,对全国人大及其常委会负责。中央军委实行主席负责制。中国共产党中央军事委员会与中央军委并存,保证中国共产党对军队的绝对领导。

7. 地方政府

根据宪法和相关法律的规定,在中央人民政府的统一领导下,我国被划分为23个省(包括台湾)、5个自治区、4个直辖市、2个特别行政区(香港、澳门)。除了两个特别行政区,其余的行政区下分市(包括地区和自治区)、县和乡。各地方设立各级人民代表大会和人民政府。地方各级人民代表大会是地方的权力机关。地方各级人民政府是地方各级国家权力机关的执行机关,也是地方各级国家行政机关。全国地方各级政府都是国务院统一领导下的国家行政机关,都服从国务院。

8. 监察委员会

2018年3月公布施行的《中华人民共和国监察法》对监察机关及其职责、监察权限、程序等作出规定。我国设立国家监察委员会和地方各级监察委员会,各级监察委员会是行使国家监察职能的专责机关。监察委员会的组织和职权由法律规定。国家监察委员会是最高监察机关,国家监察委员会领导地方各级监察委员会的工作,上级监察委员会领导下级监察委员会的工作。监察委员会依照法律规定独立行使监察权,不受行政机关、社会团体和个人的干涉。监察机关办理职务违法和职务犯罪案件,应当与审判机关、检察机关、执法部门互相配合,互相制约。2019年10月,全国人大常委会通过《关于国家监察委员会制定监察法规的决定》,国家监察委员会根据宪法和法律,制定监察法规。

9. 最高人民法院

最高人民法院是最高审判机关。最高人民法院监督地方各级人民法院和专门人民法院的审判工作,上级人民法院监督下级人民法院的审判工作。最高人民法院对全国人大和全国人大常委会负责。地方各级人民法院对产生它的国家权力机关负责。根据宪法,最高人民法院根据法律独立行使最高审判权,不受任何行政机关、社会团体和个人的干涉。

10. 最高人民检察院

最高人民检察院是最高检察机关。最高人民检察院领导地方各级人民检察院和专门人民检察院的工作,上级人民检察院领导下级人民检察院的工作。最高人民检察院对全国人大和全国人大常委会负责。地方各级人民检察院对产生它的国家权力机关和上级人民检察院负责。最高人民检察院不但是最高检察机关,也是最高的法律监督机关,负有监督其他国家机关和政府官员行为的职责。

（三）司法制度

国家在对司法权的配置中形成了以司法机关为核心的各有关机关之间职能划分、组织体系及相互关系,这种有机联系的整体,即通常所称的司法体制,它是国家政治体制的重要组成部分。一般理解,我国的司法机关包括公安机关、检察机关(人民检察院)、审判机关(人民法院)、司法行政机关、国家安全机关等。各机关根据职能依法履行不同职责。在我国,公安机关、国家安全机关和司法行政机关虽然是行政机关,但也承担部分司法方面的职能,人民法院和人民检察院是专门行使审判权和检察权的司法机关。

香港、澳门两个特别行政区实行不同于内地的司法体制,享有独立于中央司法权的司法权和终审权,也是我国司法体制的一个显著特点。

1. 人民法院

人民法院是国家的审判机关,审判权由人民法院单独行使,其他国家机关不能分享。

根据我国宪法和《人民法院组织法》(2018年修订)等规定,地方各级人民法院按行政区划设置,专门人民法院根据特定的组织系统或者特定案件的实际需要设置。我国法院体系由最高人民法院、地方各级人民法院和专门人民法院组成。地方各级人民法院包括:(1)基层人民法院,(2)中级人民法院,(3)高级人民法院。根据法律规定,审判权由各级人民法院依法律规定分别行使。最高人民法院监督地方各级人民法院和专门人民法院的审判工作,上级人民法院监督下级人民法院的审判工作。

专门人民法院包括军事法院、海事法院、知识产权法院及金融法院等。最高人民法院可以设巡回法庭，审理最高人民法院依法确定的案件。巡回法庭是最高人民法院的组成部分。巡回法庭的判决和裁定即最高人民法院的判决和裁定。

人民法院可以设刑事审判庭、民事审判庭、行政审判庭等，中级以上人民法院还可以根据需要设其他审判庭。各级人民法院设有执行机构，负责需要由人民法院执行的民事和经济案件判决和裁定的执行。

2. 人民检察院

人民检察院是国家的法律监督机关，人民检察院依照法律规定有权对国家工作人员履行职务进行监督，对公安机关的侦查、人民法院的审判工作、司法行政机关的监狱工作进行监督。

根据我国宪法和《人民检察院组织法》(2018年修订)等规定，我国设立最高人民检察院、地方各级人民检察院和军事检察院等专门人民检察院。最高人民检察院根据需要，设立若干检察厅和其他业务机构。地方各级人民检察院可以分别设立相应的检察处、科和其他业务机构。

各级人民检察院依法行使职权。最高人民检察院领导地方各级人民检察院和专门人民检察院的工作，上级人民检察院领导下级人民检察院的工作。

3. 公安机关

我国公安机关具有双重属性：一方面，它是公安行政管理机关，属于国家行政机关的组成部分；另一方面，它是国家的侦查机关，具有司法机关的属性。国务院设公安部，领导全国的人民警察，组织和管理全国的公安工作。

公安机关的任务是维护国家安全，维护社会治安秩序，保护公民的人身安全、人身自由和合法财产，预防、制止和惩治违法犯罪活动。

4. 国家安全机关

国家安全机关具有国家公安机关的性质，依照法律规定，办理危害国家安全的刑事案件，行使与公安机关相同的职权，即在国家安全工作中依法行使侦查、拘留、预审和执行逮捕以及法律规定的其他职权。

国务院设国家安全部，各省、自治区、直辖市设国家安全厅(局)，其他地方可根据需要设置国家安全机构或者人员。

5. 司法行政机关

我国司法行政机关也具有双重属性：一方面，它行使司法方面的行政管理权，属于国家行政机关的一部分；另一方面，它又承担辅助国家司法职能实施的行政管理任务，具有司法机关的属性。

国务院设司法部，主管国家司法行政工作。中央全面依法治国委员会办公室设在司法部。

6. 其他

除上述机关外，还有仲裁机关、律师机关及公证机关。

仲裁，是平等主体的公民、法人和其他组织之间发生合同纠纷和其他财产权益纠纷时采用的一种解决方式。《仲裁法》(2017年修正)规定了仲裁的一般原则、仲裁委员会和仲裁协会、仲裁协议、仲裁程序、执行以及涉外仲裁的特别规定等。当事人采用仲裁方式解决纠纷,应当双方自愿,达成仲裁协议。仲裁委员会应当由当事人协议选定。仲裁不实行级别管辖和地域管辖。仲裁实行一裁终局的制度。设立仲裁委员会,应当经省、自治区、直辖市的司法行政部门登记。

律师,是指依法取得律师执业证书,接受委托或者指定,为当事人提供法律服务的执业人员。《律师法》(2017年修正)对律师的性质、任务和地位、执业条件、律师事务所等都作了专门规定。律师协会是社会团体法人,是律师的自律性组织。全国设立中华全国律师协会,省、自治区、直辖市设立地方律师协会,设区的市根据需要可以设立地方律师协会。律师、律师事务所应当加入所在地的地方律师协会。司法行政部门依法对律师、律师事务所和律师协会进行监督、指导。相关规定还有2018年《律师事务所管理办法》(司法部令第142号)、2019年《律师和律师事务所执业证书管理办法》(司法部令第143号)、2020年《法律职业资格管理办法》(司法部令第146号)等。

公证是公证机构根据自然人、法人或者其他组织的申请,依照法定程序对民事法律行为、有法律意义的事实和文书的真实性、合法性予以证明的活动。《公证法》(2017年修正)对公证机构、公证员、公证程序、公证效力、法律责任等作了专门规定。全国设立中国公证协会,省、自治区、直辖市设立地方公证协会。公证协会是公证业的自律性组织。司法行政部门依法对公证机构、公证员和公证协会进行监督、指导。2020年10月,司法部修正《公证程序规则》(司法部令第145号),进一步规范公证程序,保证公证质量。

二、中国的法律渊源

在中国,法律渊源的含义的规范化表述,是指由不同国家机关制定、认可和变动的,具有不同法的效力或地位的各种法的形式。法律渊源通常分为正式意义上的和非正式意义上的两种。正式的法律渊源,主要指以规范性法律文件形式表现出来的成文法,如立法机关或立法主体制定的宪法、法律、法规、规章和条约等。非正式的法律渊源,主要指具有法的意义的观念和其他有关准则,如正义和公平等观念,政策、道德和习惯等准则,还有权威性法学著作等。

中国法律渊源有较为明显的特点,这就是中国自古以来形成的以成文法为主要的法律渊源的传统。不成文法往往是中国法律渊源的补充。现时作为中国法律渊源补充存在的,主要是政策、习惯、判例。[①] 中国作为法律渊源的制定法主要有以下形式:宪法、法律、行政法规、地方性法规、自治法规、行政规章、特别行政区法、司法解释、国际条约等。我国宪法、立法法等有关法对宪法及各种制定法的立法、修订、效力等都有明确的规定。

---

① 参见《中国大百科全书.法学》(修订版),中国大百科全书出版社2006年版,第82—83页,"法律渊源"条目。

（一）宪法

宪法是国家的根本大法，规定了国家的根本制度和根本任务，具有最高的法律效力，是其他法的立法依据或基础。一切法律、法规、规章、决议、决定、命令等都不得与宪法相抵触，否则无效。

我国现行宪法是 1982 年 12 月 4 日第五届全国人民代表大会第五次会议通过的《中华人民共和国宪法》，其后经过 1988 年、1993 年、1999 年、2004 年和 2018 年几次修订，即 5 个宪法修正案。从广义上讲，某些法律也被看做宪法性法律，如《全国人民代表大会和地方各级人民代表大会选举法》（简称《选举法》）、《全国人民代表大会组织法》《国务院组织法》《香港特别行政区基本法》《国徽法》《国旗法》等。

根据宪法的规定，全国人民代表大会是唯一有权修改宪法的机关。宪法的修改需要按照特别的程序来进行。全国人民代表大会常委会行使宪法的解释权，并监督宪法的实施。

（二）法律

法律从属于宪法，其效力仅次于宪法。法律是行政法规、地方性法规和行政规章的立法依据或基础。根据《宪法》的规定，全国人大制定和修改刑事、民事、国家机构的和其他的基本法律（第 62 条）；全国人大常委会制定和修改除应当由全国人大制定的法律以外的其他法律，在大会闭会期间，对大会制定的法律进行部分补充和修改，有权解释法律（第 67 条）。《立法法》第 8 条规定了只能制定法律的事项，如有关国家主权，各级人民代表大会、人民政府、人民法院和人民检察院的产生、组织和职权，自治制度，犯罪和刑罚等。《刑法》《民法典》《民事诉讼法》等都是熟知和常用的法律。

（三）行政法规

国务院可以根据宪法规定或全国人大及其常委会制定的法律的特别授权，制定和颁布行政法规。《宪法》第 89 条授权国务院"根据宪法和法律，规定行政措施，制定行政法规，发布决定和命令"。行政法规的内容主要是为执行法律的规定或宪法规定的国务院行政管理职权的事项。立法法明确了国务院的立法权限，即有权为执行法律规定的需要制定行政法规。

根据《行政法规制定程序条例》（2017 年修订）（国务院令第 694 号）第 5 条规定，行政法规的名称一般称"条例""规定""办法"等。国务院依全国人大及其常委会的授权决定制定的行政法规，称"暂行条例"或者"暂行规定"。国务院各部门和地方人民政府制定的规章不得称"条例"。

国务院也常常通过发布通知、公告、批复、决定和意见的方式来指导或对一些行政法规进行补充和说明。一般将这些文件归类为法规性文件，这类行政文件通常具有一定的时效性和适用范围。

（四）部门规章

我国《宪法》第 90 条规定，国务院各部、各委员会根据法律和国务院的行政法规、决定、命令,在本部门的权限内,发布命令、指示和规章。《立法法》第 80 条进一步阐述,国务院各部、委员会、中国人民银行、审计署和具有行政管理职能的直属机构,可以根据法律和国务院的行政法规、决定、命令,在本部门的权限范围内,制定规章。部门规章规定的事项应当属于执行法律或者国务院的行政法规、决定、命令的事项。

国务院各部委和其他部门颁布的法令一般被称为行政规章或部门规章。《规章制定程序条例》(2017 年修订)(国务院令第 695 号)第 7 条明确了规章的名称,一般称"规定""办法",但不得称"条例"。

(五)地方性法规和规章

有立法权的地方人大及其常委会,根据宪法、法律和行政法规,按照法定程序制定的,在本行政区域内实施的规范性文件。地方性法规的内容主要是为执行法律、行政法规的规定,需要根据本行政区域的实际情况作具体规定的事项以及属于地方性事务需要制定地方性法规的事项。

在法律效力和等级方面,地方性法规、自治条例和单行条例位阶低于国务院颁布的行政法规。地方性法规和规章与宪法、法律和国务院颁布的行政法规不得抵触。

(六)军事法规

《立法法》第 103 条规定,中央军事委员会根据宪法和法律,制定军事法规。中央军事委员会各总部、军兵种、军区、中国人民武装警察部队,可以根据法律和中央军事委员会的军事法规、决定、命令,在其权限范围内,制定军事规章。军事法规、军事规章在武装力量内部实施。军事法规、军事规章的制定、修改和废止办法,由中央军事委员会依照立法法规定的原则规定。

(七)法律解释

法律解释是由特定的机关、组织或个人,根据法理、政策、文字对法律和法律条文的含义所作的解答和说明。法律解释可分为法定解释和学理解释。法定解释是指特定的国家机关按照宪法和法律所赋予的权限,对有关法律或法律条文作出的具有法律约束力的解释。学理解释一般是指较具权威的法学作品或法学家对法律作出的解释,其法律约束力或其他影响,依不同国家、不同情况而定。在我国,学理解释目前没有法律上的约束力。

我国《宪法》第 67 条提到全国人大常委会有权解释宪法和法律。全国人大常委会 1981 年通过的《关于加强法律解释工作的决议》及有关规定,规范和加强了法律解释工作,确定了作出法律解释的机构以及形式,具体包括立法解释、司法解释、行政解释和地方性法规、规章解释。《立法法》第二章第四节专门规定了法律解释,法律解释权属于全国人大会常委会。全国人大会常委会的法律解释同法律具有同等效力。《立法法》第六章附则中第 104 条规定最高人民法院、最高人民检察院作出的属于审判、检察工作中具体应用法律的解释即司法解释,规定了司法解释的相关要求。2017 年国务院修订的《行政法规制定程序条例》(国务院令第 694 号)第六章专门规定了行政法规解释;《规章制定程序条例》(国务院令第695号)第六章对规章的解释作了规定。可见,依据作出解释的国家机关不同,法定解释分为立法解释、行政解释和司法解释三种。

2019年,全国人大常委会通过的《法规、司法解释备案审查工作办法》,对行政法规、监察法规、地方性法规、自治州和自治县的自治条例和单行条例、经济特区法规(以下统称法规)以及最高人民法院、最高人民检察院作出的属于审判、检察工作中具体应用法律的解释(以下统称司法解释)进行备案审查,并规定了备案审查工作的法定权限和程序。

司法解释主要由最高人民法院或最高人民检察院作出。最高人民法院、最高人民检察院以外的审判机关和检察机关,不得作出具体应用法律的解释。对于同时涉及审判工作、检察工作中具体应用法律的问题,最高人民法院和最高人民检察院联合制定司法解释;有时,还会联合其他部门制定一些司法文件。

1. 最高人民法院的司法解释

2021年,《最高人民法院关于司法解释工作的规定》(2021年修正)通过并实施,对司法解释进行具体规定。最高人民法院对于人民法院在审判工作中具体应用法律的问题作出司法解释;司法解释应当根据法律和有关立法精神,结合审判工作实际需要制定;经审判委员会讨论通过后发布的司法解释,具有法律效力。司法解释施行后,人民法院作为裁判依据的,应当在司法文书中援引。人民法院同时引用法律和司法解释作为裁判依据的,应当先援引法律,后援引司法解释。

司法解释的形式分为"解释""规定""规则""批复"和"决定"五种。司法解释以最高人民法院公告形式发布,并应当在《最高人民法院公报》和《人民法院报》刊登。

2. 最高人民检察院的司法解释

2019年,最高人民检察院颁布了修订的《最高人民检察院司法解释工作规定》(高检发办〔2019〕55号),对最高人民检察院的司法解释工作作出具体规定。最高人民检察院制定并发布的司法解释具有法律效力。人民检察院在起诉书、抗诉书、检察建议书等法律文书中,需要引用法律和司法解释的,应当先援引法律,后援引司法解释。

最高人民检察院司法解释文件采用"解释""规则""规定""批复""决定"等形式,统一编排最高人民检察院司法解释文号,并对每种形式的使用作了明确说明。最高人民检察院的司法解释以最高人民检察院公告的形式,在《最高人民检察院公报》和最高人民检察院官方网站公布。

(八) 判例/案例

判例(法)可以在两种意义上理解,一是指诉讼、案件或法院作出的判决,我国称为案例。一是指法院可以援引,并作为审理同类案件的法律依据的判决和裁定,即判例法。在英美法系,判例与判例法一般是区别使用的,判例主要指诉讼、法院判决,判例法则是指构成法律渊源的先例。在大陆法系,由于一般不承认判例法的存在,判例仅在第一个意义上使用。从现实来看,重要案例可以在一定程度上补充和丰富立法经验和司法实践,同时也构成了对制定法的充实、丰富和参考。在我国目前的法律制度中,司法判例或案例不是正式的法律渊源。在司法实践中,案例的参考和指导作用越来越受到重视。

1985年起,《中华人民共和国最高人民法院公报》开设专栏编辑发布裁判文书、典型案例,指导审判实践。2010年7月,最高人民检察院发布了《关于案例指导工作的规定》(高检发研字〔2010〕3号),并于2010年12月发布第一批指导性案例。2019年,《最高人民检察院关于案例指导工作的规定》(高检发办字〔2019〕42号)发布实施,进一步加强和规范检察机关案例指导工作。2010年11月,最高人民法院发布了《关于案例指导工作的规定》(法发〔2010〕51号),于2012年1月发布第一批指导性案例。2015年,《〈最高人民法院关于案例指导工作的规定〉实施细则》(法〔2015〕130号)发布实施,进一步加强、规范和促进案例指导工作,充分发挥指导性案例对审判工作的指导作用,统一法律适用标准,维护司法公正。截至2021年9月,最高人民法院已发布指导性案例162个,最高人民检察院已发布指导性案例121个。

(九)国际条约

国与国之间签订的双边或多边协议,是国家间相互交往的一种最普遍的法的渊源或法的形式。国际条约不仅包括以条约为名称的协议,也包括国际法主体间形成的宪章、公约、盟约、规约、专约、协定、议定书、换文、公报、联合宣言、最后决议书等。国际条约本属国际法范畴,但对缔结或加入条约的国家的国家机关、公职人员、社会组织和公民也有法的约束力;在这个意义上,国际条约也是该国的一种法的渊源或法的形式,与国内法具有同等约束力。

根据我国的实践,除了中国政府宣布保留的条款,中央人民政府(国务院)缔结并经全国人大常委会批准的国际条约和协议是中国法律的一部分。虽然《宪法》《缔结条约程序法》或者《立法法》没有规定我国批准的国际条约与我国国内法发生冲突时,或者在国内法缺位的情况下,是国际条约还是国内法优先,但是我国大多数国内法一般规定我国缔结和批准的国际条约或协定享有优先效力。

(十)小结

关于我国法律法规的效力层级(或者称"位阶"),《立法法》规定,宪法具有最高的法律效力,一切法律、行政法规、地方性法规、自治条例和单行条例、规章都不得同宪法相抵触。法律的效力高于行政法规、地方性法规、规章。行政法规的效力高于地方性法规、规章。地方性法规的效力高于本级和下级地方政府规章。省、自治区的人民政府制定的规章的效力高于本行政区域内的设区的市、自治州的人民政府制定的规章。

同时,《立法法》还对适用过程中的一些事项作出规定。同一机关制定的法律、行政法规、地方性法规、自治条例和单行条例、规章,特别规定与一般规定不一致的,适用特别规定;新的规定与旧的规定不一致的,适用新的规定。对各种规范性文件之间出现不一致,不能确定如何适用时,规定了效力的裁决程序。法律之间对同一事项的新的一般规定与旧的特别规定不一致,不能确定如何适用时,由全国人民代表大会常务委员会裁决。行政法规之间对同一事项的新的一般规定与旧的特别规定不一致,不能确定如何适用时,由国务院裁决。地方性法规、规章之间不一致时,由有关机关依照相关规定的权限作出裁决,如部门规章之间、部门规章与地方政府规章之间对同一事项的规定不一致时,由国务院裁决。根据授权制定的法规与法律规定不一致,不能确定如何适用时,由全国人民代表大会常务委员会裁决。

概括来说,我国的各种法律渊源形成了一个由上至下、处于不同位阶、具有不同效力的体系,即法律渊源体系。根据《立法法》的相关规定,法律适用方面主要包括四个原则:(1)上位法优于下位法;(2)特别法优于普通法;(3)新法优于旧法;(4)一般不溯及既往。

中国法律的效力层级也可以用下图表示(参见图1-2):

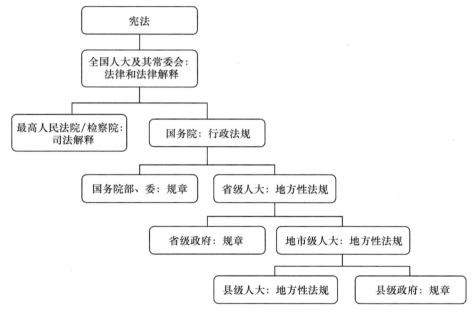

图1-2　法律法规效力层级示意图

第二节　大陆法系国家的法律制度

大陆法系与普通法系是世界上影响最大的两个法系。从历史上看,大陆法系发源于古代罗马法,普通法系是以英国法为基础的。大陆法系基本的、起主要作用的法律渊源是成文法典和其他制定法,在普通法系中,起主要作用的是判例法。大陆法系有公法和私法之分,普通法系则没有这种划分。大陆法系对实体法和程序法的划分很明确,普通法系对这种划分则不很明确,但很注重程序。此外,两者在司法组织、诉讼程序上,也多有不同。大陆法系与普通法系虽然各有特点,但并不是截然对立、互不相容的。其实,无论从历史上还是从现实中看,两大法系都是互相影响、彼此渗透、相辅相成的。对世界各国的法律研究,必须了解其法律体系、法律制度的特点和内容。这些也影响到外国法的学习方法和检索策略。

一、大陆法系的概念

大陆法系是当代历史最为悠久和影响最广的一种法律传统。大陆法系,又称为民法法系、法典法系、罗马法系、成文法系、罗马—日耳曼法系。它首先产生在欧洲大陆,在罗马法的基础上,融合其他法律成分,以法国和德国为代表,后扩大到拉丁族和日耳曼族各国,再逐渐发展为世界性的法律体系。

民法法系中的"民法"(civil law),是"普通法"(common law)的对应概念,而不是"刑法"(criminal law)的对应概念。大陆法系的起源可以追溯到罗马帝国时代,但现代意义的大陆法系始于18、19世纪。之所以称之为"民法法系",是因为源于其"民法典"(civil code),它规制着几乎所有的法律和社会事务,是这些国家最基本的法律工具。在大陆法系内部,各个国家和地区的法律制度的情况不尽相同,大体上有两个分支,即以1804年的《法国民法典》和1896年的《德国民法典》为代表形成了两个支流,表明民法法系的进一步形成和巩固。

大陆法系的形成经历了漫长的历史过程,分布范围远远大于普通法系。大陆法系不仅影响了欧洲大陆,中南美各国,非洲,亚洲的日本、韩国等国,甚至美国的路易斯安那州、加拿大的魁北克省、英国的苏格兰等均可纳入大陆法系或与大陆法系有着历史和现实的联系。可见,大陆法系在世界范围内具有广泛影响。

二、大陆法系国家的法律渊源

大陆法系各国法律的正式渊源主要是制定法。制定法是具有立法权的机关按照一定的程序、以成文的形式公布的,包括宪法、法律、法规和条约等形式。狭义上的制定法,是以法典法为特征的。此外,也包括经过认可的习惯。判例、学说和普遍原则一般不具有普遍的法律拘束力,但可以作为非正式的渊源。[①]

1. 宪法和法律

宪法是根本大法,效力高于一般法律(包括法典),而且都是刚性宪法,具有严格的修正程序。在民法、商法、刑法、诉讼法等领域除了核心法典外,还拥有相当数量的单行法律,它们对法典起着补充、细化或解释作用。一般来说,它们必须与法典确立的原则相一致,不得违背法典的规定和精神。但从效力上看,它们与法典没有什么不同。

2. 委托立法和行政法规

一般行政法规的效力低于议会制定的法律的效力,委托立法由于是根据立法机关授权制定的,其效力与法律相同。

---

① 参见叶秋华、王云霞:《大陆法系研究》,中国人民大学出版社2008年版,第75—89页。

3. 欧盟法

在欧盟成员国中,欧盟制定的法律也是重要法律渊源,而且根据欧盟法的直接适用和优先适用原则,欧盟法不仅可以直接适用于其成员国,其效力也高于各成员国国内的法律。

4. 法律解释

大陆法系各国虽然在理论上强调立法机关独享立法权和法律解释权,否认法官解释法律的权力,但实践中又通过种种渠道确认了法官解释法律的职能。各国对于法律解释的具体做法,有的是通过司法机关的活动逐渐确立的,有的则以法律明确加以规定。法律解释的方法主要包括:文法解释(grammatical interpretation)、逻辑解释(logical interpretation)、历史解释(historical interpretation)及目的解释(teleological interpretation)。

5. 判例

从理论上说,判例并不是大陆法系的法律渊源。许多大陆法系国家都明确禁止判例的拘束力,尽管如此,判例在司法实践中发挥着重要的功能。通常情况下,大陆法系国家的判例只具有说服力(有时甚至具有非常强的说服力),而不具有拘束力或者强制力。但是,一些情况下,大陆法系国家的某些法院的判决也可能具有强制力。如法国行政法的许多制度和原则就是由判例确立的,判例甚至成为法国行政法的主要渊源。德国联邦宪法法院的判决也具有拘束力,因此它们被发表在联邦公报上。

为了方便法官、律师和当事人查阅、引用判例,绝大多数大陆法系国家都定期出版各类判例汇编,法国、德国、西班牙、意大利等国还出版官方的判例汇编。大陆法系国家判例汇编的方法与英美法系不同,只是有选择地收录那些具有典型意义的判决,并且将判决概括为简明扼要的"判决要旨",或者在判决前加上一段用以概括说明判决内容的"判决要旨"。

6. 习惯

习惯是那些经过长期生活逐渐形成的行为规范。习惯本身并不必然具有强制力,但如果经过国家机关的认可,也可以成为具有强制力的法律规范,即习惯法。在大陆法系发展的过程中,习惯曾经发挥过重要作用。近代以来,由于各国纷纷编纂成文法典,习惯法的重要性大大降低。当然,各国对待习惯法的态度有所不同。在大陆法系的法学著作中,习惯一般被分为三类:法律上的习惯、法律外的习惯及与法律相反的习惯。

7. 学说

学说(doctrine)即有关法律的学说、原理和精神,有的称为"法理"。在大陆法系发展的过程中,学说也曾经发挥过重要作用。一般说来,在现代大陆法系国家,学说不是具有拘束力的正式法律渊源,却对于立法机关的立法和法院的审判具有相当强的说服力。学说不仅创造了立法者使用的概念和词汇,而且对立法本身产生重大影响;同时,学说还确立了理解法律、解释法律的各种方法。

8. 普遍原则

普遍原则(general principles)即关于法律的普遍性原则,体现了法的公平、正义基础。在某种情况下,如果制定法没有作出相应规定,有关判例、习惯和学说也不能解决问题,那就需要法官根据法律的普遍原则来审理案件。因此,少数情况下,普遍原则也可以成为法律渊源之一。大陆法系国家,对待普遍原则有两种情况:一是在制定法中规定一些体现公平、正义的抽象、弹性条款,二是在制定法中明确授予法官以"衡平权"。

三、大陆法系国家法律制度的主要特点

大陆法系国家的法律制度主要具有以下特点:

1. 法律渊源中制定法占有重要地位

在法律渊源和法律形式上,制定法为主要法律渊源。大陆法系国家一般不存在判例法,对重要的部门法制定了法典,并辅之以单行法规,构成较为完整的成文法体系。立法与司法的严格区分,要求法典必须完整、清晰、逻辑严密。法典一经颁行,法官必须忠实执行,同类问题的旧法即丧失效力。法典化的成文法体系包括:宪法、行政法、民法、商法、刑法、民事诉讼法、刑事诉讼法。但是进入20世纪后,判例的地位和作用日益显著。尽管如此,判例仍被视为成文法典的补充,而不具有普通法国家中判例法与国会制定法同等地位的特点。

2. 法律体系中有公法与私法之分

因为罗马法的历史传统和启蒙思想的理论基础,大陆法系的法律基本结构是以公法和私法的传统分类为基础建立的。传统意义上的公法指宪法、行政法、刑法及诉讼法;私法主要指民法和商法。随着经济发展,在公法和私法之间产生了一些公私法性质兼具的法律部门,如劳动法、社会保障法等。

3. 法律推理采用演绎法

大陆法系国家的立法和司法分工明确,强调制定法的权威,法律体系完整,概念明确。法官只能严格执行法律规定,不得擅自创造法律、违背立法精神。在法律推理形式和方法上,采取演绎法。法官的作用在于从现存的法律规定中找到适用的法律条款,将其与事实相联系,推论出必然的结果。

4. 纠问式诉讼方式

大陆法系一般采取法院系统的双轨制,重视实体法与程序法的区分。大陆法系一般采用普通法院与行政法院分离的双轨制,法官经考试后由政府任命。严格区分实体法与程序法,一般采用纠问式诉讼方式。不注重口头辩论,而主要通过卷宗审理,法官在诉讼中起积极主动的作用。

第三节 普通法系国家的法律制度

一、普通法系的概念

普通法系(common law),也称为英美法系或判例法系(case law)。是指以英国中世纪以来的法律,特别是以它的普通法为基础,发展起来的法律制度的体系。普通法是与

衡平法、教会法、习惯法和制定法相对应的概念,由于其中的普通法对整个法律制度的影响最大,所以,英美法系又称为普通法系。美国的法律源于英国传统,但从19世纪后期开始独立发展,已经对世界的法律产生了很大的影响。英美法中以英国和美国的法律制度最具代表性。

英美法系的分布范围主要包括英国(苏格兰除外)、美国(路易斯安那州除外)、加拿大(魁北克除外)、澳大利亚、新西兰、马来西亚、新加坡、巴基斯坦、南非等国和中国的香港等地区。这些国家或地区主要是英国以前的殖民地或附属国。

二、普通法系国家的法律渊源

普通法系各国的法律渊源主要是判例法、衡平法、制定法以及习惯与学说。[1]

1. 判例法

狭义的普通法以判例法为特征,是普通法系国家和地区最主要的法律渊源。判例法即由判例所确立的法律规则的总称。判例是指法院先前对具体案件所作的判决。普通法系国家的判决不仅对特定案件有直接的效力,而且成为后来法院处理相同或相似案件所应遵循的先例。因此,又称之为"判例法"。所以,判例法并不是指对某个案件的整个判决,而是判决中所包含的法律原则或规则。判例法的基础是遵循先例(stare decisis)原则。该原则的基本含义是,下级法院受上级法院判决的约束,某些上级法院受自己先前判例的约束。对于遵循先例原则的实践,各国的做法有着明显的差别。一般来说,遵循先例原则的执行在英国较之于美国更加严格。

2. 衡平法

普通法系国家和地区大都把衡平法确认为主要的法律渊源之一。衡平法即法官依据衡平理念创设的案例法,它既是对普通法的一种制约,又是对普通法的一种补充[2]。衡平法与普通法既有联系又有区别,二者都是普通法国家法律制度的组成部分,通过调整法律关系服务于同一社会制度。

3. 制定法

制定法是普通法系国家的法律渊源之一。在一些普通法系国家内部,由于判例越来越多而不可把握,出现了法律编撰和越来越多的制定法。制定法一般包括国会(议会)立法和从属性立法。普通法国家也印行、出版了许多制定法汇编,成为查询、参考的主要资料。尽管如此,普通法国家的制定法与大陆法系国家的制定法有很大的不同。

制定法与判例法既有联系又有区别,以不同的形式调整社会的法律关系。二者作用互补,在权威上,制定法优于判例法,制定法可以废除、修改和补充判例法。但法官在解释制定法时往往受到判例法规则的限制。制定法是由国会或经国会授权的机构制定和颁布的法律,突出了国会的作用;判例法是法官通过处理案件创制和发展起来的法律,体现了法官的作用。

---

[1] 参见由嵘:《外国法制史》(第三版),北京大学出版社2007年版,第368—379页。
[2] 参见米健:《比较法学导论》,商务印书馆2013年版,第265页。

4. 习惯与学说

在普通法国家,习惯与学说作为法律渊源的地位次于普通法、衡平法和制定法,但仍有一定的重要性。普通法是在习惯的基础上形成和发展起来的,一个先例原则的确立往往要求诸习惯。但是,并非所有的习惯都能成为法律渊源。有效的习惯法必须具有一定的法律要件。

一般说来,在普通法中,法律学说对法官的司法活动并不具有拘束力,只具有说服力。但是,在缺乏制定法和判例法的场合,在确定或解释先例有困难时,法律学说则成为权威的法律渊源。法律学说的权威性往往取决于作者的声望和地位以及该学说产生的时代。自19世纪以来,随着判例的发展和系统全面判例汇编的出版,以及制定法的大量增加,法律学说作为法律渊源的作用开始减退。

三、普通法系国家法律制度的主要特点

普通法国家的法律制度主要具有以下特点①:

1. 法律渊源中判例法占有重要地位

英美法系划分普通法和衡平法的传统悠久,虽然存在制定法,但判例法占绝对重要地位。英美法常被称为不成文法,这是因为英美法的主要规范不是通过立法文件,而是通过法官的判决表现的。遵循先例原则和判例汇编具有重要意义。判例汇编中的判例都比较重要和明确,所以遵循先例通常以判例汇编中选载的先例为准。

2. 法律体系中无公法与私法之分

在英美法系国家,判例法数量极大,再加上近现代以来逐步出现的制定法,使其法制十分庞杂。此外,由于英美法系没有将法律规则予以概括抽象、整理分类及系统化、逻辑化的传统,更加使得法制混乱②。它们的法律分类比较偏重实用,不严格划分公法和私法。

3. 在法律的形式上判例法占主导地位

从传统上讲,英美法系的判例法占主导地位。判例法也是成文法,由于这些规则是法官在审理案件时创立的,因此,又称为法官法(judge-made law)。除了判例法之外,英美法系国家还有一定数量的制定法,大都是对判例法的补充或整理,往往缺乏系统性。虽然也进行法律编纂,但只能说是一种法律汇编而已,不具有法典科学性、确定性和体系化的特征,与大陆法系国家的法典编纂完全不能相提并论。

4. 法官作用突出

在英美法系的发展过程中,起主要推动作用的是法官和律师。英美法系以判例法为主要渊源,判例法是由法官在长期的司法活动中创立发展的。一项判决既已作出,不仅对当时的案件有拘束力,而且对以后相应的案件也同样有法律效力。因此,法官的判决具有立法意义。此外,对制定法的理解和适用也离不开法官的解释。

---

① 参见曾尔恕:《外国法制史》,中国政法大学出版社2008年版,第155—156页。
② 参见米健:《比较法学导论》,商务印书馆2013年版,第272页。

5. 法律推理的运用

在法律的思维方式和运作方式上,英美法系运用的是区别技术(distinguishing technique),采用归纳法。由于以判例法为主要法律渊源,法官和律师在适用法律时,必须通过对存在于大量判例中的法律原则进行抽象、归纳、比较和筛选。在对待先例的问题上有三种做法:(1)遵循先例。一般来讲,下级法院应当遵循上级法院的判例,上诉法院还要遵循自己以前的判例。(2)推翻先例。在美国,联邦最高法院和各州最高法院有权推翻自己以前的判决。(3)避开先例。主要适用于下级法院不愿适用某一先例但又不愿公开推翻它时,可以以前后两个案例在实质性事实上存在区别为由而避开这一先例。这一传统影响到英美法的学习方法和判决形式。

6. 对抗制诉讼方式

强调程序法和形式公正,注重救济。普通法在其历史发展中受到令状制的强烈影响,因而程序法具有相当重要的地位,奉行"救济先于权利"的原则。采用对抗制(adversarial system)审理。普通法法官采取消极的仲裁人态度,并将司法公开(justice openness)贯彻到司法审理的每一个环节。

7. 法学职业教育

在法学教育方面,英美法系特别是美国将法学教育定位于职业教育,学生进入法学院前已取得一个学士学位,教学方法是判例教学法,重视培养学生的实际操作能力。在英国,大学的法学教育和大陆法系有些相似,偏重于系统讲授,但大学毕业从事律师职业前要经过律师学院或律师协会的培训,而这时的教育主要是职业教育。普通法不拘泥于抽象的概念或逻辑,而注重过去的经验和实际应用。在法律职业方面,职业流动性大,法官尤其是联邦法院的法官一般都是来自律师,而且律师在政治上非常活跃,法官和律师的社会地位相对大陆法系国家较高。

【思考练习题】

1. 请问我国的法律渊源有哪些形式?
2. 请问我国的专门法院有哪些?包括破产法院吗?
3. 请了解大陆法系国家的法律渊源。
4. 请了解普通法系国家的法律渊源。

第二章 法律资源概述

【本章提要】

资源分类有助于辨别资源并快速而有效地找到所需要的信息。全书总体对于法律资源分为规范性法律资源、非规范性法律资源两大类。本章概括了常用文献类型及其数据库的一般特点、检索路径及主要资源列表,是法律检索过程中的共性内容。以概述的形式专章介绍,避免全书对各种数据库的重复性或者共同性描述。本章内容可与第四、五章结合起来学习。对于学术资源来说,电子资源与印刷资源共存,两种形式的资源同样重要。

第一节 法律资源概述

一、概述

在国内法律图书馆及法律信息领域,对于法律资源,一般也称其为法律信息、法律文献信息、法学文献信息等,这几个概念在使用过程中经常混同使用,没有严格意义上的区别。[①] 法律信息的形成与传播是一个复杂的过程。法律信息贯穿于立法、司法、法律实践、法学教育和研究等各个领域。法律信息是指所有与法律有关的活动的信息,所有围绕法律产生的信息构成法律信息系统。

对于法律资源的科学定义及其分类,目前在中国法律界还没有普遍认同的标准,一般都使用文献学的概念阐述及分类方法。文献学以文献的形成加工程度为标准,将文献信息源分成三个层面:原始文献、二次文献和三次文献。[②] 原始文献(primary literature/document),也称一次文献,比如学术论文、著作等;二次文献(secondary literature/document),比如索引等检索工具书和网上检索引擎;三次文献(tertiary literature/document),是在原始文献和二次文献基础上提炼出来的,包括了几乎所有参考性文献,比如大百科全书、辞典、统计资料等。当然,现在的文献信息或文献资源,其内涵和外延早已超出文献学本身最早的意义。

但是,法律资源分类与传统的社会科学文献分类是不同的,有其自身的特点。法律资源的英文名称是"sources of law",与法律渊源的英文名称是同一词。法律渊源主要指

[①] 从目前国内出版的法律文献检索教材和著作来看,可见于对法律资源的不同称谓。尽管如此,其使用意义并无二致。具体可参考于丽英、罗伟:《法律文献检索教程》,清华大学出版社 2008 年版,第 205—206 页。

[②] 参考《中国大百科全书·图书馆学情报学档案学卷》"文献"条目的相关解释,中国大百科全书出版社 1992 年版。

法律效力渊源,即根据法律的效力来源划分法律的不同形式,如制定法、判例法等。所以,普通法系国家,特别是美国法律学者按法律渊源或约束力将法律资源分成"primary sources"(译为:原始资源、一次资源、主要资源或首要资源)和"secondary sources"(译为:二次资源或次要资源)两大部分。① 可见,法律渊源与法律资源二者的内涵不尽一致。法律渊源主要指原始资源那部分内容,法律资源则包括原始资源和二次资源的全部内容。这种对法律文献的分类,在国际法律图书馆界被广泛接受和采用。

本书对于法律资源的介绍即以这种分类为参考,分为规范性法律资源、非规范性法律资源等组织相关内容,以清晰地把握丰富、多元的法律信息资源。无论是哪种方法,对法律资源及其效力的分类,可方便法律检索,有助于我们快速而有效地找到所需要的法律信息,达到综合、有效、合理地利用资源的结果。

二、规范性法律资源和非规范性法律资源

规范性法律资源,主要指国家立法机构和政府制定颁布的法律法规、法律解释等,在普通法系国家还包括司法判例和决定。这类资源具有法律效力,具有规范性,称为"规范性法律资源",也被称为原始资源(primary sources)、一次资源。例如,根据我国目前的立法及司法实践,我国的法律原始资源包括了宪法、法律、行政法规和规章、地方性法规等。美国法的原始资源包括 case law(判例法)、constitutions(宪法)、statutes(制定法、成文法)、regulations(行政法规)、administrative decisions(行政性决定)等。

规范性法律资源具有以下基本特点:(1)具有强制性和规范性;(2)效力层级不同;(3)法律文件具有时效性;(4)法律文献资料的数量大;(5)通过某种方法查检利用。了解这类资源特点,有助于快速、有效地实施法律检索。因此,法律法规的标题、法规类别、发布部门、发布日期、生效日期、有效性等具有特别重要的意义,可作为检索规范性法律资源的常用字段。

非规范性法律资源,指的是所有解释、研究、探讨和评论法律的文献信息,或者说非原始资源的法律文献信息就是属于二次法律资源,如法学期刊文章、法学专著、教材等。二次法律资源是没有法律效力的,故称为"非规范性法律资源",也被称为二次资源(secondary sources)。这类法律资源的特点,表现为多种出版类型,数量大,并且利用广泛,因此,要分别了解和掌握这些文献类型的特点及检索方法。利用非规范性法律资源最突出的特点,就是依不同的文献类型进行检索,如图书、期刊、学位论文等。

检索工具也归属二次法律资源。检索工具是指用以报道、存贮和查找文献线索的工具。传统的检索工具如法律文献书目、索引、百科全书等,为大家所熟知。在互联网时代,电子版检索系统和工具成为首选,无论是哪类法律资源,都要借助一定的检索工

---

① Morris L. Cohen, Kent C. Olson, *Legal Research in a Nutshell*, 12th ed., West Academic Publishing, 2016, pp. 2—6;[美]莫里斯·L.柯恩、肯特·C.奥尔森:《美国法律文献检索》(第12版),夏登峻、缪庆庆译,北京大学出版社2020年版,第5—6页。

具完成检索。如图书馆在线公共检索目录系统(Online Public Access Catalog,简称OPAC)、数据库导航、互联网搜索引擎等。当然,全文数据库同时兼具资源本身和检索工具职能。

第二节 法律资源(文献)类型

　　依据不同的标准,将法律资源作不同的分类。如根据文献的出版形态,可分为图书、期刊、报纸、学位论文、会议文献、专利文献、标准文献等,这是常见的文献类型。依据信息的载体和记录方式,可分为手写型、印刷型、缩微型、声像型和电子型等。伴随互联网的发展和信息环境的变化,人们获取信息的途径和利用方式同样发生变化,网络途径和电子资源成为首选。电子资源,也称为数字资源,指以数字形式生产和发行的信息资源,包括电子公告、电子图书、数据库等。传统的纸介形式,如图书、期刊、报纸等,也有了电子版。但是,并非所有的印刷型文献都有电子版。同样,有些资源只有电子版而没有印刷版。即便是文献的印刷版与电子版在内容上完全一致,在查找和利用方式上电子版的功能更加丰富。

　　数据库(Database)是数据的集合,存放数据的仓库。它是按照数据结构来组织、存储和管理数据的仓库,又是应用方法和技术对数据管理的计算机软件系统。数据库可依其内容的学科范围、收录文献类型以及是否全文进行不同的分类。在各类数据库中,有的属商业数据库,即使用者需要付费购买;有的属开放获取或网络免费资源。越来越多的资源可通过数据库进行检索和利用,如法律法规数据库、电子书数据库、电子期刊数据库等。

　　除图书、期刊、报纸、学位论文等主要资源类型外,法律资源有自身独有特点,即规范性资源。因此,法律法规数据库是法律资源中最重要的部分。代表性的法律数据库如北大法宝、威科先行法律库、Westlaw、Lexis®等,本书将在后面第七章、第十章分别介绍。

一、图书

　　图书是一种历史长、数量大、种类多的文献形式,内容比较成熟、全面、可靠和系统。印刷型图书出版周期较长,传递信息速度较慢。图书包括专著、教科书、工具书、论文集等,还有一种以书代刊形式的出版物,即集刊。集刊每一册有书号(ISBN),其出版有连续性的特点,与期刊相似。

　　图书目录是查找图书的重要途径和方法。特别是机读目录的发展,使检索手段更加趋于完善和便捷。图书全文的获得形式包括:购买,本地图书馆等机构借阅直接使用,也可通过馆际互借或者文献传递获取全文。电子书数据库的使用方式略有不同,可在线阅览、部分下载或者全书下载等。

　　电子图书检索的常用途径如表2-1所示。

表 2-1　电子图书检索常用途径

中文名称	英文名称
题名	title
作者	author
关键词	keyword
主题词	subject
国际标准号码	ISBN
语言	language
出版社	publisher
出版时间	publication year
索书号	call numbers
馆藏地	location

例如:在清华大学馆藏中文书目中检索《法学论文写作》一书,其主要信息包括:

题名:法学论文写作;

作者:何海波;

主题:法学—论文—写作;

出版社:北京:北京大学出版社;

出版日期:2014;

语种:中文;

国际标准书号:978-7-301-23825-7;

索书号:H152.3 H170;

馆藏地:法律馆、文科馆、主馆等图书借阅区。

(一)电子书目检索

一般情况下,可通过局域网或因特网查询图书馆和信息机构的馆藏图书目录。这种机读书目数据库能够科学地揭示和有效地报道图书文献的基本外部特征,不仅如此,先进的书目系统同时提供图书的内容提要、目录甚至更多信息。而且,一些区域性、行业性联合目录可以同时查阅某个或者多个馆藏,为读者提供更加省时省力的检索通道。

最有代表性的网络查询馆藏的检索系统,即联机公共检索目录(Online Public Access Catalog,OPAC),它具有查询资源丰富、检索方式灵活、服务功能多样、使用者界面友好、易于操作等特点。书目数据库中包括许多检索字段,具有很强的检索功能。同时,其检索途径更多,可单一检索,可复合检索即高级检索。对于检索结果的显示,可以选择排序方式,如按相关度、按出版时间等条件进行排列。读者以此了解查找文献的馆藏状况,根据需求对图书可进行续借、预约等操作。对于本馆没有的藏书,可通过馆际互借方式获得使用。

1. 国家图书馆

进入国家图书馆网站:http://www.nlc.cn/,选择"馆藏目录检索",即进入联机公共目录查询系统实施相关检索(参见图2-1)。

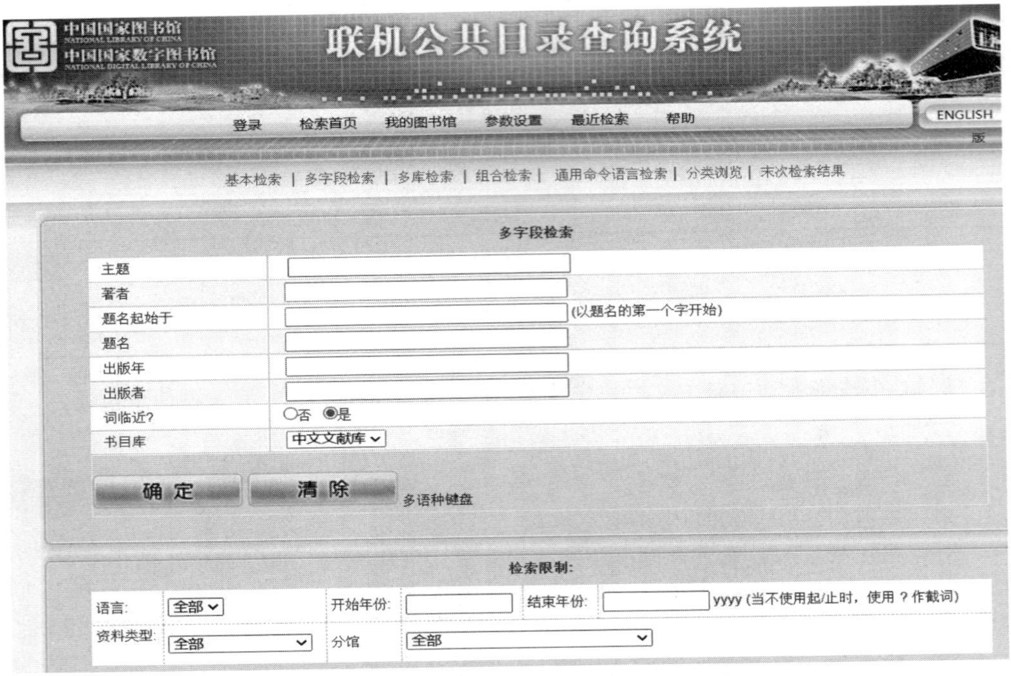

图2-1 国家图书馆多字段检索界面截图

2. 清华大学图书馆

进入清华大学图书馆主页(http://lib.tsinghua.edu.cn/index.htm),选择"水木搜索",即进入图书馆馆藏查询系统实施相关检索(参见图2-2)。

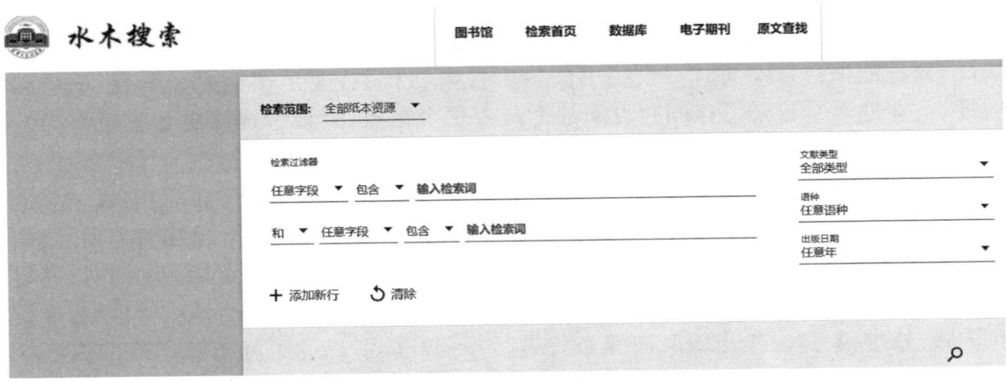

图2-2 清华大学图书馆高级检索界面截图

3. 联合目录检索

常用的联合目录有 CALIS、BALIS 等。如进入北京地区高校图书馆文献资源保障体系（BALIS）网站：http://www.balis.edu.cn/，在联合目录下实施相关检索（参见图2-3）。

图 2-3　BALIS 检索界面截图

（二）电子图书数据库举要

电子图书数据库一般具有查询、在线阅读、复制、下载等功能。有些数据库提供电子图书的章节导航、定位，甚至全文检索，还有文本编辑、个性化服务等，为使用者带来极大的便利。有的数据库的电子图书需要安装指定的全文阅读软件。对于电子图书数据库，读者只能访问已订购图书以及部分开放获取和免费资源的全文。

常用的电子图书数据库简介参考如表2-2。

表 2-2　常用的电子图书数据库简介

名称	简介
超星电子图书数据库 网址：http://www.sslibrary.com	拥有百万电子图书全文，图书涵盖各学科领域。
读秀学术搜索-电子图书 网址：https://www.duxiu.com	包括600多万种图书，提供深入图书内容的全文检索，其中320万图书支持全文试读。数据库提供图书部分原文的试读功能，还可通过"图书馆文献传递"功能获取部分全文内容，以及多种获取图书途径信息。
CNKI-中国工具书库 网址：https://www.cnki.net； https://gongjushu.cnki.net/rbook	其中国年鉴网络出版总库，至2019年3月，收录各类年鉴4000余种，合计3.7万册。中国工具书网络出版数据库，收录我国300多家出版社正式出版的1万多部工具书。

（续表）

名称	简介
中国大百科全书数据库 网址：https://h.bkzx.cn	《中国大百科全书》是中国第一部大型综合性现代百科全书。数据库完整地收录了《中国大百科全书》第一版和第二版的内容，包括多个学科大事年表、附录等资源，提供多种条目检索方式。
月旦知识库-法律词典 网址：https://www.lawdata01.com.cn	台湾学术数据库。收录法律词典4种：《元照英美法词典》《英汉法律缩略语词典》《英汉法律词典》《英汉法律用语大词典》。
EBSCOhost平台-电子图书 网址：http://web.b.ebscohost.com/ehost/search	英文数据库。包括来自350多家出版机构的5万多册电子图书，其中大部分内容是针对大学及以上读者层的。图书涉及学科广泛，包括商业与经济、法律、政治学等。所有电子图书都内嵌了在线字典功能，方便查询词义和读音。
ProQuest Ebook Central 网址：https://ebookcentral.proquest.com	英文数据库。收藏图书14万多册。整合了来自500多家学术、商业和专业出版商的权威图书和文献，覆盖商业经济、社科人文、历史、法律等多个领域。
"博睿在线"（BrillOnline）平台-EBooks、Reference Works 网址：https://brill.com	英文数据库。包括2万多本电子图书。如Brill's New Pauly online子平台，收录文献主要集中在人文、社会科学及国际法等相关领域，涉及学科20个。博睿在线2006年之后的法律类书籍都已电子化。

二、期刊

（一）期刊及其检索系统

期刊（periodical），是指有固定名称、连续出版、标有刊期等序号的连续出版物（serials）。其特点是数量大、品种多、内容新颖、出版周期短。大多数法律期刊的杂志社或出版社都建立了自己的网站，刊载相关信息，有的期刊网站可查阅以往过刊文章全文，或者最新刊期的目录。这样，读者可通过期刊网站了解该刊的最新情况，非常方便。

利用期刊的方式与图书相同，最方便的途径是利用图书馆目录系统，可通过局域网、因特网查询馆藏目录，获取期刊信息。期刊的馆藏信息包括现刊和过刊信息，还可能看见某期刊信息标有"电子资源""在线访问"等，说明这是一种网络电子期刊或者同时有电子版，可直接点击链接查看（参见图2-4、图2-5）。如果知道某篇文章的出处，直接查阅该期刊的某期即可得到文章。

图 2-4　清华大学图书馆期刊检索截图

图 2-5　清华大学图书馆期刊检索在线访问截图

（二）核心期刊

在诸多的期刊中，按照一定的遴选体系选出若干种"核心期刊"。与法律类相关的核心期刊体系主要有：英文的 SSCI、A&HCI，中文的《中文核心期刊要目总览》、中文社会科学引文索引（CSSCI）来源期刊等。此外，中国法学会主持的"中国法学核心科研评价来源期刊"（CLSCI），对法学期刊有一定的参考性。另外，有"中外文核心期刊查询系统"（http://sfx-86ali.hosted.exlibrisgroup.com.cn/index.html），包括十种数据库或评价体系中已收录期刊，实现浏览、检索、期刊影响因子链接等功能（参见图 2-6），可以具体了解某种期刊被收录的情况及其影响力。

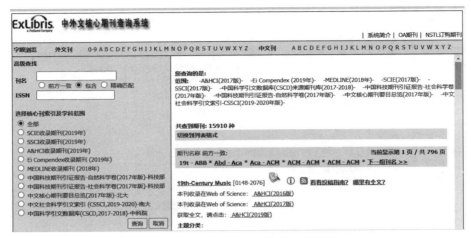

图 2-6 中外文核心期刊查询系统截图

1. SSCI

SSCI,即社会科学引文索引(Social Sciences Citation Index,SSCI),是人文社会科学广泛使用的权威性引文索引数据库,位于 Web of Science(简称 WOS)平台。Web of Science 信息服务平台支持自然科学、社会科学、艺术与人文学科的文献检索,数据来源于期刊、图书、专利、会议录、网络资源(包括免费开放资源)等。使用者可以同时对该平台上已订购的所有数据库进行跨库检索或选择其中的某个数据库进行单库检索。除 SSCI 以外,该平台还有 A&HCI 子库,即艺术与人文引文索引(Arts & Humanities Citation Index,A&HCI),主要收录艺术与人文科学学术期刊。SSCI 和 A&HCI 这两个数据库中收录了与法学相关的期刊及文章文献,通过来源信息可查找、获取全文。

2.《中文核心期刊要目总览》

《中文核心期刊要目总览》(*A Guide to the Core Journals of China*),是由北京大学图书馆和北京高校图书馆期刊工作研究会共同主持研究的项目成果。该书于 2021 年出版其第八版,共评选法学期刊 29 种,如《法学研究》《中国法学》等(参见书后附录 1)。

3. CSSCI

CSSCI,即"中文社会科学引文索引"(Chinese Social Sciences Citation Index,CSSCI,http://cssci.nju.edu.cn),是由南京大学中国社会科学研究评价中心开发研制的数据库,用来检索中文社会科学领域的论文收录和文献被引用情况。CSSCI 定期对其来源期刊进行定性评价,主要包括来源期刊、扩展版期刊、民族语言学术期刊等目录和介绍(参见图 2-7)。2021 年,CSSCI 发布了 2021—2022 年度的来源期刊、扩展版期刊目录,如法学类来源期刊(2021—2022)包括 24 种,期刊扩展版(2021—2022)包括 18 种(参见书后附录 1)。目前,对于学术集刊的来源目录未见发布(截至 2021 年 9 月 30 日)。CSSCI 数据库属文摘数据库,不能提供全文下载;且该库只能检索论文第一作者的引用情况。

图 2-7　CSSCI 产品中心界面截图

4. CLSCI

CLSCI,即"中国法学核心科研评价来源期刊"（China Legal Science Citation Index, CLSCI）,由中国法学会主持研制。自 2009 年起,对全国法学院校及科研机构等在 15 种重要核心期刊上发表论文的情况,从法学院校及科研机构、学科、作者等方面进行统计分析。2022 年起,两种英文期刊 China Legal Science 和 Frontiers of Law in China 正式列入 CLSCI 来源期刊目录（https://www.chinalaw.org.cn/portal/article/index/id/30521/cid/53.html）。至 2022 年 11 月,CLSCI 来源期刊计 24 种（参见书后附录 1）。

（三）期刊数据库

期刊数据库,内容包括各学科期刊,其检索功能使查询更加便捷,可以直接获得文章的文摘或全文。不仅如此,数据库的排序、关联聚合、导航链接、引注格式等诸多功能,可以满足使用者的不同需求。由于法律期刊以及发表法律文章的其他期刊种类繁多,在查找时可能需借助于期刊索引等工具检索。通过期刊索引,可查检到文章的题录或者文摘,也可以获得全文。

期刊检索的常用途径或者主要字段（fields）如表 2-3。以中国知网 CNKI 学术期刊库检索文章为例,导出该文的主要字段（参见图 2-8）。

表 2-3　期刊数据库检索的常用字段

中文名称	英文名称
篇名	title
作者	author/creator

(续表)

中文名称	英文名称
关键词	keyword
主题词	subject
摘要	abstracts
正文	full-text/text
期刊名	journal name/publication title
刊期/卷	issue/volume
出版时间	date / publication year
国际标准号码	ISSN
文献类型	document type
语言	language
机构名称	organization/cooperate source
作者单位	affiliation
出版社	publisher
国家	country
数字对象唯一标识符	DOI

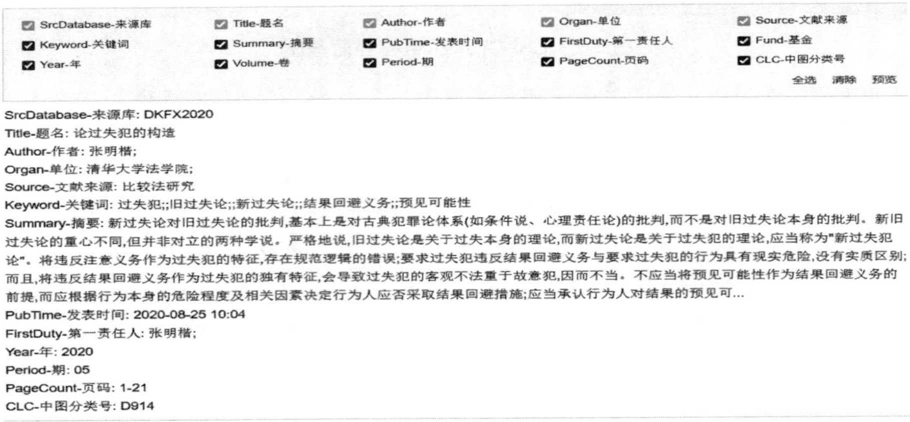

```
☑ SrcDatabase-来源库      ☑ Title-题名       ☑ Author-作者      ☑ Organ-单位        ☑ Source-文献来源
☑ Keyword-关键词          ☑ Summary-摘要     ☑ PubTime-发表时间  ☑ FirstDuty-第一责任人 ☑ Fund-基金
☑ Year-年                 ☑ Volume-卷        ☑ Period-期        ☑ PageCount-页码     ☑ CLC-中图分类号
                                                                           全选   清除   预览
```

SrcDatabase-来源库: DKFX2020
Title-题名: 论过失犯的构造
Author-作者: 张明楷;
Organ-单位: 清华大学法学院;
Source-文献来源: 比较法研究
Keyword-关键词: 过失犯;;旧过失论;;新过失论;;结果回避义务;;预见可能性
Summary-摘要: 新过失论对旧过失论的批判,基本上是对古典犯罪论体系(如条件说、心理责任论)的批判,而不是对旧过失论本身的批判。新旧过失论的重心不同,但并非对立的两种学说。严格地说,旧过失论是关于过失本身的理论,而新过失论是关于过失犯的理论,应当称为"新过失论"。将违反注意义务作为过失犯的特征,存在规范逻辑的错误;要求对过失违反结果回避义务与要求过失犯的行为具有现实危险,没有实质区别;而且,将违反结果回避义务作为过失犯的独有特征,会导致过失的客观不法重于故意犯,因而不当。不应当将预见可能性作为结果回避义务的前提,而应根据行为本身的危险程度及相关因素决定行为人应否采取结果回避措施;应当承认行为人对结果的预见可...
PubTime-发表时间: 2020-08-25 10:04
FirstDuty-第一责任人: 张明楷;
Year-年: 2020
Period-期: 05
PageCount-页码: 1-21
CLC-中图分类号: D914

图 2-8 中国知网 CNKI 学术期刊库检索文献输出选择字段样例

期刊文献的类型(Document type),是指期刊发表文章的类型,一般包括以下几种,如表 2-4。使用者检索时根据自己的使用目的进行选择,排除不必要的结果。以 ProQuest 数据库检索文章结果后(https://search.proquest.com/results/852B9D860AC849F6PQ/1?accountid=14426),可以对文章类型进行选择(参见图 2-9)。

表 2-4 期刊文章主要类型

中文名称	英文名称
论文	article
文章	paper

(续表)

中文名称	英文名称
同行评议	peer reviewed
评论	comments
简讯/简报	notes
通讯	letter
综述	reviews/survey
工作论文	working paper
预印本	pre-print
其他	miscellaneous
索引	index
编者按/社论	editorial

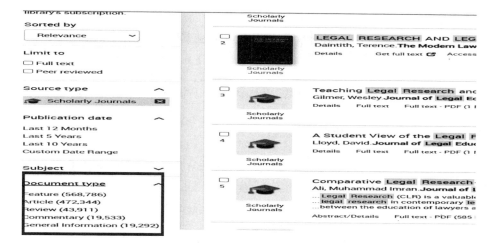

图 2-9　ProQuest 数据库检索文章结果样例截图

常用的法学期刊数据库，如中国知网 CNKI 学术期刊库、北大法宝法学期刊库、Heinonline 法律期刊全文库等。此外，还有综合性期刊全文数据库，如万方、维普、JSTOR 等，以及文摘数据库，如 CSSCI、SSCI 等。需要注意的是，有的数据库部分期刊全文更新相对于印刷版有滞后现象。常用的期刊数据库简介参考如表 2-5。

表 2-5　常用期刊数据库简介

名称	简介
中国知网 CNKI 学术期刊库 网址：https://www.cnki.net	收录中文学术期刊 8000 余种，含北大核心期刊近 2000 种，网络首发期刊 2000 余种，最早回溯至 1915 年。
万方数据知识服务平台 网址：http://g.wanfangdata.com.cn/index.html	收录自 1998 年以来的国内期刊 8000 余种，包括核心期刊 3200 余种。

(续表)

名称	简介
维普中文期刊服务平台 网址：http://qikan.cqvip.com	收录期刊 1.5 万余种，回溯年限 1989 年，部分期刊回溯至创刊年。学科分类包括经济管理、政治法律、哲学宗教等 35 个学科大类。
北大法宝-法学期刊库 网址：www.pkulaw.com/qk	全面收录国内法学类核心期刊全文、优秀的非核心期刊和集刊的全文及目录。所收录的各刊内容覆盖其创刊号至今发行的所有文献。
台湾学术文献数据库 网址：http://www.airitilibrary.cn	是目前我国台湾地区收录文献量最大的学术数据库。收录台湾科学核心期刊索引（TSCI）期刊，台湾人文核心期刊索引（THCI Core）期刊，台湾社会科学核心期刊索引（TSSCI）期刊，总计收录台湾 80% 以上的核心期刊。收录年代始于 1991 年。
月旦知识库-期刊 网址：https://www.lawdata01.com.cn	台湾学术数据库。收录台湾地区法学类期刊多种，其中法学 TSSCI 期刊 7 种；独家收录月旦法学杂志系列。
Kluwer Law Online Journals 网址：https://kluwerlawonline.com	英文数据库。包含 21 种法律学术期刊的全文信息，涉及商法、经济法、欧共体法、国际（贸易）法、竞争法（反垄断法）、交通运输法、环境法、税法、商业仲裁等各个领域。
Heinonline 法律全文数据库 网址：https://heinonline.org/HOL/Welcome	英文数据库。收录法学期刊超过 3000 种，而且，所有收录文献皆始于创刊。
Westlaw 法律全文数据库 网址：https://1.next.westlaw.com	英文数据库。收录法学期刊 1000 余种，覆盖了当今 80% 以上的英文核心期刊。
Lexis®法律全文数据库 网址：https://advance.lexis.com	英文数据库。收录法学期刊 1000 余种。
JSTOR 电子过刊服务平台 网址：https://www.jstor.org	英文数据库。收录期刊皆从创刊号到最近三五年前的过刊。如按学科浏览，包括犯罪学与刑事司法（Criminology & Criminal Justice）11 种，法律（Law）137 种。

(四) 集刊数据库

在传统的图书、期刊外，还有一种以图书形式出版、类似于期刊的连续出版物（俗称"以书代刊"），介乎期刊与图书之间的学术成果出版方式，被称为学术集刊或辑刊。学术集刊以专业学科为基础，内容由单篇文章组成，在形式上具有稳定统一的集刊名，以分册形式按照年、半年、季度、双月等周期出版，并有年、卷、期标识序号，计划无限期出版并具有正式书号（ISBN 号）。但集刊有别于一般论文集，后者没有统一性和连续性。集刊的编辑单位多为高等院校和科研院所。

查询集刊与检索图书方法类似，可以通过题名关键词、编者途径检索，但是无法查检其中的各篇文章。因此，电子版的目录或者全文成为读者的首选目标。一般地，可以在集刊主办单位或编辑部的网站上，可以浏览各辑、卷的目录。在专门的集刊数据库中,有的收录种类并不全面,且与期刊数据库合在一起,这一点在检索时需要注意。常用的集刊数据库简介参考如表2-6。

表2-6 常用集刊数据库简介

名称	简介
中国知网CNKI学术辑刊库 网址: https://kns.cnki.net/KNS/brief/result.aspx?dbPrefix=CCJD	共收录国内出版的重要学术辑刊1000余种,最早回溯至1979年。
北大法宝-法学期刊库 网址:www.pkulaw.com/qk	在法学期刊数据库的板块之下,收录73种法学集刊的全文及目录。
集刊全文数据库 网址:https://www.jikan.com.cn	数据库由社会科学文献出版社主办,于2012年12月上线。截至2020年12月,集刊全文数据库共收录集刊350种,其中CSSCI来源集刊34种,内容涵盖哲学、经济学、政治学及法学等多个学科。检索查询功能便捷,可浏览目录及文摘,全文需订阅使用。

三、报纸

报纸具有出版周期短、时效性强的特点,能够提供不同的消息,也是一种可利用的资源。法律专业报纸主要包括《法治日报》《检察日报》《人民法院报》等,刊载的内容多以法律新闻为主。目前,这些报纸大多数都有网络版,有一定的检索功能,查询比较方便。多数法律数据库中,都有法律新闻内容,可浏览,可订阅。

"中国重要报纸全文数据库"是中国知网CNKI系列数据库之一,来源于国内公开发行的500多种重要报纸,收录2000年以来中国国内重要报纸刊载的学术性、资料性文献的连续动态更新的数据库,内容覆盖文化、政治、法律、经济等广泛领域。

除报纸全文数据库外,也可参考《全国报刊索引数据库》(社科版)及《人大复印报刊资料》系列的电子版数据库。很多报纸的网站提供旧报检索及全文浏览功能。

国外报纸数据库,如EBSCO数据库中的Newspaper Source子库,可以看到近三十种国外报纸全文以及二百种美国报纸的部分全文。

四、学位论文与会议论文

学位论文与会议论文是学术论文的不同形式,查找方法与查找图书、期刊类似,一般通过学位论文、论文集、会议录等形式检索。现在,可以借助学位论文及会议论文的专门数据库进行查询。

(一)学位论文

学位论文,是指高校、科研机构的毕业生、研究生为取得某种学位而撰写并提交的论文,如硕士学位论文、博士学位论文。一般来说,学位论文(thesis、dissertation)具有一定的学术参考价值。各学位授予单位一般能够完整收藏本单位的学位论文,并提供查阅服务,但收藏范围和查阅、获取方式各有不同。除印刷本外,陆续建设的学位论文数据库,使查询更加便捷。大多数学位论文数据库需要购买才能获得论文全文,一般只提供论文题录及部分文摘信息。学位论文检索字段参考如表2-7。

表 2-7 学位论文主要检索字段

中文名称	英文名称
题名	title
关键词	key word
摘要	abstract
全文	full text
主题	theme
作者	author
导师	tutor/supervisor
学科专业	subject
学位授予单位	university/institution
学位	degree
语音	language
学位授予时间	date
发表时间	publication year

学位论文数据库包括全文数据库和题录数据库,有商业数据库,也有一些免费数据库及开放获取资源。常用的学位论文数据库简介参考如表2-8。

表 2-8 常用学位论文数据库简介

名称	简介
中国知网 CNKI 中国博士硕士论文全文数据库 网址:https://kns.cnki.net/kns/brief/result.aspx?dbprefix=CDMD	收录从 1984 年至今的博硕士学位论文,覆盖基础科学、哲学、人文、社会科学等各个领域。
万方数据知识服务平台学位论文库 网址:http://www.wanfangdata.com.cn/Thesis.aspx	收录了自 1980 年以来我国 900 多所高校、科研院所的硕士、博士学位论文及博士后报告。数据库可按学科分类浏览。部分学位论文并没有全文,只有题录信息,可提供原文传递服务。
CALIS 学位论文中心服务系统 网址:http://etd.calis.edu.cn	收录百余所高校的博硕士学位论文的文摘信息,部分论文可试读。该中心面向全国高校师生提供中外文学位论文检索和获取服务,可申请文献传递。
中国国家图书馆博士论文库 网址:http://read.nlc.cn/allSearch/searchList?searchType=65&showType=1&pageNo=1	国家图书馆 20 多年来收藏的博士论文为基础建设的学位论文影像数据库。目前博士论文库以书目数据、篇名数据为内容,提供 25 万多篇博士论文的摘要和目录信息,可在线阅读。免费资源。
月旦知识库-博硕论文索引 网址:https://www.lawdata01.com.cn	台湾学术数据库。收录大陆和台湾地区法律、政治等相关领域的博硕士论文索引,部分有全文。

第二章　法律资源概述

（续表）

名称	简介
台湾学术文献数据库 网址：http://www.airitilibrary.cn	台湾学术资源库。收录约 14 万篇硕博士论文，中文为主，收录时间始于 2004 年。
台湾博硕士论文知识加值系统 （https://ndltd.ncl.edu.tw），	台湾学术资源库。收录了 1958 年以来台湾各大学校院的博硕士论文。输入验证码后进入系统，繁体字检索，登录个人账号查看全文信息。免费资源。
香港大学学术库（The HK Scholars Hub） 网址：http://hub.hku.hk/advanced-search?location=thesis	收录本校的学位论文，最早始于 1941 年，部分全文。免费资源。
香港科技大学学位论文（HKUST Electronic Theses） 网址：http://lbezone.ust.hk/rse/?s=*&sort=pubyear&order=asc&scopename=electronic-theses&fq=doctype_cc_thesis&show_result_ui=list	收录本校 2002 年以来的学位论文，大部分全文。免费资源。
香港城市大学学位论文（CityU Theses Online，CityUTO） 网址：http://www.cityu.edu.hk/lib/digital/thesis/index.htm	收录本校 1990 年以来的学位论文，有 4000 多篇可开放获取（OA）全文。
ProQuest 博硕士论文数据库（ProQuest Dissertations & Theses Global，PQDT Global） 网址：https://www.proquest.com/pqdtglobal/index	英文数据库。ProQuest 是美国国会图书馆指定的收藏全美国博硕士论文的机构，拥有目前世界上规模最大、使用最广泛的博硕士论文数据库。收录 1637 年以来全球超过 3000 余所高校、科研机构的博硕士论文信息，内容覆盖科学、人文及社会科学等各个领域。
EBSCO 美国博士论文档案数据库（American Doctoral Dissertations,1933—1955） 网址：https://web.a.ebscohost.com/ehost/search/advanced?vid=0&sid=2b6837eb-89d6-410a-9274-ae81b0236149%40sessionmgr4006	英文文摘数据库。是收录 1933—1955 年间被美国大学承认的博士论文最完整的档案数据库，约 10 万篇论文文献。免费使用。
加拿大学位论文（Theses Canada） 网址：http://www.bac-lac.gc.ca/eng/services/theses/pages/theses-canada.aspx	英文数据库。加拿大图书馆和档案馆与大学合作项目，收录本国学位论文，其中电子论文有全文。免费资源。
英国图书馆学位论文（British Library e-theses online service，EThOS） 网址：https://ethos.bl.uk/Home.do	英文数据库。收录英国 120 余家机构的 50 万博士论文，超过一半的论文有全文。免费资源。
澳大利亚国家图书馆学位论文（Trove） 网址：https://trove.nla.gov.au	英文数据库。收录澳大利亚国家图书馆及上百家机构的学位论文，部分全文。免费资源。

（二）会议论文

会议论文（conference paper, proceeding），是指在学术会议上宣读或提交的论文、报告等资料,具有一定的学术参考价值。有的会议可能形成或者出版会议文集,也称会议录,这样可以通过图书馆的 OPAC 系统查询,检索方法与图书类似。对于会议论文数据库的利用,大多数需要购买才能获得论文全文,一般只能浏览论文题录及部分文摘信息。主要的会议论文数据库简介参考如表 2-9。

表 2-9　主要会议论文数据库简介

名称	简介
中国知网 CNKI 中国重要会议论文全文数据库 网址:https://kns.cnki.net/kns/brief/result.aspx?dbprefix=CPFD	汇集了国内外万余家重要会议主办单位产出的学术会议文献。其中,国家一级学会、协会的会议论文收全率占 96% 以上,部分论文回溯至 1953 年。并收录国内外召开的会议的音像视频。
万方数据知识服务平台中国学术会议文献数据库 网址:http://c.wanfangdata.com.cn/conference	会议资源包括中文会议和外文会议,中文会议收录始于 1982 年,外文会议论文收录始于 1985 年(部分文献有少量回溯),每月更新。
CALIS 学位论文中心服务系统 网址:http://etd.calis.edu.cn	收录百余所高校的博士、硕士学位论文的文摘信息,部分论文可试读。该中心面向全国高校师生提供中外文学位论文检索和获取服务,可申请文献传递。
OCLC Firstsearch – Proceedings 国际学术会议录目录 网址:https://firstsearch.oclc.org/WebZ/LogDbChange?:bad=html/advanced.html:sessionid=fsap02pxm1-1680-ku6n5v5m-d1aeoc:entitypagenum=2:0:dbname=Proceedings:entitywhoosh=true:next=html/advanced.html	英文数据库。OCLC 为世界各地的会议录所编纂的索引。该库可以检索到"英国图书馆资料提供中心"收藏的近 20 万本会议录,内容始于 1993 年。每周更新 2 次。
OCLC Firstsearch-PapersFirst 国际学术会议论文索引 网址:https://firstsearch.oclc.org/WebZ/FSPrefs?entityjsdetect=:javascript=true:screensize=large:sessionid=fsap02pxm1-1680-ku6n5v5m-d1aeoc:entitypagenum=1:0	英文数据库。OCLC 在世界各地会议上发表的论文所编纂的索引。该库可以检索到"英国图书馆资料提供中心"收藏的 650 多万篇世界各地学术会议的会议论文,内容始于 1993 年。每月两次更新。

【思考练习题】
1. 请理解法律资源分类及其特点。
2. 请理解法律资源各文献类型特点及其检索方法。
3. 请查找 2015—2019 年关于"公司股东权利"的硕士博士学位论文,列出检索途径。

第三章 法律检索概述

【本章提要】

　　法律检索能力是法律信息素养的核心内容。在网络环境下,掌握信息检索技能尤为迫切和重要。这里主要介绍针对电子资源的通用的、基本的检索方法、检索功能和检索技术。具体的数据库及其检索系统的使用方法各有不同,不在此述。本章内容基本属于法律检索的总论部分。

第一节 概述

　　文献检索是借助于检索工具,运用科学的方法,从众多的文献中查找所需文献的过程和方法。检索的本质是用户的需求和文献信息集合的比较与选择,即匹配(match)的过程,运用编制好的检索工具或检索系统,查找出满足用户要求的特定信息。手工检索工具如工具书、目录索引,计算机检索工具如搜索引擎、数据库等。无论是手工检索还是计算机网络检索,虽各有特点,但其基本原理和基本方法是一致的。网络环境下的法律检索方法、手段和内容等发生了很大的变化,所以,法律检索过程一般来说,可包括以下主要环节:分析检索课题、选择检索工具、制定检索策略、实施具体检索、处理检索结果,最后获取原始文献等。这些步骤的实施顺序不是固定的,也不是一次性的,有时不同环节需要多次反复或者修正,才能达到满意的效果。

　　为实现检索目标而制定的全盘计划和方案,就是检索策略。它是对整个检索过程的谋划和指导,目的是为了优化检索过程,提高检索效率,全面、准确、快速、低成本地找到所需信息资源。鉴于法学学科、法律资源的特点,对获得的资源和依据还要进行验证,保证引用的法律规范的有效性和完整性。

　　随着计算机技术的不断发展,信息检索也趋于智能化发展,如检索词的联想、推荐,对检索结果的聚类、过滤、可视化以及移动化检索等,使得检索越来越便捷。

第二节 检索分析

　　实施检索之前,要对检索的课题或项目进行分析,即搞清检索需求,明确要解决的问题,达到目的。可见,提出问题和明确需求是检索的前提条件,即检索不是无目的的行为。检索分析是制定检索策略的出发点及检索成败的关键。具体包括:

（1）研究课题的主题或内容，如课题所包含的概念、具体要求以及相互之间的关系。

（2）课题所涉及的学科范围，如法学领域，还是交叉学科。

（3）课题所需文献信息的内容及性质，如检索以规范性资源为主，包括法律法规、司法解释及法律沿革，还是以案例分析或者已有研究成果为主。

（4）课题所需信息的类型，包括文献类型、年代范围、语种等；课题对查新、查准、查全的指标要求等。

（5）检索目标是什么，最后以何种形式完成检索报告，是撰写学术论文、研究综述、专题报告、演示课件还是实务建议等。

总的来说，要了解某学科、理论、课题等最新进展和动态，则要检索最近的文献信息，信息资源更新快，覆盖年限时间短，强调"新"。要解决研究中的某个具体问题，找出方案，则要进行针对性检索，获得内容准确、能解决实际问题的信息，强调"准"。要撰写综述、论文或者专著等，要了解课题、事件的前因后果、历史和发展，则要进行详尽、全面、系统的信息检索，信息资源广泛多样，覆盖年限时间长，强调"全"。

第三节　检索工具

选择恰当的检索工具或检索系统，是成功实施检索的关键。选择检索工具一定要根据待查项目的内容、性质来确定。一般在选择时，要考虑一系列相关因素。

从内容和时间上，考虑检索工具和数据库对课题的覆盖和一致性，即检索工具的收录范围、文献类型、课题文献的需要量。如研究内容是关于中国法还是国际法，限于中文文献资源还是包括西文资源，是古代法律制度研究还是当代立法趋势评估，是查询目录索引还是获取全文，等等。

在手段和技术上，要考虑检索工具的便利性和经济性，还要考虑文献可获性，即易于获取原文。计算机检索效率高，如要承担检索费用，可利用手检工具、搜索引擎、机构网站等途径进行预检。如需要久远的信息，可能仍然需要利用印刷版资源进行手工检索。同时，首先选择本地资源，方便取得原文文献。

根据不同的检索目的和要求，选择不同的检索工具。如查找图书、期刊文献，可利用图书馆的联机公共检索目录（OPAC）、学术期刊网等；如查询法律事件、统计数据等，可利用年鉴、百科全书等工具；如检索案例，可利用法院网站、裁判文书网和法律数据库等。

基于法律学科的性质，法律文献信息的有效性（或即时性）与权威性是考虑的最重要因素。所以，在查询电子资源和数据库的过程中，对资源提供者的选择尤其重要，如查询法律法规等规范性文件时，应首先选择政府官方网站或商业网站提供的资源，了解数据库和网页的稳定性及更新频次，避免引用私人免费网站中的资源。要仔细分析网站地址（URL），一般在网站中有"关于我们"（About us），或者"联系我们"（Contact us），以判断信息来源及其可靠性。

总之,在法律检索过程中,应选择质量好、学术价值高的专业性检索工具为主,再通过其他检索工具相配合,要防止漏检。熟练掌握常用的检索工具和专业数据库及其服务功能,对于一些传统的纸本资源也不要忽略。

第四节 检索方法

由于数据库各有不同,在实施检索之前,要初步了解该资源的内容、使用方法等。绝大多数数据库在其主页上都有类似于"使用帮助"的栏目,如用户手册、使用指南、检索提示(英文如 user guide、search tips)等文档或视频资料,通过先行浏览,有助于检索过程更加顺畅。在检索实施及过程中,涉及检索词、检索途径、检索式等内容。

一、检索词

检索词是与检索内容最相关的词语。反映待检索课题内容的词,包括主题词和关键词。主题词,是指以规定概念为基准,经过规范化和优先处理的词或词组。主题词是主题词表的基本组成成分,是标引和检索文献的标准依据。关键词,则是指出现在文献标题、文摘、正文中,对表征文献主题内容具有实质意义的语词,对揭示和描述文献主题内容是重要的、关键性的语词。普通用户一般对主题词和关键词并不加以区分。而且,在一些数据库中,其检索使用的"主题"途径,是与主题词完全不同意义上的概念。

1. 使用专业术语

关键词是最常用的检索词,也可称为任意词,是绝大多数数据库默认的检索途径。检索词是否专业、专指、含义准确、恰当等都直接影响到检索结果。如"苹果"一词,大家所使用或熟知的苹果电脑、苹果电脑公司,与水果中的苹果完全不是同一类别的名词,如果查询以前者为诉讼标的物或当事人时,要明确其准确、完整名称再行检索。

在法律检索中,关键词可以是法律术语也可以是与事实相关的词语,尽可能使用标准法律术语。如使用"配偶"一词替代"妻子""丈夫""对象""爱人""老公""老婆"等俗称或口语称谓。特别是一些法律术语有特定的解释和含义,在使用时需要注意。

区分各种同义词、多义词、近义词等。必要时,可查阅专业参考工具书,如法律词典、法律百科全书等,也可利用数据库所提供的主题词表或术语联想字典,可扩大检索词,防止漏检。例如,与"合同"的相关概念还包括"协议""契约""要约"等,法律救济的渠道不仅有诉讼,还包括协商、调解、仲裁、执行等。

根据检索课题提出主题概念,分析并确定查询客体的关键要素,如主题词、关键词以及概念间的逻辑组合关系;哪些是主要概念,哪些是次要概念,并初步作出逻辑组配。在选择检索词时,一般应遵循"先具体后大体或总体"的原则,即先选择与本课题所涉法律或事实最相关的关键词,如检索相关资料不足或没有,再用概念较大或较广的关键词。① 进行西文文献检索时,要检查所有词的拼写准确无误,注意大小写等。

2. 发现关键词

发现、选择关键词非常重要。一般情况下,包括以下几种途径和方法:(1)从阅读图书、文章相关内容中选取;(2)从相关法条的规定和释义中发现;(3)从相关案例的裁判文书表述中发现;(4)从特定领域和行业习惯用语中发现关键词,等等。关键词的选取能力也体现了专业知识、阅读理解、检索经验等各方面能力。

二、检索途径

一般的检索工具都根据文献的内容特征和外部特征提供多种检索途径,也称为检索点。如描述内容特征的有分类语言和主题语言,描述外部特征的包括书名、著者、出版事项等。关于分类语言,最常用的就是图书馆分类法,它是根据文献各级类目之间的逻辑关系编排成的一个逐级展开的排列表,并用标记符号(分类号)代表各级类目的前后次序,从而使文献的学科知识、内容特征和形式特征得到充分的揭示。当代主要分类法有美国"国会图书馆分类法"(Library of Congress Classification)、"杜威十进制分类法"(Dewey Decimal Classification System),等等。中国国内图书馆使用最广泛的分类法体系即"中国图书馆分类法"(Chinese Library Classification),简称"中图法"。其中,法律类文献的类号为D9(参见书后附录2)。

数据库系统的检索入口或途径,一般包括主题、关键词、著者、分类等。这些特定检索途径也叫检索字段(field)、检索点,系统针对指定的字段进行匹配运算,提高检索效率。检索点准确与否,决定着检索结果的数量和质量。例如,选择全文检索,检索结果数量多,相关性较差;选择题名检索,结果数量少,比较准确。如前章所述,数据库依文献类型不同,常用检索字段有多种。例如,万方数据库对不同类型资源的检索字段都分别予以说明,参见图3-1(https://www.wanfangdata.com.cn/link/otherFap.do)。

由于法律资源内容性质不同,数据库使用的字段也不相同。如案例数据库,采用的字段都是特定含义。如中国裁判文书网的检索字段中,案件类型、案由、审判程序等(参见图3-2)。在英文案例数据库中,同样包括有opinion、judges、court等专门字段。应充分利用多方位途径进行补充检索,以避免单一种途径不足所造成的漏检,同时,使检索结果更加精准。更多的介绍,可参考第四章内容。

---

① 于丽英、罗伟:《法律文献检索教程》,清华大学出版社2008年版,第57页。

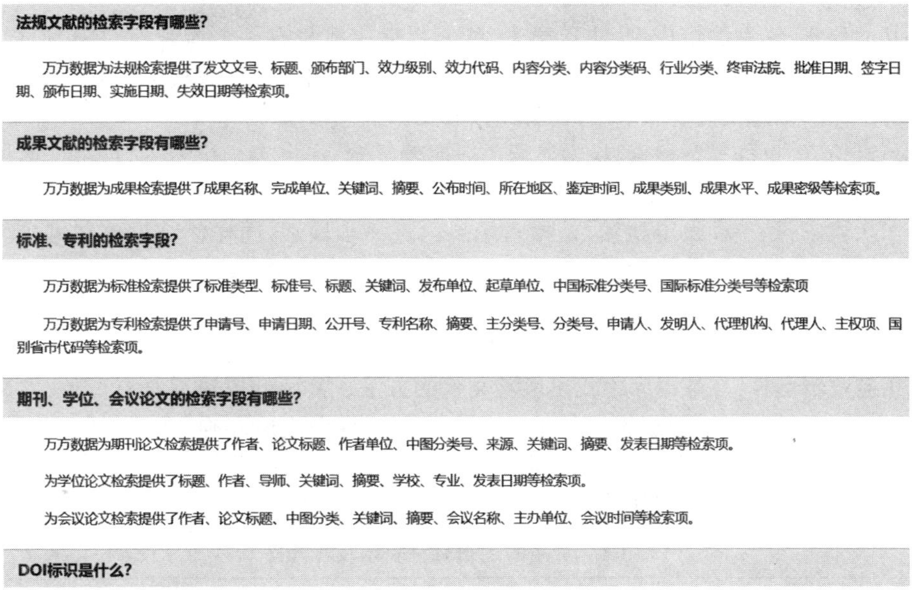

法规文献的检索字段有哪些?

万方数据为法规检索提供了发文文号、标题、颁布部门、效力级别、效力代码、内容分类、内容分类码、行业分类、终审法院、批准日期、签字日期、颁布日期、实施日期、失效日期等检索项。

成果文献的检索字段有哪些?

万方数据为成果检索提供了成果名称、完成单位、关键词、摘要、公布时间、所在地区、鉴定时间、成果类别、成果水平、成果密级等检索项。

标准、专利的检索字段?

万方数据为标准检索提供了标准类型、标准号、标题、关键词、发布单位、起草单位、中国标准分类号、国际标准分类号等检索项。

万方数据为专利检索提供了申请号、申请日期、公开号、专利名称、摘要、主分类号、分类号、申请人、发明人、代理机构、代理人、主权项、国别省市代码等检索项。

期刊、学位、会议论文的检索字段有哪些?

万方数据为期刊论文检索提供了作者、论文标题、作者单位、中图分类号、来源、关键词、摘要、发表日期等检索项。

为学位论文检索提供了标题、作者、导师、关键词、摘要、学校、专业、发表日期等检索项。

为会议论文检索提供了作者、论文标题、中图分类、关键词、摘要、会议名称、主办单位、会议时间等检索项。

DOI标识是什么?

图 3-1　万方智搜"帮助"截图

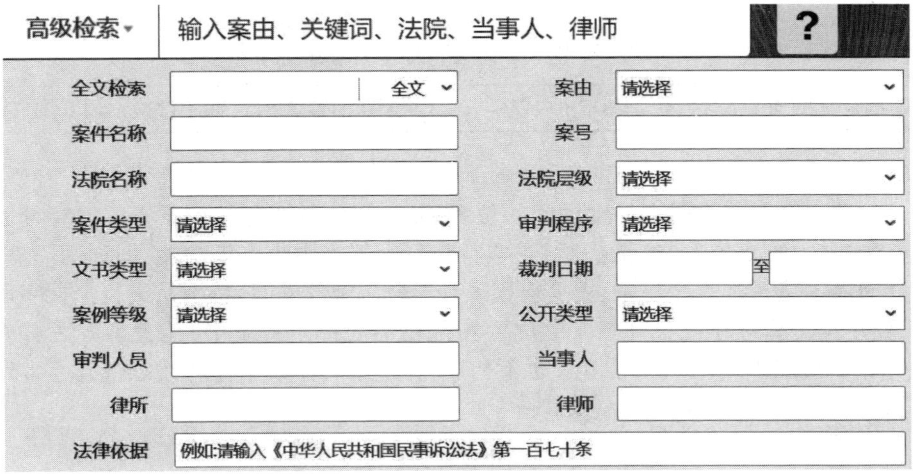

图 3-2　中国裁判文书网的高级检索界面截图

三、检索式

检索式由检索词和逻辑算符、位置算符以及系统规定的其他连接组配符号组成。在实施检索过程中,要充分利用检索工具特别是数据库的各种检索功能,设计检索式。要具体了解每个检索系统的使用说明或帮助,通过基本检索、高级检索、二次检索等多次检索过程,灵活设计及调整检索方案。

基本检索,又称简单检索、快速检索,检索界面一般只有一个检索框,是初步检索,结果不一定准确。目前,许多数据库优化页面结构,推出了一框式检索,揭示出平台各类资源中相关信息出处,实现平台的易用性和实用性。

高级检索,也称复杂检索,检索界面一般比较复杂,提供多个检索入口,可以运用逻辑算符构建比较细致的检索式,结果更为精确。

二次检索,是一种限定检索,是检索结果内进一步检索,同样使结果更加准确。通常来说,专业用户或专业检索要掌握高级检索技能,提高检索效果。

1. 逻辑算符(logical operator)

也称为布尔算符(Boolean operator),是指利用布尔算符连接各个检索词,由计算机进行相应逻辑运算,在数据库中找出所需文献的方法。常用的逻辑算符有三种,即逻辑或、逻辑与、逻辑非。运用逻辑算符检索,程序简单,查询描述准确,查准率较高。常用的逻辑算符表示及其含义如表3-1。需要注意的是,算符的标识如 * 、+ 等代表的含义在不同的数据库中可能会有区别。

表 3-1 常用的逻辑算符表示及其含义

算符	逻辑关系	表达式	含义
AND(或 *)	与(并含)	A AND B(或 A * B)	检索同时包含检索词 A 和检索词 B 的文献
OR(或 +)	或(含)	A OR B(或 A + B)	检索含有检索词 A、B 之一,或同时包括检索词 A 和检索词 B 的文献
NOT(或 –)	非(不含)	A NOT B(或 A – B)	检索含有检索词 A 而不含检索词 B 的文献

2. 位置算符(position/proximity operator)

运用位置算符表示两个检索词间的位置邻近关系,也叫邻接检索。位置算符通常在西文数据库中使用,目前,北大法宝、威科先行数据库中也有该功能,即词间间隔,两词之间间隔不能超过 N 个汉字,用 ~ 连接。对于全文型数据库,特别是进行全文字段检索时,使用位置算符往往更理想。但位置算符在不同检索系统中,其表示方法有所不同;在不同的数据库中有时可能含义也不相同,在使用具体数据库时注意选择。常用的位置算符表示如表3-2。

表 3-2 常用的位置算符表示及其含义

算符	逻辑关系	表达式	含义
/P(paragraph)	同一个段落	A /P B	检索在同一个段落里同时包含检索词 A 和检索词 B 的文献
/S(sentence)	同一个句子	A /S B	检索在同一个句子里同时包含检索词 A 和检索词 B 的文献

(续表)

算符	逻辑关系	表达式	含义
/N(near)	前后距离 N 个字	A /N B	检索包含检索词 A 和检索词 B 且前后距离 N 个字的文献
W(with)	两词相邻	A /W B	检索包含检索词 A 和检索词 B 且两词相邻的文献
/PRE	两词相邻,按顺序排列	A /PRE B	检索包含检索词 A 和检索词 B 且检索词 A 在检索词 B 前面的文献

3. 通配符(wildcard character)

通配符也可以称为截词符(truncation),这是一种特殊字符,一般在西文数据库中使用,可以使用它来代替一个或多个真正字符,实现模糊检索。在西文中,采用截词方法可以解决一个词的单复数、词干相同而词尾不同或者单词拼写差异等问题。在不同的检索系统中,截词符号有不同的表示,有的使用"?",有的使用"!""#""*"等。截词使用方式按其位置不同,可分为后截词、中截词和前截词。常用的截词符如表3-3。

表3-3 常用的截词符表示及其含义

算符	逻辑关系	表达式	含义
*	星号代替一个或多个字符	computer *	可包括 computer、computers、computerised、computerized 等词
?	问号代替一个字符	comp? ter	可包括 computer、compater、competer 等词

综上所述,由于每个数据库设计的逻辑运算符有所差别,因此,在检索时务必了解具体数据库运算符的使用方法,使检索结果准确而高效。例如,中国知网 CNKI 数据库的可使用运算符说明如图3-3 所示。Lexis® 数据库的运算符说明参见图3-4。

运算符	检索功能	检索含义	举例	适用检索项
='str1'*'str2'	并且包含	包含str1和str2	TI='转基因'*'水稻'	所有检索项
='str1'+'str2'	或者包含	包含str1或者str2	TI='转基因'+'水稻'	
='str1'-'str2'	不包含	包含str1不包含str2	TI='转基因'-'水稻'	
='str'	精确	精确匹配词str	AU='袁隆平'	作者、第一责任人、机构、中文刊名&英文刊名
='str /SUB N'	序位包含	第n位包含检索词str	AU='刘强 /SUB 1 '	
%'str'	包含	包含词str或str切分的词	TI%'转基因水稻'	全文、主题、题名、关键词、摘要、中图分类号
='str'	包含	包含检索词str		
=' str1 /SEN N str2 '	同段,按次序出现,间隔小于N句		FT='转基因 /SEN 0水稻'	
=' str1 /NEAR N str2 '	同句,间隔小于N个词		AB='转基因 /NEAR 5 水稻'	主题、题名、关键词、摘要、中图分类号
=' str1 /PREV N str2 '	同句,按顺序出现,间隔小于N个词		AB='转基因 /PREV 5 水稻'	
=' str1 /AFT N str2 '	同句,按顺序出现,间隔大于N个词		AB='转基因 /AFT 5 水稻'	
=' str1 /PRG N str2 '	全文,间间隔小于N段		AB='转基因 /PRG 5 水稻'	
=' str $ N '	检索词出现N次		TI='转基因 $ 2'	
BETWEEN	年度阶段查询		YE BETWEEN ('2000','2013')	年、发表时间、学位年度、更新日期

图3-3 中国知网 CNKI 数据库帮助中心截图

```
Reference Material
• Lexis® Equivalents for Other Connectors
• /n Connector
• and Connector
• and not Connector
• atleast Command
• Connector Order and Priority
• Finding Variations of a Word
• near/n Connector
• onear/n Connector
• or Connector
• pre/n Connector
• pre/p Connector
• pre/s Connector
• Search Connectors Quick Reference
  Card
• Searching for Common Legal Phrases
• Searching for Symbols or Other Special
  Characters
• Using ! to Find Variations of a Word
• Using * to Find Variations of a Word
• Using ? to Find Variations of a Word
• Using not with proximity connectors
• Using Quotation Marks to Find Exact
  Matches
• w/n Connector
• w/p or /p Connector
• w/s or /s Connector
• w/seg Connector
```

图 3-4　Lexis® 的帮助页面截图

第五节　检索结果

应用检索工具实施检索后,获得的检索结果即为文献线索。对文献线索进行整理,分析其相关程度,利用文献线索中提供的文献出处,索取原文。

1. 结果调整

一般情况下,应先以查全为目标,在查全的基础上,再利用不同的检索功能逐步提高查准率。检索结果太多时,可采取方法包括:增加检索词以限制检索;使用专用词汇;使用逻辑"和"(AND)连接词;缩小检索范围,使用在"结果中检索"或二次检索、高级检索。检索结果太少时,可采取方法包括:使用少量词,如去掉比较具体的概念以扩大主题;使用比较普通或含义比较宽泛的词汇;使用通配符增加各种词尾的词;增加相关词汇或者个别概念的同义词,并用逻辑"或"(OR)连接;先用扩大检索,然后再进行限制;使用已知的参考工具,帮助查找其他的内容,扩大信息来源,等等。

2. 结果分析

随着技术的发展,许多数据库的检索功能及分析功能越来越强大,帮助用户分析检索结果,调整检索策略,使检索更加准确、高效。有的数据库的文献导出功能可实现多次检索结果一次性导出,并生成检索报告。如图书馆目录检索系统、CNKI 等对检索结果提供不同标准的注释格式,方便用户选择利用。数据库将检索结果按照不同的字段分析,如相关度、时间、作者、文献类型、语种、年代、来源期刊等分别列项,平面式分类导航帮助用户快速找到数据来源,有助于用户从各角度了解检索结果,选择满足需要的结果。以北大法宝的期刊库为例,在检索结果界面,可进行多角度查看及分析(参见图3-5)。例如,按时间分析,了解与课题相关的前沿研究热点;按作者分析,了解该专业领域的领先研究者或多产作者;按机构分析,了解该专业领域的领先/主要研究机构;按核心期刊及影响因子分析,了解该专业领域的核心期刊,选择未来发表论文的投稿方向等。同时,用户可以根据自己的需求定制数据库的一些个性化服务,如建立个人文件夹,定制主题文献提醒等即时推送服务,继续关注研究课题的最新成果。

图3-5　北大法宝"法学期刊库"检索结果界面截图

3. 结果评估

对各种途径获取的资料,要进行质和量的分析、筛选、整理,以保留全面、完整、准确的信息资料。一般要从相关性、全面性、可获得性几方面进行评估。对于法律文献来说,还有非常关键的步骤,即鉴别和确认资源的权威性和有效性。如果引证已失效的法律资源,则对课题研究可能产生不同的结果,造成无法弥补的影响和损失。如法律法规数据库的检索结果,要判定其是否有效、已失效或者尚未生效等状态。对美国判例法根据谢泼德引证或keycite确认该判例是否被推翻或者有异议等。

4. 结果获取

获取原始资源的方式有多种,有的可从数据库中在线预览、直接下载、复制、打印、电子邮件等方式输出;有的可在本地图书馆借阅,或者通过馆际互借、文献传递等方式获取。对于丰富的电子资源及众多检索结果,可使用专门的文献管理工具进行管理。如 NoteExpress、EndNote 等,可借助这些工具建立个人的文献数据库、收集整理文献资料、添加文中注释、按特定格式要求插入参考文献等。此外,用户可根据自己的需求,了解和使用数据统计分析工具与相关软件以及基于文献计量的科研分析评估平台,定制个人研究数据,开展相关研究,生成研究评估报告等。

【思考练习题】

1. 请了解各数据库的连接符含义及使用方法。
2. 请举例说明如何发现检索关键词。
3. 请列出"中国高校法律信息素养教育研究"为题的检索式，并予以简要说明。

第二部分

中国法篇

第四章　规范性法律资源及其检索

【本章提要】
　　由立法机关制定的成文法是我国法律的重要渊源。在法律资源的研究中,我们将这部分内容称为原始法律资源,其本身具有法律效力,也即规范性法律资源。这是法律学习、研究及实践中最重要、最核心的资源。本章对这类法律资源特点及其利用进行具体介绍,包括法律法规、法律解释、条约及案例资源。特别需要说明的是,案例目前在我国的司法实践中不具有法律约束力,但是具有日益重要的指导及参考意义,这一点与其他各类非规范性法律资源不同。正因此,将"案例资源"放在本章内容中。规范性法律资源检索特别注重权威性、及时性和有效性。不同内容的资源,其检索方式各有特点。本章资源内容从时间性来看始于1949年。

第一节　法律法规

　　以成文法形式表现出来的各种法的渊源或法的形式,统称为规范性法律文件。这里所称法律法规,简称"法规",是个广义的概念,包括法律、行政法规、部门规章、地方性法规和规章等形式。法律法规属于信息公开范畴,易查阅和获取。

一、公布

　　按照宪法的规定和法定的程序制定的法律法规,其生效还应当经过法律的公布程序。公布法律的权力属于国家主席。《立法法》第58条规定,签署公布法律的主席令载明该法律的制定机关、通过和施行日期。法律签署公布后,及时在《全国人民代表大会常务委员会公报》和中国人大网以及在全国范围内发行的报纸上刊载。在《全国人大常委会公报》上刊登的法律文本为标准文本。
　　可见,法律法规通过、签署后,就要向全社会公开,为社会大众所知。公布的法定形式包括:公报、报纸、网站,以确保法律的及时刊载。除法定公布形式外,法律法规还有其他渠道公开及编辑出版。因此,需要有一个标准文本或法定文本。标准文本,就是各种法律文本之间出现不一致时,均以公报上刊登的法律文本为标准,以保证法律条文的真实性、准确性和权威性。这对维护法制的统一和尊严及法律的贯彻实施,都具有重要意义。根据立法法及相关法律规定,查询规范性法律文件可利用其法定文本。如查询法律标准文本可利用《全国人大常委会公报》,查询行政法规标准文本利用《国务院公报》，查询地方性法规、自治条例和单行条例的标准文本利用地方人大常委会公报，查询规章标准文本利用《国务院公报》或者部门公报及地方人民政府公报。

二、出版

法律法规出版包括单行本和汇编本。法律法规汇编，是按一定顺序将各种法或有关法集中起来，加以系统编排，汇编成册。这种汇编的特点是：一般不改变规范性法律文件的文字和内容，而是对文件进行汇集和技术处理或外部加工，不产生新法，不是正式的立法活动。汇编是在法规清理的基础上完成的。法规清理依据一定的权限和程序进行，通常分为集中清理、定期清理和专项清理，是一项重要的规范性工作。例如，国务院办公厅《关于开展涉及产权保护的规章、规范性文件清理工作的通知》(国办发〔2018〕29号)、《关于做好证明事项清理工作的通知》(国办发〔2018〕47号)等，就是对特定事项规范的清理。

可见，汇编便于集中、系统地反映法制的面貌，有利于人们全面、完整地了解各种相关法文件的规定。由于汇编将有关文献汇编在一起，可阅读、可查检，各种汇编资料是检索和查询规范性法律资源重要及常用的工具，对法律学习和研究有较大的参考价值。法律法规汇编和出版有正式版本和其他版本的区别。

(一) 正式版本

国务院颁布的《法规汇编编辑出版管理规定(2019年修订)》(国务院令第709号)对法规汇编作了专门规定。法规汇编，是指将依照法定程序发布的法律、行政法规、国务院部门规章(简称"部门规章")、地方性法规和地方政府规章，按照一定的顺序或者分类汇编成册的公开出版物。名称包括法规汇编、法规选编、类编、大全等。

根据相关规定，目前我国有资格编辑出版法规汇编的主体有：全国人大常委会法工委，司法部，中央军委法制局，国务院各部门，有权制定地方性法规和地方政府规章的地方国家机关。它们编辑出版的法律汇编或法规汇编是正式版本，可以在汇编封面上加印国徽。法规汇编包括单项法的汇编、综合性法规汇编以及内部使用的法规汇集。我国对汇编正式版本的出版发行也作了相应的规定，如由相关汇编主体选择中央一级出版社出版。法规汇编的内容和体例应当做到选材准确，内容完整，编排科学。这些基本要求对于法规汇编是非常重要的，有助于使用者辨别、选择正式版本，获取准确、完整的法律文件。

(二) 汇编举要

按照不同的标准，可对法规汇编进行分类。如依其编辑主体，分为正式版本和非正式版本；依汇编的内容，可分为综合性汇编、专题性汇编。目前，我国法律法规汇编的出版物数量很多,其主要编排特点是,按照法学各部门法或者一般专题如宪法、行政法、刑法、民商法等分为若干部分或门类;然后,各类之下按照相关的规范性文件的效力及公布的时间顺序排列。汇编收入文件的内容应该完整,包括其名称、通过和公布的机关、日期、批准或发布的机关、日期、施行日期、章节条文标题、正文等,应全部编入,不应随意删减和改动。

使用印刷版的法规汇编,一般只能通过目录进行检索、查找相关法律法规内容。使用者依据自己的使用目的,可选择不同的汇编。引用时,注意保证法律文件信息的准确、完整和有效。

1. 最新法律法规汇编

如《中华人民共和国新法规汇编》,现由司法部主编,中国法制出版社出版,每月出版1辑。这是国家出版的法律、行政法规汇编正式版本,是刊登报国务院备案的部门规章的指定出版物。内容收录法律、行政法规、法规性文件、国务院部门规章、司法解释等。每类中按公布的时间顺序排列。

2. 年度法律法规汇编

这类汇编资料大多按年代依时间顺序编排,收录内容和范围有所不同,一般通过目录查找法律法规等资料。如《中华人民共和国法律汇编》,全国人大常委会法制工作委员会编,人民出版社1995年陆续出版,收录时间始于1979年,现基本上按年度出版。

3. 其他

除了每月出版及年度汇编之外,还有其他一些类型的汇编。(1)专题性法律法规汇编,其汇编内容是关于特定领域或者专题,收录范围是与该主题相关的法律、法规、司法解释等汇集出版。如《中华人民共和国涉外税收法律法规汇编》《中华人民共和国档案法规汇编》等。(2)地方性法律法规汇编。一般情况下,各地方都有不同形式的地方性法律法规汇编。如《北京市法规规章选编:1949—2001》《浙江省地方性法规汇编》等。(3)回溯性法律法规汇编。这类汇编资料多为阶段性法规汇编,多卷本,一般按大类依时间顺序编排,通过目录查找资料。

三、电子资源

一般情况下,查询法律法规,从互联网搜索引擎、立法机构网站、政府部门网站、法律数据库到印刷本图书,皆可利用。当然,在使用时注意选择有权威性的文本,如查询中央政府网站和地方政府网站中的规范性法律资源。专业数据库也是比较常用的资源和检索途径,其中的资源比较全面、可靠,更新及时。

检索法律法规的常用字段包括:标题或全文关键词、法规类别、发布部门、发布日期等,发文字号、实施日期等可作为辅助路径。获得法律法规信息的方法包括:(1)阅读二次法律文献,如教材、期刊文章等,发现相应的规范性法律文件;(2)结合法律制度、法律部门的内容和特点出发进行检索,就可以发现相关法律规定,如从下位法追溯其上位法;(3)通过相关的裁判文书及案例分析,获取法律依据。此外,除了法律文本本身,由权威机构作出相应的法律释义及条文理解与适用文本也可供参考。

(一)机构网站

查询法律法规可选择各级立法机构和政府网站,内容具有权威性和准确性,如中国人大网、中国政府法制信息网、北京市人大网、首都之窗等。查询行业或主管部门的网站,如商务部、外交部、国家知识产权局等的官网,可获得专门信息资源。

1. 中国人大网

中国人大网(http://www.npc.gov.cn)是全国人大常委会门户网站,发挥着全国人大及其常委会信息发布、联系代表和地方人大、人大制度信息资源建设的重要平台作用。其内容包括立法动态、法律草案审议、立法、法律文件等(参见图4-1)。如"法律释义与问答"内容都是由全国人大常委会法制工作委员会做出的。2021年2月24日,国家法律法规数据库正式上线(https://flk.npc.gov.cn),由全国人大常委会办公厅维护。国家法律法规数据库收录的数据有WPS版本和PDF版本两种格式,其中PDF文本为刊载法律法规文件的国家机关公报版本。提供的电子文本与法律规定的标准文本不一致的,使用时请引用标准文本(参见图4-2)。

图4-1 中国人大网首页截图

图4-2 国家法律法规数据库截图

2. 中国政府法制信息网

现由司法部主管,网址为 http://www.moj.gov.cn/pub/sfbgw/flfggz/flfggzflty/fltysfxzxgflfg/(参见图 4-3)。除法律法规外,还有法规解读,收录一些部委负责人及专家的理解和说明。个别板块可检索(参见图 4-4),总体检索功能不足。

图 4-3　中国政府法制信息网截图

图 4-4　中国政府法制信息网行政法规库截图

3. 商务部网站

商务部是主管国内外贸易和国际经济合作的部门,其职责包括拟订国内外贸易和国际经济合作的发展战略、政策,起草国内外贸易、外商投资、对外援助、对外投资和对外经济合作的法律法规草案及制定部门规章,提出我国经济贸易法规之间及其与国际经贸条约、协定之间的衔接意见,研究经济全球化、区域经济合作、现代流通方式的发展趋势和流通体制改革并提出建议,等等。因此,对于涉及经济贸易、投资、多双边合作等方面的法律学习、研究及实务人员来说,商务部网站是一个不可忽略的专业信息来源。其中,"全球法律网"(Global Law, http://policy.mofcom.gov.cn/law/index.shtml)内容包括中国商务法规及国际条约与境外法规(参见图4-5),内容丰富,可检索利用。

图 4-5　商务部全球法律网截图

4. 北京市人大网和首都之窗

这可以作为查找北京市法规、政府规章和政府文件的主要来源。北京市人大常委会网包括地方人大的立法工作及相关资料(http://www.bjrd.gov.cn/rdzl),可检索(参见图4-6)。可见,这种检索途径和方法适用于地方性法律法规的检索。

图 4-6　北京市人大网截图

首都之窗即北京市政府网站,其中的政务公开栏目(http://www.beijing.gov.cn/zhengce/zfwj)也可以检索市政府各类文件(参见图4-7)。

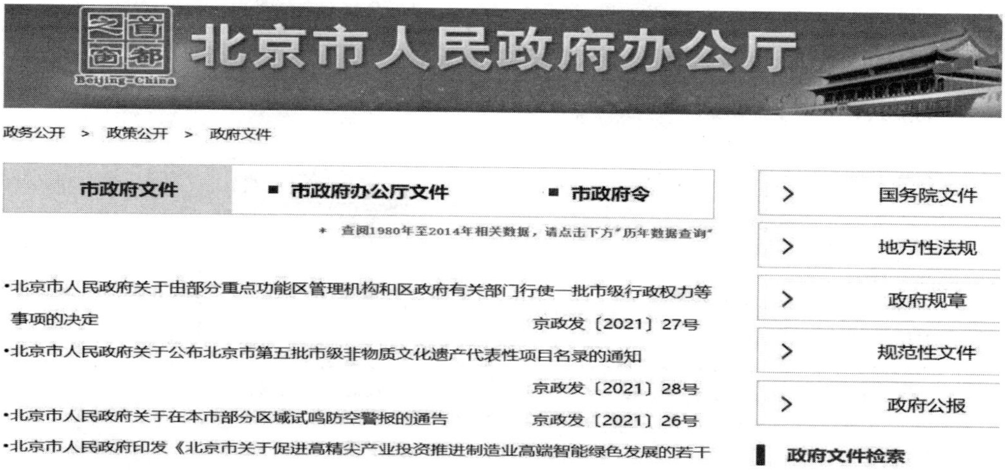

第四章 规范性法律资源及其检索

图 4-7 首都之窗中的政府文件界面截图

（二）数据库

几乎每个中文法律数据库中都有"法律法规库"，其收录我国自 1949 年起至今的法律法规。数据库内容更新及时，不仅有法律文本，还包括法律动态、立法背景、立法沿革等资料；检索方式有简单检索、高级检索功能，可执行精确搜索或模糊搜索；检索结果可按效力级别、发布时间相关度等排序；结果界面提供的过滤器方便用户按照不同需求进行多种选择。

以下是几个常用数据库法律法规库高级检索条件显示样例，分别是北大法宝（参见图 4-8）、威科先行（参见图 4-9）和律商网（参见图 4-10）。

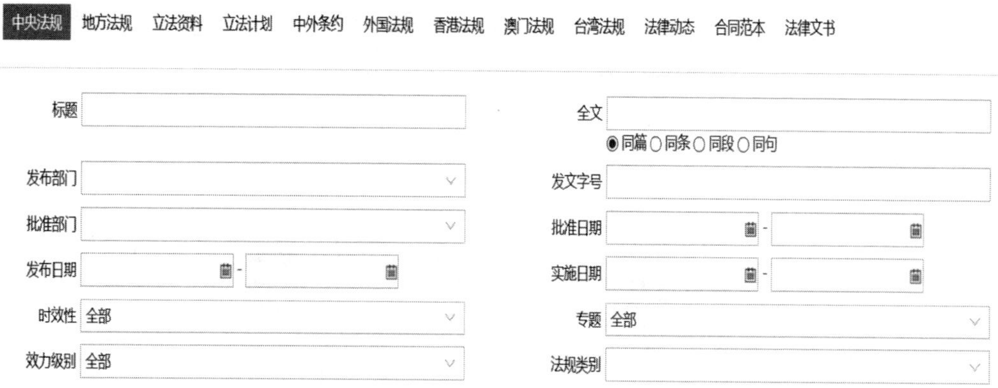

图 4-8 北大法宝法律法规库的高级检索

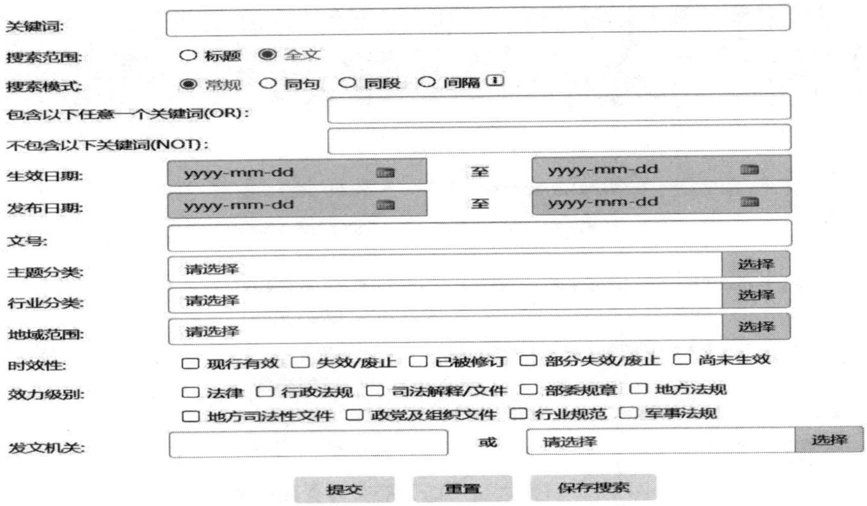

图 4-9　威科先行法律数据库的高级检索

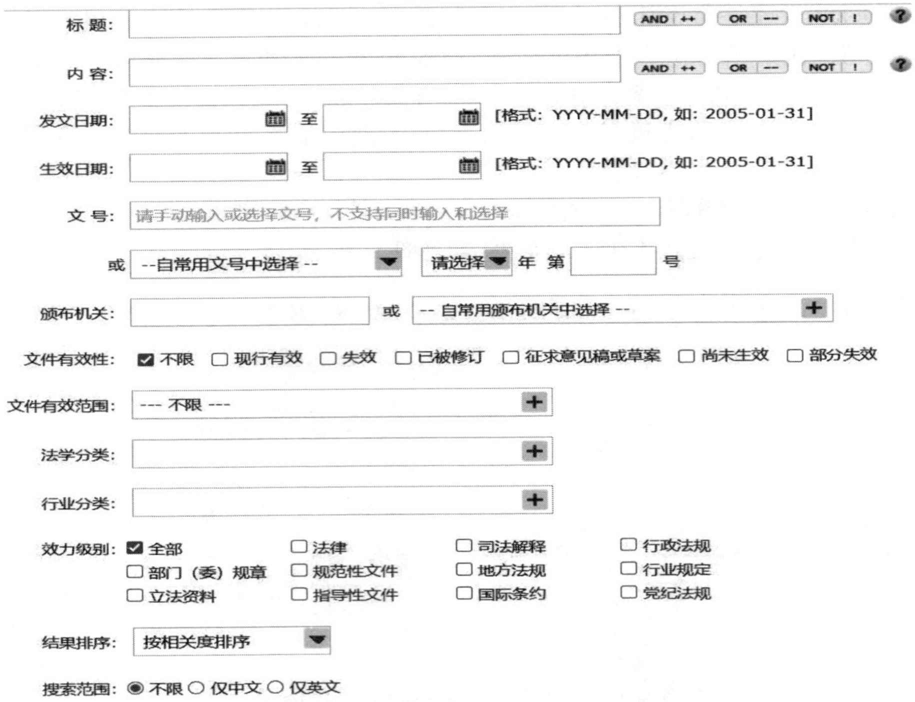

图 4-10　律商网政策法规库的高级检索

以"民法典"为关键词进行简单检索,北大法宝(参见图 4-11)、威科先行(参见图 4-12)和律商网(参见图 4-13)的结果显示了每个数据库有各自的编辑特色。

第四章 规范性法律资源及其检索

图 4-11 北大法宝法律法规库的检索结果界面截图

图 4-12 威科先行法律数据库的检索结果界面截图

图 4-13 律商网政策法规库的检索结果界面截图

第二节　司法解释

司法解释，一般可以通过《最高人民法院公报》《最高人民检察院公报》《法治日报》《人民法院报》《检察日报》《司法文件选》《中国法律年鉴》等查询和获取。另外，还有司法解释汇编，将一定时间内制定或有效的司法解释分门别类地收录，也是使用的一个途径。司法解释具有法律效力，在利用时应注意资源的时效性、准确性以及资源的完整性，如司法解释名称、发布部门、发布日期和实施日期等。2020年9月，最高人民法院发布《关于完善统一法律适用标准工作机制的意见》（法发〔2020〕35号），其中，强调发挥司法解释统一法律适用标准的重要作用，进一步规范司法解释制定程序。涉及人民群众切身利益或重大疑难问题的司法解释，应当向社会公开征求意见。

还有一类法律文件需要关注，即司法文件。以最高人民法院为例，除了司法解释，还会制定其他多种司法文件。所以，在适用时对同一机关制定的多种文件进行识别，包括对特定司法文件的文本、真实性、效力等进行判断。比如，要注意查找《最高人民法院公报》《司法文件选》和司法解释汇编等。

司法解释汇编多由最高人民法院、最高人民检察院的相关部门组织编写，中国法制出版社、人民法院出版社及法律出版社出版。按照内容范围，有综合性的汇编，也有专题性的汇编。

最高人民法院和最高人民检察院的官方网站是获取相关资源的公开渠道。同时，可以利用互联网及法律数据库查询司法解释，其检索方法、常用字段等与查询法律法规相似，一般以研究主题或专题的关键词进行检索，也可以以发布部门为条件进行选择或限定。对于司法解释的检索结果要进行判定，包括其真实性和准确性、适用范围、时间效力等，这是值得特别注意的事项。

一、司法解释汇编

1. 《新编中华人民共和国司法解释全书》

该书的2021年版由中国法制出版社出版。书中收录最高人民法院、最高人民检察院截至2021年1月发布的现行有效司法解释、司法解释性文件以及与诉讼活动紧密相关的司法行政文件。按照综合、民事、民事诉讼、刑事、刑事诉讼、行政诉讼、国家赔偿七个大类编排文件，在各个大类之下，根据主题再分子类，文件按照时间顺序从旧到新排列。

2. 《最高人民法院实施民法典后继续有效适用的司法解释文件汇编》

为确保2021年1月1日起生效的民法典统一正确实施，最高人民法院专门成立了民法典贯彻实施工作领导小组，及时部署开展司法解释全面清理和新的配套司法解释制定工作，组织编写《最高人民法院实施民法典后继续有效适用的司法解释文件汇编》

(上)》，收录了民法典后继续有效适用的司法解释372件。同时，组织编纂《最高人民法院实施民法典清理（立改废）司法解释文件汇编》，收录新制定的7件司法解释，需要对名称和部分条款进行修改的111件司法解释，废止的116件司法解释目录，是各级人民法院办案使用的标准文本。此汇编由人民法院出版社2021年3月出版，为准确理解和适用民法典司法解释，统一民事法律适用标准提供了参考依据。

3.《中华人民共和国刑法及司法解释全书》

该书的2021年版由法律出版社出版。书中收录1979年刑法典颁布至2020年12月期间公布的现行有效的刑法法律和司法解释、司法文件，按照刑法的章节顺序，将相关司法解释、司法文件分散到各章节中去。正文中对司法解释、司法文件作了区别标注。

此外，法律出版社法规中心编辑出版了《最新民法典及相关司法解释汇编》《最新公司法及司法解释汇编》等其他部门法及司法解释汇编。

4.《司法解释理解与适用全集》

该全集包括17卷35册，由人民法院出版社2018年出版。2014年，最高人民法院启动了新中国成立以来首次全面集中清理司法解释工作。本书对最高人民法院发布、与最高人民检察院及其他部委联合发布的司法解释、司法指导性文件进行了整理，收录司法解释、司法指导性文件共2700余件。全书分为综合篇、刑事篇、刑事诉讼篇、民事篇等9篇，每篇按照领域内审判情况再分若干细目。该书是指导全国法院法官适用法律，特别是适用司法解释作出裁判的重要工具书。

二、司法解释数据库

查询司法解释及司法文件可以利用数据库。最高人民法院网站首页的"权威发布"板块中，包括司法解释、司法文件栏目内容，可通过首页的检索框输入关键词检索相关内容。其中，司法文件分为通知（司法文件）、意见、决定的类型列举，便于浏览（参见图4-14）。

图4-14 最高人民法院网站"权威发布"界面截图

在一般的法律法规数据库中，收录有司法解释这类资源，查询方法与法律法规类似,如通过关键词检索,在结果中可以从"效力级别"中选择司法解释(参见图4-15)或者地方司法文件(参见图4-16)。如果使用高级检索,可以选择"发布部门""发文机关"如最高人民法院、最高人民检察院等进行检索。

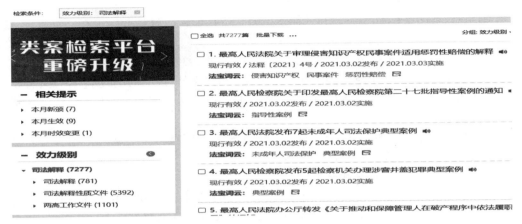

图4-15　北大法宝数据库"司法解释"界面截图

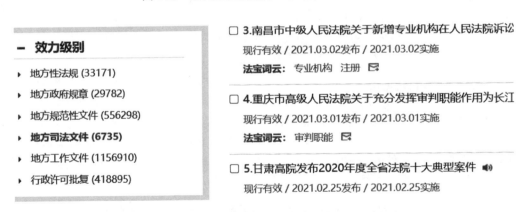

图4-16　北大法宝数据库"地方司法文件"界面截图

第三节　条约

对于条约的文本和发布方式,《中华人民共和国缔结条约程序法》(主席令第37号)作了相应的规定:中华人民共和国同外国缔结的双边条约、协定,以中文和缔约另一方的官方文字写成,两种文本同等作准;必要时,可以附加使用缔约双方同意的另一种第三国文字,作为同等作准的第三种正式文本或者作为起参考作用的非正式文本;经缔约双方同意,也可以规定对条约、协定的解释发生分歧时,以该第三种文本为准。某些属于具体业务事项的协定,以及同国际组织缔结的条约、协定,经缔约双方同意或者依照有关国际组织章程的规定,也可以只使用国际上较通用的一种文字(第 13 条)。对于条约的发布和出版方式规定:经全国人民代表大会常务委员会决定批准或者加入的条约和重要协定,由全国人民代表大会常务委员会公报公布。其他条约、协定的公布办法由国务院规定,即由国务院公报公布(第 15 条)。中华人民共和国缔结的条约和协定由外交部编入《中华人民共和国条约集》(第 16 条)。

查找条约资料,可利用《全国人大常委会公报》《国务院公报》、条约汇编或者条约集。条约汇编目录一般按条约签订的时间先后顺序排列,有的汇编依条约内容和缔约国国别分别编排了索引,便于检索。另外,通过一些数据库或者政府网站也可查阅我国签订或加入的国际多边或双边条约或协议等。检索条约数据库的常用途径是:时间、关键词、缔约国国别、条约类别等。条约类别一般包括:协定、议定书、换文、谅解备忘录等。

一、条约集和汇编

1. 《国际条约集》

世界知识出版社和商务印书馆从 1959 年起先后编辑、出版。各集内容按条约签订的时间先后顺序排列;另外,依条约内容和缔约国国别编排了索引。

2. 《中华人民共和国条约集》

外交部编,先后由法律出版社和世界知识出版社出版,各集收录了不同时间中华人民共和国(包括政府和政府各部门)同外国和国际组织签订的条约性文件。2013 年,已出版至第 58 集。

3. 《中华人民共和国多边条约集》

外交部条约法律司编,法律出版社、世界知识出版社陆续出版。2017 年,已出版至第 10 集。

二、经济贸易方面的条约公约汇编

1. 《加入世界贸易组织法规文件汇编》

国务院法制办公室编,中国法制出版社 2002 年出版。该汇编包括上中下 3 册。

2. 《国际经济条约公约集成》及其《续编》

芮沐编,人民法院出版社 1994 年、1997 年出版。该集成收录了中国对外开放以来同有关国家签订的国际经济方面的公约、条约和协定等。

3. 《第十一届全国人大常委会决定批准或加入的条约和重要协定汇编(2013 年版)》

全国人大外事委员会法案室编,中国民主法制出版社 2013 年出版。该汇编对新中国成立 60 年来全国人大常委会决定批准或者加入的 356 件条约和重要协定进行了统计、梳理和汇总。

4. 《国际民事商事公约与惯例(附英文)》

Joanson 主编,中国政法大学出版社 1993 年出版。选编的文件为民商事方面的一些重要的国际公约、协定、协议、规则等。

三、其他方面的条约汇编

1.《中华人民共和国国际司法合作条约集》

司法部司法协助外事司、司法部司法协助交流中心编,中国方正出版社2005年出版。该书以中国对外缔结的国际条约为主体,同时收录了国内法的相关规范,提供中国对外开展司法合作方面全面、翔实和最新近的法律规则和依据。

2.《国际海事条约汇编》

交通部国际合作司编,大连海事大学出版社连续出版。2019年已出版至第17卷。该系列汇编主要收录由国际海事组织、联合国相关组织、会议等制定的与海事有关国际公约、议定书和规则及其修正案的中文、英文文献等。

四、条约的电子资源

一些专业数据库中会包括条约的内容,还有一些政府网站也是查询条约文本的途径。这些数据库收录的条约,多为1949年新中国成立以来签订或加入的。检索途径包括:标题关键词;全文关键词;相对国;批准日期、签字日期、生效日期及条约分类等。

1. 北大法宝数据库

北大法宝"法律法规"库中的"中外条约"库,收录新中国成立以来中国与世界各国、国际组织签订的双边条约,以及中国缔结或加入的多边条约(参见图4-17)。根据缔约国、条约种类、所属行业领域等进行多维度分类(参见图4-18)。

图4-17 北大法宝"中外条约"库高级检索界面截图

2. 威科法律数据库

威科法律数据库,在法规项下包括"国际条约",也可以按类别进行高级检索(参见图4-19)。

3. 律商网

在律商网法律法规数据库中有"外交外事"类别,包括外交、外事、条约、协定等内容,且有中英文对照版(参见图4-20)。

第四章　规范性法律资源及其检索

图 4-18　北大法宝"中外条约"库检索结果界面截图

图 4-19　威科法律数据库"国际条约"界面截图

图 4-20 律商网"外交外事"界面截图

4. 外交部网站

在我国外交部网站上设有"条约数据库"（参见图 4-21），这也可以作为查找条约的官方来源途径。数据库收录我国缔结和参加的双边、多边条约及合作文件，并设有高级检索功能（参见图 4-22）。

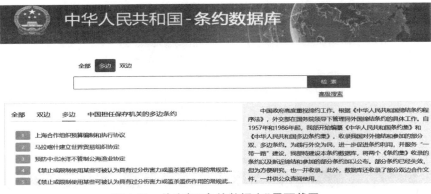

图 4-21 外交部"条约数据库"界面截图

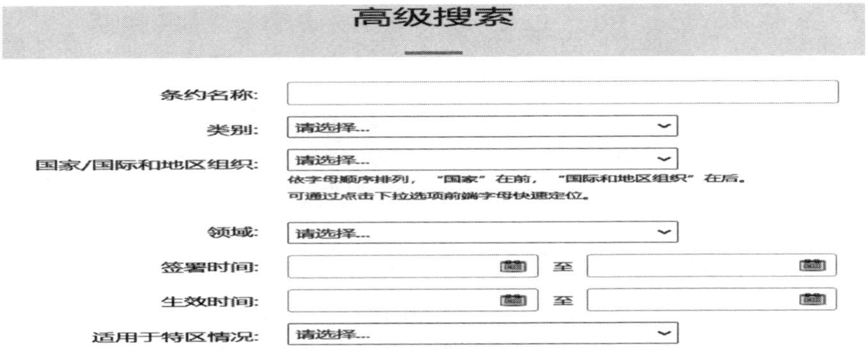

图 4-22 外交部"条约数据库"高级搜索界面截图

第四节 案例

一、概述

在我国,案例即裁判文书,是指人民法院各审判庭审理案件所作出的判决书、裁定书等。案例资源包括裁判文书本身,也包括对裁判文书的评析和研究。既有印刷型的案例汇编,又有裁判文书网和案例数据库。目前,网络已经成为裁判文书公开的主要方式以及查询案例的最主要途径。中国裁判文书网(https://wenshu.court.gov.cn)是全国法院公布裁判文书的统一平台。最高人民法院和地方各级人民法院在本院政务网站及司法公开平台设置裁判文书板块及中国裁判文书网的链接。

案例在我国的司法实践中不具有法律约束力,具有指导及参考意义,且其参考范围及参考程度是不同的。2020年7月,最高人民法院发布《关于统一法律适用加强类案检索的指导意见》(试行)对类案检索范围作了说明,包括:(1)最高人民法院发布的指导性案例;(2)最高人民法院发布的典型案例及裁判生效的案件;(3)本省(自治区、直辖市)高级人民法院发布的参考性案例及裁判生效的案件;(4)上一级人民法院及本院裁判生效的案件。有的地方法院也依此印发本地方的规定,从这些规定中,可见案例的参考范围及参考程度不同。概括来说,其参考度由强而弱依次包括:

(1)最高人民法院发布的指导性案例;
(2)最高人民法院发布的典型案例及裁判生效的案件;
(3)《最高人民法院公报》刊登的案例、裁判文书;
(4)最高人民法院各业务庭公开发布的典型案例、裁判文书;
(5)各高级人民法院发布的参考性案例及裁判生效的案件;
(6)上一级法院裁判生效的案件;
(7)本院裁判生效的案件;
(8)其他案例。

对于检索出的类案,区别处理:最高人民法院发布的指导性案例,应当参照适用;顺位检索到的其他案例和生效裁判,可以参照适用。因此,这些案例的性质和特点,也影响了在法律检索过程中对案例的判断及选择。

二、案例汇编

案例汇编,有的称为裁判文书汇编、案例集、案例选等。对于已出版的案例文献,从案例选编的主体来看,可概括为以下几种情况:(1)最高人民法院发布,如指导性案例;

(2) 最高人民法院相关业务部门编辑,如《人民法院案例选》《刑事审判参考》等;(3) 地方人民法院编辑;(4) 各种教学与研究部门、律师事务所等单位或人士编辑。从案例选编的范围来看,可分为最高人民法院的案例、地方各级人民法院的案例。从案例的性质来看,又可分为刑事、民事、民商事、行政等案例。依裁判文书和案例文献的载体划分,主要是印刷版形式和网络电子版形式。

1. 指导性案例

2010年11月,最高人民法院印发了《关于案例指导工作的规定》,这标志着中国特色案例指导制度初步确立。最高人民法院发布的指导性案例,对全国法院审判、执行工作具有指导作用,指导性案例不直接作为裁判依据援引,但对正在审理的类似案件具有参照效力。即具体参照指导性案例的裁判要点,在裁判文书说理部分予以援引。

对于指导性案例的定义、选择办法及样式等都有相应的规定。最高人民法院指导性案例的体例主要包括标题、关键词、裁判要点、相关法条、基本案情、裁判结果和裁判理由七个部分。最高人民检察院的指导性案例的体例主要包括要旨、基本案情和诉讼过程三个部分。

指导性案例及时在相关网站发布,如最高人民法院、最高人民检察院的官网上发布,也会在中国裁判文书网及其他数据库中发布。指导性案例也分册或者汇编出版,如人民出版社年度出版的《最高人民法院指导性案例》《最高人民检察院指导性案例》,2021年人民法院出版社出版的《最高人民法院 最高人民检察院指导性案例》(第五版),2021年中国法制出版社出版的《最高人民法院 最高人民检察院指导性案例全书》,收录截至2021年3月前发布的所有指导性案例。

2. 公报案例

《最高人民法院公报》和《最高人民检察院公报》都会刊登裁判文书、典型案例等。公报案例在审判中具有引导同案同判的作用。

公报案例汇编,如《最高人民法院公报案例大全》(上下册,沈德咏主编,人民法院出版社2009年版)。该书全面收录1985年至2008年公报发布的近六百个案例。每个案例基本保留原貌,列出原来发布公报出处。

3. 《人民法院案例选》案例

《人民法院案例选》1992年创办,是最高人民法院最早创办的案例研究连续出版物。由中国应用法学研究所定期编辑,自2016年起改为月版,每年出版12辑,人民法院出版社出版。《人民法院案例选》全面收集最高人民法院以各种载体发布的各类典型案例,形成"指导性案例""公报案例""审判指导与参考案例""典型案例发布"等栏目。

4. 典型/参考性案例

最高人民法院会不定期发布一些社会影响大,具有较强典型意义的典型案例。通过发布的典型案例,按照典型案例的评判对各级法院法官审理类似案件提供参照标准。典型案例的结构,包括名称、基本案情、裁判结果和典型意义几部分。如最高人民法院办公厅《关于印发非刑事司法赔偿典型案例的通知(法办〔2013〕158号)》《印发2012年中国法院知识产权司法保护10大案件、10大创新性案件和50件典型案例的通知(法办〔2013〕44号)》《关于印发国家赔偿典型案例的通知(法办〔2012〕第481号)》等。

最高人民法院各业务庭室也出版系列案例指导,如《最高人民法院商事审判指导案例》《中国刑事审判指导案例》《中国行政审判指导案例》等系列丛书,选编的案例有一定的参考性,采取了裁判摘要加裁判文书的体例,每年定期出版。

此外,各高级人民法院可以通过发布办案指导文件和参考性案例等方式总结审判经验、统一裁判标准。一些地方各级人民法院也选编案例出版物,对本辖区法院的审判业务有参考性。高级法院发布的参阅案例,对本地方各级法院在审理类似案件时可以参照适用,可在裁判理由部分引述参阅要点,但不能在裁判文书法律适用部分作为法律依据直接援引。

三、案例数据库

案例资源与其他类型资源不同,在检索时要依据案例的特点,确定检索途径和方法。主要特点包括:(1)管辖权,即受理法院。如最高人民法院、北京市中级人民法院还是北京市海淀区人民法院。(2)案件类型或案由,如民事案件、刑事案件还是执行案件。(3)文书类型,如判决书、裁定书还是调解书。(4)审级,是一审,二审还是再审。(5)当事人,包括案件当事人、代理人等,注意人名检索具有不确定性,不建议作为检索的主要条件。(6)参照级别,如指导性案例、公报案例还是普通案例。通过这些方面的设定,有助于快速查询案例。

根据最高人民法院对民事和刑事诉讼文书样式的相关规定,文书由标题、正文、落款三部分组成。其中,正文一般包括首部、事实、理由、裁判依据、判决结果、尾部等内容。了解裁判文书的文本结构,可对裁判文书内容进行精准定位并检索,即选择想要检索的文书区段后输入关键词即可检索。这种检索也可称之为位置检索或定位检索。当然,在检索案例过程中,除了常用的途径,还有一些特定的字段,如案由、案号,最高人民法院对此有专门规定,对使用者有一定的专业知识要求。

利用数据库的高级检索功能查询案例。常用的商业数据库如北大法宝、威科先行,免费的网络资源如裁判文书网、中国法院网及地方各级法院网站。通过各数据库的使用帮助或用户手册,了解其具体使用方法。以下几个样例分别是北大法宝、威科先行、聚法及中国裁判文书网的高级检索(参见图4-23、图4-24、图4-25、图4-26),可直观显示出不同数据库设置的检索条件。

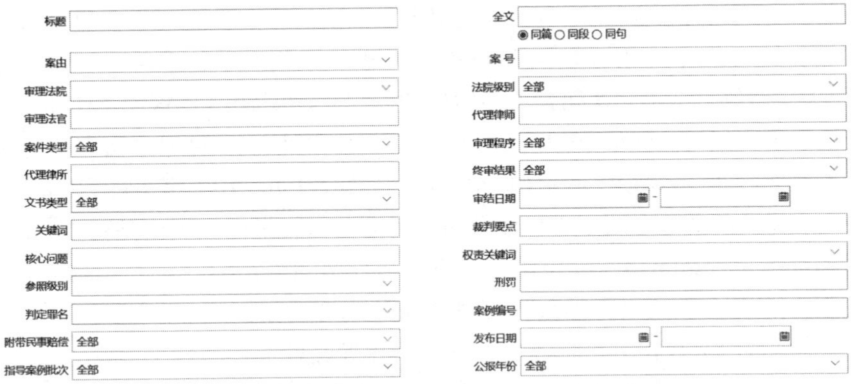

图 4-23 北大法宝案例数据库高级检索界面截图

图 4-24 威科先行案例数据库高级检索界面截图

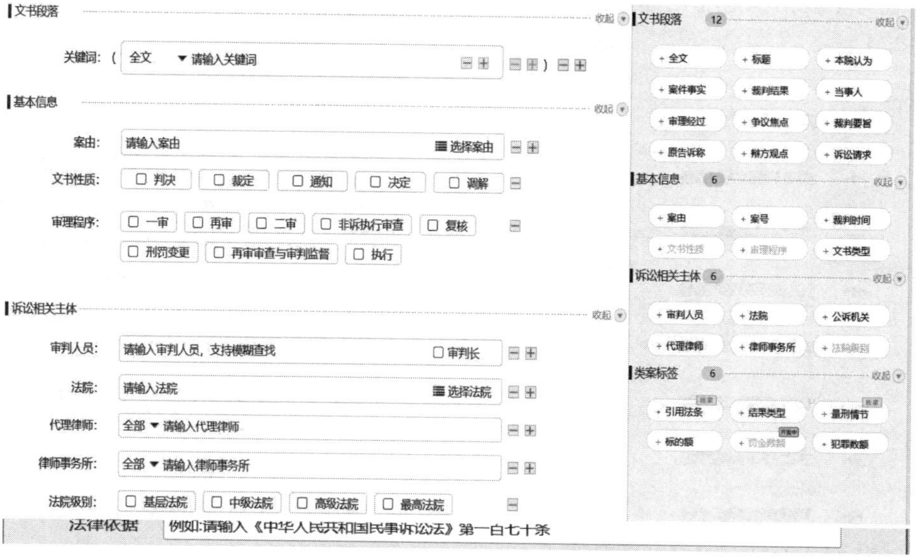

图 4-25　聚法案例数据库高级检索界面截图

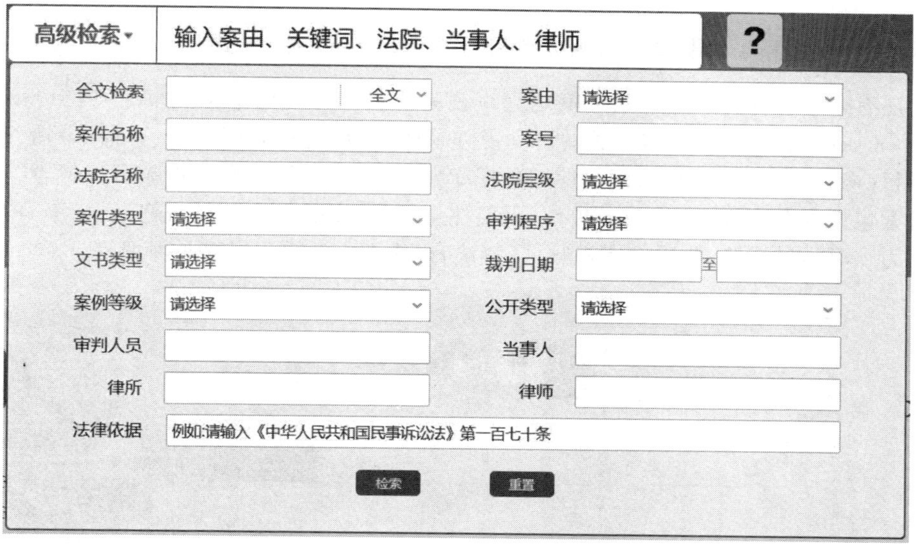

图 4-26　中国裁判文书网高级检索界面截图

可见,高级检索实现了同句、同段、间隔、位置检索及关键词逻辑关系检索等,全方位精准定位裁判信息。有的数据库可在结果中检索,即在已经确定部分检索条件后得到的检索结果中,需要进一步筛选出目标案例时,使用该项功能。当然,大多数数据库都有过滤功能,即在得到检索结果后,在结果页左侧利用文书类型、文书性质、审理程序、案由、法院层级、审理法院、审判年份等条件进一步筛选案例（参见图 4-27）。

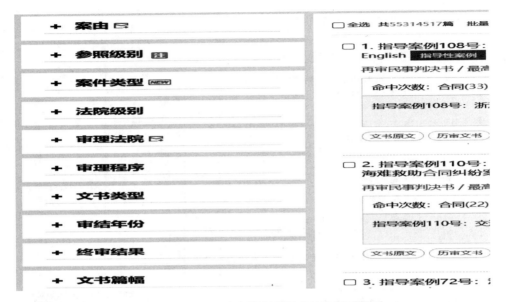

图 4-27　北大法宝案例数据库检索结果界面截图

还有一种特殊类型的案例文献是庭审视频资料。可利用中国庭审公开网（http://tingshen.court.gov.cn），查看相关的开庭视频录像资料，包括庭审预告、直播、录播、回顾等栏目（参见图 4-28）。登录网站使用数据库，需先免费注册。庭审视频可以检索，其高级检索包括多个字段（参见图 4-29）。需要注意的是，直播内容不是法庭记录，不具有法律效力。可通过浏览、收看庭审视频，了解法官、代理人的庭审风格与习惯等。

图 4-28　中国庭审公开网首页截图

图 4-29　中国庭审公开网高级检索界面截图

【思考练习题】
1. 请查询审理民间借贷案件的法律依据有哪些，并检索相关案例，列出指导性案例。
2. 请检索有关裁判文书公开的规范性文件。
3. 请检索我国加入的有关知识产权领域的国际公约。

第五章 非规范性法律资源及其检索

【本章提要】

非规范性法律资源,即二次资源主要是对法律的注释和分析,是法律的解释性、分析性和研究性文献。这类资源形式多样,数量巨大,往往是法律检索首先采用的资源,也是利用率最高的资源。前一部分第二章第二节介绍了主要的法律资源类型及其一般使用方法,本章重点对中国法律文献中的图书、期刊论文等主要类型的资源进行检索讨论,力图加深对常用资源的认识和使用方法。本章内容可与第二章结合起来学习。

第一节 法学图书检索

查找图书信息,可通过电子书目检索系统或其他书目渠道,也可以在当当网、京东网、亚马逊网等购书网站,或者在一些出版社、图书公司的网站上如法律出版社网站等,检索相关信息。通过各种不同渠道了解一本书的简介、目录的信息,确定是否需要借阅或购买从而获得该书全文。

一、法学图书出版的特点

因法律专业的特点,了解法律出版物的一些特点,有助于专业检索和文献利用。以图书为例,从内容来看,包括法律法规汇编、案例汇编、法学教材、学术著作、普法类图书、法律实务类图书等;从出版机构来看,除大学出版社、研究机构所属出版社外,还有法律专业出版社,如法律出版社、法制出版社、中国民主法制出版社、人民法院出版社、中国检察出版社等,其出版特色也有所不同。

在法学图书中,还有一类以书代刊(也称学术集刊)形式的出版物,品种多,数量大,也要根据其内容特点和检索工具,有效利用其资源。

特别提醒的是,在实务类出版物中,有关最高人民法院的权威司法观点、对审判、执行及法院各项工作的指导与研究方面的出版物是不能忽略的。例如,最高人民法院各庭的业务指导书,包括《民事审判指导》《商事审判指导》《审判监督指导》《执行工作指导》《知识产权审判指导》《涉外商事海事审判指导》等。

二、图书检索应用

以"裁判文书公开"为题检索图书资源,展现馆藏目录及电子书数据库的利用。检索之前,要分析检索对象,以确定检索词。"裁判文书公开"是司法公开的主要内容之一,因此,"司法公开"也是一个必要的检索词,是不可忽略的。

1. 目录检索

以清华大学图书馆"水木搜索"为例进行检索。(1)选择高级检索,检索式:任意字段"裁判文书"和"公开",文献类型"图书",即获得检索结果(参见图5-1)。(2)以"司法公开"进行任意字段检索,文献类型选择"图书",在获得检索结果中进行浏览(参见图5-2)。

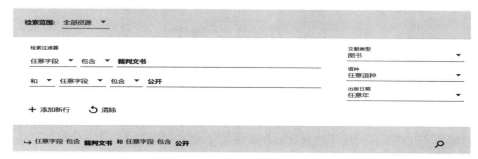

图5-1　清华大学图书馆水木搜索高级检索界面截图

图5-2　清华大学图书馆水木搜索检索结果界面截图

除图书馆的目录检索外,可以利用"读秀学术搜索"工具。"读秀"是由海量全文数据及资料基本信息组成的超大型数据库,提供深入到图书章节和内容的全文检索,而且部分文献可原文试读,这一功能参考性很强。同时,它还可以与本馆电子图书数据库、馆藏目录系统挂接,方便读者使用。参考上述水木搜索的方法,使用一般检索或高级检索方式,通过读秀检索中文图书,获得相关结果(参见图5-3)。从结果中可以判断是否有本馆收藏、是否有电子版。

对于法学类电子书,并不建议直接使用综合性电子图书数据库进行检索。一般电子书数据库收录法学学术类电子书数量有限,检索结果并不理想。另外,如果在馆藏目录检索结果中的图书同时有电子版的,馆藏信息会列出相关链接,可直接指向电子资源。

图 5-3　读秀图书搜索界面截图

2. 法学工具书利用

在专业学习中，会使用工具书检索相关信息和知识。传统的工具书类型如字典、词典、百科全书、年鉴、大事记等，为大家所熟知。例如，年鉴主要依据政府公报、文件、国家重要报刊和各类统计报告编辑而成，能提供一年间国内外大事、法规文献、各类统计数据等方面的信息，通过年鉴可以获得比较系统、可靠的新资料和统计数据。现在，工具书的电子版及数据库使检索更加便捷。在查询、引用条目时，注意其来源和出处。

《中国法律年鉴》就是一种非常有参考价值的工具书。法律年鉴由中国法学会主管主办，是中国立法、司法、法学教育与研究等相关法律领域最具权威的综合性年鉴，是了解和研究中国社会主义法制建设当年基本情况的综合性文献。《中国法律年鉴》(1987)中文印刷版 1988 年出版第一卷。中国知网 CNKI 中国年鉴网络出版总库（https://kns.cnki.net/kns/brief/result.aspx?dbprefix=CYFD）收录了《中国法律年鉴》等几种法律类年鉴资源。如检索"司法公开"的相关文献，可以依年鉴名称、条目类型等分别查看内容（参见图 5-4）。

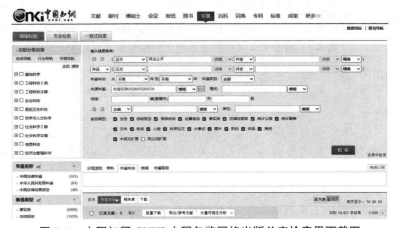

图 5-4　中国知网 CNKI 中国年鉴网络出版总库检索界面截图

查询法律名称术语可利用的电子资源包括中国大百科全书数据库（参见图5-5）、中国知网CNKI工具书库的《北京大学法学百科全书》（参见图5-6）、月旦知识库的法学词典（参见图5-7）等。

图5-5　中国大百科全书数据库检索结果界面截图

图5-6　中国知网CNKI工具书库检索结果界面截图

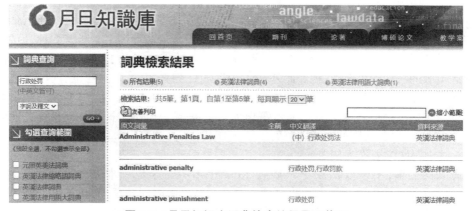

图5-7　月旦知识库词典检索结果界面截图

三、印刷型法学书目举要

前述的书目检索系统及电子书,可以为用户提供图书的著录信息、内容提要及全文。对于某些专题性、回溯性、综述性研究来说,传统编辑出版的纸质书目也具参考价值,如可通过集中了解、研究某阶段、某主题的出版物,掌握其研究课题的发展脉络和研究状况。图书目录,是以目录形式将图书文献的外部特征如书名、卷册数、著者、出版者、出版年月、内容提要等项目进行有组织的记录,为用户提供信息线索,从而进一步查找图书。书目的种类很多,这里列举部分国家书目和法律专题书目。

(一)全国性书目

1.《全国总书目》

《全国总书目》自1949年以来逐年编纂,以中国版本图书馆征集的样本为依据,收录当年中国出版的公开发行和只限国内发行的各种文字的初版和改版图书(不包括重印书),依据图书的出版时间分年度编纂,是年鉴性编年总目。2004年以前,印刷版每年一本,由中华书局出版。2004年起,不再出版印刷本目录,改为光盘出版,光盘版由新闻出版总署电子出版物数据中心出版。了解法律类图书的出版发行状况,可按类(D9)查检。

2.《中国国家书目》

由国家图书馆《中国国家书目》编委会主编,该书目不但收录我国大陆出版的文献,而且还收录台湾、香港、澳门出版的文献和中国与其他国家共同出版的文献。因此,它是目前我国收录文献最全的书目。国家图书馆联合国内诸家图书馆完成的《中国国家书目回溯数据库》(1949—1987),与国家图书馆编制发行的《中国国家图书数据库》(1988年至今)构成一个规模最大、覆盖面最广的中国国家书目数据库。了解法律类图书的出版发行状况,可按类(D9)查检。

(二)现代法律书目

1.《中国法律图书总目》

沈国峰主编,中国政法大学出版社1991年出版。本书目由中国政法大学图书馆组织编辑,共收录1911—1991年上半年国内公开出版发行的法律图书2.8万多种,另外收录1911年以前刊行的法律古籍1900余种,中国香港地区出版及1949年以后在中国台湾地区出版的法律图书2900种。此外,外文图书中有正式中文译本的也有收录。全书按法律学科体系进行编排,分为宪法、刑法等12大类。每个大类之下,又分为若干小类。著录款目包括图书的各项信息。将古籍作为附录编排。书后附书名索引和著者索引,是查找1991年以前出版的法律图书的主要工具书。

2.《中国法学著作大词典》

陈兴良主编,中国政法大学出版社1992年出版。这是一本提要式书目。收录1949—1990年出版的法学图书3000余种,收录图书出版时间截至1990年12月。收录范围是公开出版的著作。全书分为法学理论、宪法学、行政法学等10编,每个部分收录有关专著、论文集、教科书、词典、年鉴、普法读物、案例分析等,每本书有详细提要。附书名索引。

第二节 法学期刊论文检索

以"裁判文书公开"为题检索期刊论文资源,可直接利用期刊数据库,包括全文数据库和题录数据库。同样,在检索时,要分析检索路径及检索词。

1. 中国知网 CNKI 学术期刊库

进入中国知网 CNKI 学术期刊库(https://kns.cnki.net/kns/brief/result.aspx? db-prefix=CJFQ),设置如下检索途径和检索词:检索条件"篇关摘":"裁判文书",或者"司法公开";限定:核心期刊;选择文献分类目录:"社会科学Ⅰ辑"(法学包括在该辑中)。然后实施检索,获得结果(参见图5-8)。对于这些结果可以按相关度、发表时间、被引量、下载量等条件分别排序,浏览高引证、影响力大的相关文献。

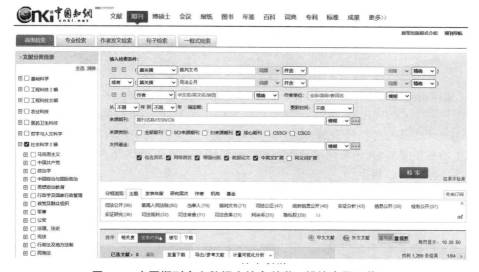

图 5-8 中国期刊全文数据库社会科学Ⅰ辑检索界面截图

2. 北大法宝法学期刊数据库

北大法宝法学期刊库(https://www.pkulaw.com/journal/findarticle)收录期刊分别列出了国内的四种版本:中国法学会对法学期刊的评价,即"中国法学核心科研评价来源期刊"(CLSCI),南京大学中国社会科学研究评价中心中文社会科学引文索引(CSSCI),北京大学图书馆《中文核心期刊要目总览》核心期刊的评价和中国社会科学评价研究院的中国人文社会科学期刊 AMI 综合评价报告核心期刊的评价。全面收录国内法学类核心期刊;收录优秀的非核心期刊和集刊的全文及目录,各刊内容覆盖创刊号至今发行的所有文献。因为以法学专业期刊资源为主,数据库根据文章内容进行细致整理及分类,提供多种查询方式参考(参见图5-9),可直接按学科、按门类等条件选择浏览。如专题分类中,包括民法典、疫情防控、营商环境、互联网金融等多种专业热点和议题,充分体现其专业性特点。

图5-9 北大法宝法学期刊库界面截图

3.《复印报刊资料》全文数据库

《复印报刊资料》全文数据库(http://ipub.exuezhe.com/index.html)由中国人民大学书报资料中心编辑出版,其信息资源涵盖了国内公开出版的人文科学和社会科学领域报刊。其产品形式有印刷版、光盘版及网络版。全文数据库内容涵盖人文社会科学领域中的各个学科,其中包括法律类(参见图5-10)。收录1995年至今的期刊文献,部分专题已回溯到创刊年。

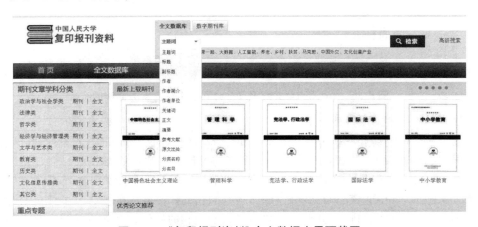

图5-10 《复印报刊资料》全文数据库界面截图

此外，通过《全国报刊索引》可以检索更大范围的文献信息来源，再通过题录信息获得全文，该索引由上海图书馆编辑出版。自 1980 年以来，分"哲社版"和"科技版"编辑出版，另有全国报刊索引数据库（https://www.cnbksy.com/）（参见图 5-11）。

图 5-11　《全国报刊索引》数据库检索界面截图

第三节　法律集刊论文检索

法律类集刊很多，如《民商法论丛》《行政法论丛》等，是反映我国法学领域最新成果的重要载体，也是学术交流的重要平台。自 2005 年起，中文社会科学引文索引（CSSCI）建立"社会科学集刊引文数据库"，对集刊进行了评审，使其成为社会科学引文索引的一个重要组成部分。自从以后，法学集刊在法学研究中的影响也不断扩大。

1. 法律集刊出版

在数量众多的法律专业集刊中，呈现以下特点：(1) 从出版社来看，法律集刊的出版单位以法律专业出版社比较集中，如法律出版社、中国法制出版社、人民法院出版社等；此外，大学出版社也是集刊出版的主要力量，如中国政法大学出版社、北京大学出版社等。(2) 从内容来看，法律集刊大致可以分为两类：一类是学术性集刊，一般由法学院系、法学研究单位的学者或研究部门（包括法学会的研究中心）主办或主编，内容反映学术研究成果，可从中了解学科发展趋势，把握研究进展，如《法学前沿》《民商法论丛》《网络信息法学研究》等。另一类可称为法律实务类集刊，多由法律实务部门如法院、检察院主办，以法律实务研究为系列出版，内容注重法律实践与理论探讨相结合，也是教学和研究的参考资料，如《法律应用研究》《司法解释与审判指导》《刑事审判参考》等。此外，还有一种"法律评论"，是由国内各高校法学院系创办，这种形式类似于国外大学法学院的法律评论（law review），一般是由法学院学生组织编辑的，如《北大法律评论》《人大法律评论》《清华法律评论》等。

2. 法律集刊利用

查找和利用集刊的方法与图书相似,可以通过图书馆的馆藏目录查询。利用集刊的电子版和数据库,可以查询和获取集刊文献的全文。例如,检索《私法》2020年度各期文章,途径包括(1)利用北大法宝的法学期刊库,依期刊名称为"私法"进行检索,结果按时间排序即可得到相关文章(参见图5-12)。也可以在结果界面下,输入要检索的内容关键词,进行"结果中检索"即可获得文献。(2)利用中国知网CNKI《中国学术辑刊全文数据库》,同样方法进行检索可获得结果(参见图5-13)。(3)利用图书馆的馆藏目录查询,在清华大学图书馆水木搜索通过题名检索"私法",可见馆藏信息,同时有在线资源链接(参见图5-14)。打开链接的电子资源,在维普期刊数据库中收录《私法》,其2020年只有1期,电子版有滞后性(参见图5-15)。

图5-12　北大法宝法学期刊库集刊检索结果界面截图

图5-13　中国知网CNKI学术辑刊库检索结果界面截图

第五章 非规范性法律资源及其检索

图 5-14　清华大学图书水木搜索检索结果界面截图

图 5-15　维普期刊数据库检索结果界面截图

第四节　法学学位论文检索

学位论文是学术研究和写作过程中参考使用的一种文献类型。学位论文全文数据库一般收录硕士学位论文和博士学位论文，需订阅使用。例如，检索有关"隐私权保护"

的学位论文,利用资源及检索途径如下所示。

1. 学位论文全文库

(1) 利用中国知网 CNKI 学位论文库,选择篇关摘途径,检索词为"隐私权"进行检索,结果按下载量排序即可得到相关文章(参见图 5-16)。选择特定一篇论文,可以浏览摘要、目录以及获取方式(参见图 5-17)。如果选择"分章下载",可以看到相关章节及页码,点击下载即可(参见图 5-18)。该数据库检索及利用方式都比较友好、便捷。

图 5-16　中国知网 CNKI 学位论文库检索结果界面截图

图 5-17　中国知网 CNKI 学位论文库论文界面截图

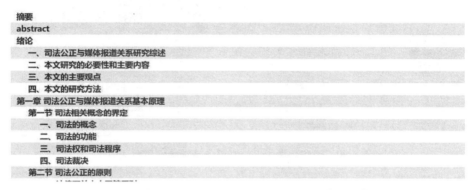

图 5-18 中国知网 CNKI 学位论文库论文下载界面截图

（2）利用万方数据平台的中国学位论文全文数据库，选择关键词途径，检索词为"隐私权"进行检索，结果可依相关度、被引频次、下载量等排序，按需要查看相关文章（参见图 5-19）。

图 5-19 万方数据平台学位论文库检索结果界面截图

（3）利用本单位图书馆平台检索学位论文全文。相对而言，学位论文属于一种特殊文献，其利用方式也有特殊性。学位授予单位全面收集本单位论文，有的会自建数据库对学位论文进行加工分类,方便检索和全文利用。但是,这种方式对其他使用者有所限制。如利用清华大学学位论文服务系统,检索本校的学位论文,可方便获取全文(参见图5-20)。

图5-20　清华大学学位论文服务系统检索界面截图

2. 学位论文题录库

除全文数据库以外,可以检索学位论文目录,扩大参考来源。如利用CALIS学位论文中心服务系统,它提供中外文学位论文检索和获取服务。通过"隐私权"检索,获得两千多个结果,可以依检索结果界面左侧提供的条件进行筛选。有的论文只能查看摘要,对于这些没有馆藏的论文可提出"CALIS文献传递"申请,最终获得论文全文(参见图5-21)。

图5-21　CALIS学位论文中心服务系统检索结果界面截图

【思考练习题】

1. 请查询"行政处罚""行政处分"的含义,列出所使用的检索工具。
2. 请查找 2015—2019 年关于"公司股东权利"的核心期刊论文,列出检索途径。
3. 请完成有关 2015—2019 年关于"公司股东权利"的研究文献(包括图书、核心期刊论文及学位论文)的检索综述。

第六章 古代、近代法律资源及其检索

【本章提要】

本章内容包括古代的典章制度、近代的法规以及相关法律出版物和研究文献。由于历史性文献资料散佚，相关文献的发现、整理及出版意义非同寻常。这类文献的印刷版和电子数据库并行使用，图书馆收藏的纸质文献非常重要。近年来整理出版的系列文献及研发的历史文献数据库值得关注。

第一节 概述

一、古代典章制度及资源

古代中国，法律最早是从习惯法发展为成文法的。战国时期，魏国大夫李悝制定了中国历史上第一部成文法典，即《法经》。秦统一中国后，经过汉、魏晋南北朝、隋等几个朝代，封建制法得到很大发展，到唐代达到鼎盛时期。封建王朝的法律以制定法、成文法为主，主要形式包括律、令、格、式，此外，还有典、敕、比、例。到明清时，例与律已经并行。我国古代代表性的法律如《唐律疏议》《大清律例》等。中国古代的法规通常称为典章制度，它是一切章程、制度法令的总称，范围非常广泛，主要包括政治制度、经济制度、军事制度、法律制度等。查检古代的典章制度，可利用各种政书及历代正史。

检索典章制度的沿革，最主要的途径是利用十通。十通内容包含了上起远古时期下至清朝末年历代的政治、经济、军事、文化等制度方面的资料，包括10部，共计2700多卷，内容广博，规模宏大，是记载我国历代典章制度的大型政书，也是史学研究人士必备的工具书。查找中国历代典章制度、各种政书资料，可利用《十通索引》等相关工具。"十通全文检索系统"为十通的检索和利用提供了极大的便利。

还可利用会要、会典等断代性政书。中国古代历朝几乎都有相应的会要或会典，记载各代史料往往比十通翔实，可与十通配合使用。这些资料如《春秋会要》《唐会要》《明会典》《清会典》等。利用这类资料，应从其目录查起，按门类查找相关子目，以此找到所需资料。有部分政书可利用数据库检索，如"大明会典""大清五部会典"等全文电子版。

此外，还有《四库全书》电子版、"二十五史全文检索系统"等。

古代契约文书、司法档案的整理出版，值得关注，这是专业学习、研究的重要资料。例如，中国社会科学院法学所杨一凡研究员主持编辑的系列文献，出版物包括影印本、

整理标点本,保留了古代司法文献、历史资料的原貌。如《历代珍稀司法文献》《古代折狱要览》《清代秋审文献》《清代成案选编》等,这些文献版本珍贵,是研究专门法律制度的重要参考资料。

二、近代法律资源

1840年鸦片战争以后,中国逐渐沦为半殖民地半封建社会。清政府为了挽救日益严重的统治危机,调整新出现的社会关系,从1900年初开始下诏变法,大力推行"新政",连续颁布改革谕旨三十多项,开始一系列改革。1905年,清政府又提出"预备立宪",清末修律参照西方和日本等国法律,起草了刑律、民律、商律等一系列法律草案,引进资产阶级的法律体系和原则,打破了中国固有的封建法律制度,标志着延续两千多年的中华法系开始解体,中国法律在畸形的生活中向近代转化。

1911年的辛亥革命推翻了清朝统治,随着南京临时政府的成立,到1949年国民党政权的垮台,这个时期是民国时期。国民党政府先后制定了宪法、民法、刑法、民事诉讼法、刑事诉讼法和行政法,合称六法,该六法与有关单行法规汇编在一起,统称为"六法全书"。1919年以五四运动为标志的新民主主义革命开始以后,中国共产党领导的革命根据地,建立了人民民主法制。

中华民国从清王朝到中华人民共和国成立,其间曾先后出现过多个性质迥异、对峙并存的政权,各政府在其存在期间制定颁布了大量法律、法规和其他规范性文件。

近代法规检索主要利用法规汇编,如《大清光绪新法令》《清末筹备立宪档案史料》《大清新法令1901—1911:点校本》《清末民初宪政史料辑刊》(北京图书馆出版社2006年影印出版),还可以利用《清史稿》《光绪朝东华实录》等。检索中华民国时期的法律,可利用法规汇编政府公报和政府公报中刊载的官方文件。如《民国法规集成》《中华民国现行法规大全》《中华民国法规汇编》《国民政府司法公报》《六法全书》。民国时期的法律出版物可利用由何勤华主编的"清末民国法律史料丛刊",共37卷,包含清末及民国时期的"法律讲义""法律辞书"与"汉译六法"三大系列。

还有一些专门的法律法规、书刊数据库,如民国时期法律法规数据库、民国图书数据库、民国期刊数据库等,为使用者查询该时期的文献资料提供便捷途径。

第二节 电子资源举要

一、图书馆联合目录系统

查询有关中国古代、近代法律图书,与普通图书一样,可通过图书馆馆藏目录系统检索。有些图书有使用方式的限制,如仅限于读者馆内阅览、禁止自行复制等。而且,古籍文献与普通出版物不同,并非每个图书馆都有收藏。这时,用户可利用各图书馆的目录系统和专门的数据库,了解法律古籍和民国文献的情况。

查询和检索一些主要图书馆的馆藏古籍图书目录,可利用各图书馆的馆藏电子目录,最有代表性的当属国家图书馆。国家图书馆自身收藏丰富的古籍文献,同时与海内外多家机构合作,制作联合目录及文献数据库。其"中华古籍资源库"(http://read.nlc.cn/thematDataSearch/toGujiIndex),包括诸多特色资源,如"数字古籍",是将国家图书馆收藏的古籍数字化并陆续开放,目前已在线发布2万余部。"中华古籍联合书目"即中华古籍善本联合书目系统,收录了海内外30余家图书馆藏古籍善本题录,数据2万余条(参见图6-1)。

图6-1 中华古籍善本联合书目检索界面截图

上海图书馆"中文古籍联合目录及循证平台"(https://gj.library.sh.cn/index),目前收录有1400余家机构的古籍馆藏目录,可在线访问部分扫描影像全文。此外,还融合了一些有影响的官修目录、史志目录、藏书楼目录、私家目录和版本目录等。目录实现各馆现存古籍珍藏的联合查询和规范控制(参见图6-2)。

图6-2 中文古籍联合目录及循证平台高级检索界面截图

古籍全文电子版则为这类文献的检索和阅读带来极大便利,有的数据库支持多种路径和方法进行全文检索,提供浏览、校勘、标注、分类、编辑、下载、打印等功能,特别是,有的库含有字典,查找古汉语的字义非常方便;有的可进行字体繁简体转换等,有的数据库对文献只能浏览,不能复制和下载。用户在利用时,注意阅读数据库的使用指南或使用帮助。

二、古代文献资源

1. 二十五史全文阅读检索系统

检索古代文献史料浩繁,目前最方便的检索手段可利用"二十五史全文阅读检索系统"。全套书记载了从传说中的黄帝到清末4000余年的史事,前后贯通,是最全面完整地反映中国悠久历史传统和面貌特点的系列史著,是列入正史的纪传体史书的总称。《二十五史》内容包含有极为丰富的中国历史、政治、经济、军事、外交、思想文化等资料。该检索系统的网络版由天津永川软件技术有限公司开发,具有全文阅读和全文检索功能。

2. 文渊阁四库全书电子版

清朝乾隆年间编纂的《四库全书》,是中国古代最大的一部丛书,它汇集了从先秦到清代前期的历代主要典籍,共收书3460余种。全书分为经、史、子、集四部,内容涵盖广博,历来被誉为"中国古代文献之渊薮",具有很高的史料及研究价值,向为学术界所重视。古代法律文献主要集中在史部的"诏令奏议类""政书类""职官类"等;子部的诸子各家也包括许多法律相关资料,如法家类;还有一些散见于经部和集部。"文渊阁四库全书电子版"具有全文检索功能。

3. 明清会典和实录文献数据库

这是由北京书同文公司研发"书同文古籍数据库"中的部分产品,具体包括大明会典、大明实录、大清五部会典和大清历朝实录全文检索系统。数据库支持多种路径和方法进行全文检索,具有浏览、编辑、下载、打印等功能,是研究明清典章制度可供参考利用的主要资源。

4. 其他古籍文献数据库

这类资源包括多个数据库,由不同公司研制开发,收录文献的范围各有不同,可选择利用。例如,"中华经典古籍库"(http://publish.ancientbooks.cn/docShuju/platform-SublibIndex.jspx?libId=6),是中华书局推出的大型古籍数据库产品,收录了中华书局及其他出版社正式出版的整理本古籍图书,收录的资源涵盖经史子集各部,保留了图书完整的前言、注释、校勘等整理成果,数据准确,内容权威(参见图6-3)。

此外,还有"中国基本古籍库全文网络版""《四部丛刊》全文检索系统""雕龙中日古籍全文资料库""汉达文库"等资源,各种古代传世文献及出土文献也可以通过相关数据库查找、利用。

图 6-3　中华经典古籍库首页截图

三、近代文献资源

1. 民国时期文献数据库

国家图书馆建立了民国时期文献数据库（http://read.nlc.cn/specialResourse/minguoIndex），包括民国图书、民国期刊、民国报纸和民国法律资源，皆可在线查阅。

民国法律数据库收录国家图书馆馆藏民国出版物中刊载该时期政府法规的官方或者权威文献为主，如实反映民国时期法律文献原貌，为研究了解民国历史提供一个收录文献全面、内容权威、检索使用方便的电子文献（参见图6-4）。

图 6-4　民国法律数据库目录界面截图

民国时期经历了辛亥革命、五四运动、北伐战争、抗日战争和解放战争，产生了不少图书文献，表达了不同的观点乃至互相对立的立场。民国图书库（http://read.nlc.cn/

allSearch/searchList? searchType = 24&showType = 1&pageNo = 1)收录的文献,客观地反映了这一历史时期的真实面目,具有很高的研究利用价值。如以"法律"在标题字段检索,点击结果可浏览书目信息及内容(参见图6-5)。

图6-5　民国图书库检索结果界面截图

民国期刊报纸库(http://read.nlc.cn/specialResourse/minguoIndex)依据国家图书馆保存的民国时期中文期刊报纸资源(参见图6-6),提供电子影像的全文浏览。

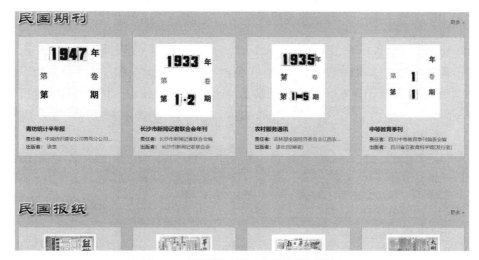

图6-6　民国期刊报纸库目录界面截图

2. CADAL数字图书馆

大学数字图书馆国际合作计划(China Academic Digital Associative Library,CADAL),是一个由国家投资建设的项目,联合国内外的高等院校、科研机构共同承担,在资源、服务、技术合作等方面推进工作。作为公共服务体系一部分的数字图书馆项目,可以访问平台上的中文古籍、民国书刊等资源。系统为保护图书版权,实行图书借阅模式,支持图书在线浏览,不提供全文下载。使用者需要注册方可访问和使用资源,不同的用户使用权限有所区别(参见图6-7)。

图6-7　CADAL数字图书馆民国图书界面截图

3. 瀚文民国书库

"瀚文民国书库"是北京瀚文典藏文化有限公司推出的中国近代(民国)电子图书全文数据库,收录自1900年前后至1949年之前出版的优秀图书,共约8万余种12万余册。该数据库提供多种检索模式,包括题名、作者、出版社、出版时间、学科分类、章节目录等多项图书数据相关信息;对收录的所有图书均实现了全文数字化,可全文检索。

4. 大成故纸堆数据库

大成故纸堆数据库(www.dachengdata.com)是专门辑录古旧文献的资料库,内容涵盖晚清和民国期刊(老旧刊)、古籍文献、民国图书、古地方志、申报、顺天时报和中共党史期刊等资料(参见图6-8)。数据库包括多个产品,需订阅使用。其中,"大成老旧刊全

图6-8　大成故纸堆数据库首页截图

文数据库",收录清末到1949年近百年间中国出版的7000多种期刊;"大成古籍文献全文数据库"约1.5万多种古籍图书;"大成民国图书数据库"4万多种民国图书等。该数据库采用原件扫描,可直接查阅、下载全文。

5. 全国报刊索引数据库

全国报刊索引数据库(http://www.cnbksy.com/)由上海图书馆研发制作,上海图书馆的中文报刊文献馆藏在海内外具有举足轻重的地位,珍藏近代中文报纸近5000种。该数据库依其收录资源包括近代的期刊、报纸和图书等各类资源子库,如"晚清期刊全文数据库"收录1833—1911年出版的500余种期刊,53万篇全文,几乎囊括了当时出版的所有期刊。还有"民国时期期刊全文数据库(1911—1949)""中国近代中文报纸全文数据库""中国近代图书全文数据库"等(参见图6-9)。该数据库采用原件扫描,可从标题、作者、刊名等途径对文章进行检索、浏览并下载全文影像,对研究晚清以来的社会变革有较强的参考作用。

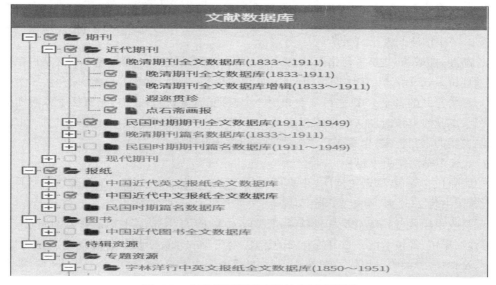

图6-9 全国报刊索引高级检索界面截图

此外,一些影响较大的近代报纸也有电子版可查询,如《大公报(1902—1949)》《新闻报(1893—1949)》《申报(1872—1949)》《中央日报(1928—1949)》等。

第三节 印刷型资源举要

因史料文献的零散、整理、点校以及陆续出版等特点,在利用时注意其资料内容的断代、准确性。这一节的内容是选择性介绍关于特定历史时期的文献及以特定时期法律制度为研究对象的文献。目前,大多数文献只有印刷版。

一、书目及提要

法学图书目录和论文提要,对于该学科和研究领域的学术成果具有推荐和引导意义,一定程度上也有助于对特定文献及其作者的了解。因此书目及提要具有一定的参考价值。

1.《中国古代法律名著提要》

洪丕谟著,浙江人民出版社 1999 年出版。本书收录中国古代法律著作 100 种。按照内容分为法律法典、法学思想、读律注律、判词勘语、谳狱案例、详刑审看、法医杂著等七个类别。

2.《中国学术名著提要·政治法律卷》

叶孝信主编,复旦大学出版社 1996 年出版。本卷介绍先秦至 1949 年以前中国历史上较有影响的有关政治及法律方面的学术名著 210 部(篇)。

3.《中国法制古籍目录学》

高潮、刘斌著,北京古籍出版社 1993 年出版。该书阐述了一般目录学和法制古籍目录学理论及历史沿革,按中国历史断代,分法律思想、典制、狱政等部类,评介从先秦到清末有关法制的古籍 1500 多种。在介绍一个时期的古籍书目之前,先概括了该时期的法制状况及研究该时期法制所需参考的基本书目。全书按时代编辑,是一部中国古代法制古籍的书目汇编,也是研究中国法制史的参考工具书。

4.《中国法制史书目》

张伟仁主编,我国台湾地区"中央研究院历史语言研究所"1976 年出版。该书共三册,收录书目 2352 种,分规范、制度、理论、实务和综合五大类,每大类之下分若干子目。规范类收录历代各种规范及其注释;制度类收录关于历代立法、司法以及与之协同运作的行政、军事、经济、社会、教育等制度的记述;理论类收录关于历代各种规范、制度的理论及诠释;实务类收录历代各种规范、制度的实施和运作的记录;综合类收录内容涉及上述各类二者以上的各种书籍。

5.《百年中国法律史学论文著作目录》

赵九燕、杨一凡编,社会科学文献出版社 2014 年出版,全 2 册。书中收入 19 世纪末至 2010 年一百多年来,在各种中文报刊、论文集上发表的中国法律史论文及公开出版的中国法律史图书目录计 2.41 万余条。本书以"辑存中国法律史学论文著作目录,服务学界、方便读者"为编写宗旨,按论文目录、图书目录分别编写。论文目录分为通论、中国古代法制史、中国近现代法制史、中国古代法律思想史、中国近现代法律思想史、中国少数民族法律史、博士和硕士论文、法律文献及著述评介八部分;图书目录分为著作译著、教材、法律文献整理成果、工具书及案例选编四部分。

6.《民国法学论文精萃》

何勤华、李秀清主编,法律出版社出版,全6册。全书汇集了民国时期代表性的法学论文500余篇全文,按内容分为基础法律、宪政法律、民商法律、刑事法律、诉讼法律、国际法律6卷,各卷按论文发表时间为序编排。在各篇论文之前加了编者按,简介文章的作者和内容等。书后附相关论文篇名索引,方便读者查询。

二、古代部分

这部分主要根据出版物内容集中在古代部分而选择举例。

1. 杨一凡主持编辑的系列文献

杨一凡教授长期从事中国法律史研究,他主持整理一系列法律古籍,这些成果的出版对于相关领域研究具有重要的参考价值。主要包括如下内容。

《中国珍稀法律典籍集成》(14卷本)、《中国珍稀法律·典籍续编》(10卷本),收录稀见的中国法律古籍文献。

《古代折狱要览》(全16册),收录司法指南性文献49种,均是新中国成立以来首次影印出版,有重要的史料和版本价值。

《古代判牍案例新编》(全20册),收录文献29种,大多数文献版本珍贵。

《历代珍稀司法文献》(全15册),收录唐、宋、元、明、清代表性的司法指南性文献72种。

《明清珍稀食货立法资料辑存》(全10册),收录从明清珍稀典籍中辑录、选编的食货立法资料31种,其中明代16种,清代15种。除个别者外,均是首次出版,文献版本珍贵。

《清代判牍案例汇编·甲编》(全50册)、《清代判牍案例汇编·乙编》(全50册),总计收录清初至嘉庆朝的珍稀判牍案例文献44种。

《清代成案选编》(甲编)(全50册)、《清代成案选编》(乙编)(全30册),收录清初至乾隆年间代表性成案。

《中国古代地方法律文献》总计40卷,包括甲编10册、乙编15册、丙编15册分别出版。

《中国律学文献》分别成辑多卷陆续出版,如其中第5辑包括14册。书中对所收文献附有简介,包括作者、版本、内容及意义价值等。

2.《大清新法令》

上海商务印书馆编译所编纂,商务印书馆2010出版,计11卷。该书是对清末十年新政时期法律法规的分类性汇编,是《大清光绪新法令》(1901—1908)和《大清宣统新法令》(1909—1911)这两种法令汇编本,统称为《大清新法令》(1901—1911)。在内容上几乎包含了"清末修律"至"辛亥革命"时期清政府颁布的所有的法令法规,且经由该领域专家学者重新点校,以简化字、横排版形式出版,对研究清末法律具有重要的参考价值。

3.《明清法制史料辑刊》

该系列出版物选辑明清时期的法制史料,按类编排,国家图书馆出版社陆续影印出版。既有大量宝贵的档案文献,也有当时撰成的各类论著。共分三编:第一编为地方公牍类,计37册,包括与司法审判直接相关的判牍,以及与地方官府其它各项制度和事务相关的官方文书。第二编为刑案说帖类,计72册,主要收录了刑案说帖类的法制史料文献。第三编为律例类法制史料文献,计88册。

4.《清代冕宁司法档案全编》

由中国政法大学法律史学研究院与四川省冕宁县档案局(馆)共同整理,法律出版社2019年出版。其中,第一辑内容为冕宁司法档案的行政编、民事编和部分刑事编,共计35卷。该书以冕宁县档案馆收藏的迄今保存时间最长最完整的清代县署多民族司法档案为主体,档案收录范围上起康熙下至宣统,详细记载了汉族和少数民族、各少数民族间通过法律法规和民族习惯等调解民族纠纷的治理实践。司法档案保存的完整性和内容的民族性独具价值,按法学专业重新分类整理后出版。

三、近代部分

这部分主要根据出版物内容集中在民国时期而选择举例。

1.《民国法规集成》

蔡鸿源主编,黄山书社1999年出版,全书共100册。《民国法规集成》是中华民国时期各类政府所颁布的法律、法令、条例、规则和章程等法律文件之重要典章制度的汇集,亦为纂修各种史书志书之原始基础资料。其纂辑内容的时间,上限起于1911年10月,下限止于1949年9月30日,前后历史为38年。汇集各类政府政权曾经公布之各项法规及历年公报所载具有法律性质的官方文书,均以中国第二历史档案馆馆藏档案和档案书刊与政府公报等原始资料为依据,保持资料原貌,影印出版。全书按民国时期各类政府政权分为六大部分:(1)中华民国军政府、南京临时政府及南方政府(包括广州护法军政府、大本营、广州和武汉国民政府)法规;(2)中华民国政府(北京)法规;(3)中华民国国民政府暨总统府(南京)法规;(4)中华苏维埃工农民主政府法规和新民主主义革命根据地政府法规;(5)伪满洲国政府法规;(6)汪伪"国民政府"法规。第一册为索引。各部分中的法规按其性质分为:根本法、国会议会、官制官规、行政、立法、司法、考试、监察、党务等九大类,以便检索。本书对于中国近现代史、中华民国史、中国革命史以及民国法制史、政制史、司法制度史、监察制度史等专史的研究,都具有重要的资料参考价值。

2.《国民政府司法公报(影印本)》

国民政府司法公报分为两部分:一是北京民国政府司法公报(1912—1928年),由(北京)司法部公报处编辑;二是南京民国政府司法公报(1927—1948年),由(南京)司法院秘书处编辑。期间,1932年1月—1934年10月,《司法公报》更名为《司法院公报》,出版146期;之后复称《司法公报》。《司法公报》登载的内容大致包括命令、法规、公牍、报告、统计报告等,是反映国民政府时期比较全面、系统、权威的司法文献史料。

司法公报的出版主要有两个版本:2011年国家图书馆影印出版的《司法公报》计88册,包括北京民国政府司法公报及南京民国政府司法公报两大部分,但是缺少1932—1934年的《司法院公报》部分。同年,南京图书馆和南京大学出版社共同编辑出版的《国民政府司法公报》计60册,完整收录了南京民国政府司法公报部分,但是缺少北京民国政府司法公报(1912—1928年)部分。

3. 地方司法档案选编

《龙泉司法档案选编》是由浙江大学地方历史文书编纂与研究中心、浙江省龙泉市档案局整理编选,中华书局2019年出版,总计96册。龙泉司法档案现保存于浙江省龙泉市档案馆,时间上自咸丰元年,下至1949年,记录的诉讼案件超过2万宗,是目前所知民国时期保存最完整、数量最大的地方司法档案。《龙泉司法档案选编》从全部案件中选取典型案例,按年代分五辑,选编案例343个,每辑体现出不同历史阶段特性。

《民国时期江苏司法档案辑录·法官卷》(全60册)、《民国时期江苏高等法院(审判厅)裁判文书实录》(全10册),江苏省档案馆、江苏省档案局、南京师范大学法学院共同编辑,是对民国时期江苏司法档案史料的挖掘、整理和利用。此外,还有《民国时期重庆法院审判案例辑萃》,依据重庆市档案馆资料编辑整理,重庆大学出版社2017年出版。

4. 《革命根据地法律文献选辑》

张希坡主编,中国人民大学出版社陆续出版。全部资料共十六卷,分四辑,分别是:中国共产党成立后及第一次国内革命战争法律法规(1921—1927年)、第二次国内革命战争时期中华苏维埃共和国的法律法规(1927—1937年)、抗日战争—解放战争时期老解放区的法律法规(1937—1945年)和解放战争时期新解放区的法律法规(1945—1949年),是一套收集全面、完整、精心整理的革命根据地法律文献资料。

5. 《中国新民主主义革命时期根据地法制文献选编》

韩延龙、常兆儒编,中国社会科学出版社1981年起出版。全书共5卷,收入新民主主义时期各根据地颁行的主要法制文件,包括法律、法令、条例、章程以及有关决议、指示、训令等。资料主要分为3类,即指导性文件;法律文件;立法和司法机关对于有关制定、执行和解释法律的报告和说明以及工作经验总结。收录文件按其内容性质,分别不同时期和根据地加以编排。

第四节 1949年以前的条约资料

查询这部分资料,可利用收录1949年新中国成立以前的条约集和汇编,以印刷版文献为主。其他可利用的相关电子资源相对很少。

1.《中外旧约章汇编》

王铁崖编,三联书店 1957—1962 年出版。全书共 3 册,收录了自 1689 年中国开始对外订立条约起至 1949 年止,我国对外签订的条约、协定、章程、合同等 1200 多件。汇编范围除与外国订立的条约和协定外,还包括与外国企业、公司等订立的各种章程、合同等在内,故称为"旧约章"。全书以约章订立的时间为序编辑成册。

2.《中外旧约章大全》

海关总署《中外旧约章大全》编纂委员会编辑,中国海关出版社分 3 卷陆续出版。全书汇编了中国自 1689 年起到 1949 年 10 月所有对外订立的条约、协定、章程、合同等的中文本和外文本。全书依各条约、章程订立的时间先后为序编排。

3.《清朝条约全集》

田涛主编,黑龙江人民出版社 1999 年出版。这是一部全面汇集我国清朝(1636—1911 年)对外签订的所有国际性条约的资料性工具书,共 3 卷。全书以 1913 年民国政府外交部编辑的《清朝条约汇编》(乙种本)为底本,参酌相关档案编辑而成。全书依时间顺序,将条约分为 8 个部分。全部条约依据旧刊本影印而成。全书附 2 个索引:清朝条约编年索引,清朝条约国别索引,方便检索和利用。该条约集是查询清朝对外签订的国际条约的主要参考工具。

4.《中国近代不平等条约汇要》

全国人大常委会办公厅研究室编写,中国民主法制出版社 1996 年出版。该书选择编辑 37 个条约全文,包括从 1842 年中国近代第一个不平等条约《南京条约》到 1915 年《中俄蒙协约》。每个条约之前有简要的背景介绍。

5.《中外条约协定索引:1662—1980》

陈尺楼主编,中国对外翻译出版公司 1989 年出版。该书为条约协定索引,不包括文本全文。书中收录了 1662—1980 年间的条约、公约、协定、议定书、宪章、盟约、章程、换文、宣言、公报、声明、决议书、合同以及最后文件等,其中包括一些未被当时中国政府承认、批准或从未生效的条约和其他文件在内,总计 3838 条。该索引的各条目内容包括签约日期、签约国、签约地点、生效日期、中文名称、英文名称、条约文本使用的文字、条约出处等 8 项信息,所有条目均注明原文出处。索引以年表为主,按签约的时间先后次序排列。此外,还有国别表和主题表,按英文字母顺序排列。在正文之前,还有语言代号缩略语表即"语言缩写"和出处名称缩略语表"资料来源缩写"。这些为读者查阅及获取各种签约信息提供了极大的方便。

【思考练习题】

1. 请利用数据库查找《洗冤录》《大清会典》的电子版资源。
2. 查找近代以来中国与英国签订的条约中涉及香港内容的条约,制订检索方案。
3. 请问查找民国时期有关建筑方面的法规有哪些途径?

第七章　中文法律数据库举要

【本章提要】

本章主要介绍几个常用的中文法律数据库。法律专业数据库既拥有丰富的法律资源,又具有便捷、强大的检索功能,因此,是受欢迎并被广泛使用的检索工具。本章还选择介绍了我国香港、澳门和台湾地区法律资源数据库。

与多数商业性的学术资源一样,法律数据库由专业信息机构生产制作,具有系统的更新程序,标准的数据检索系统以及强大的技术支持,一般来说质量比较可靠。法律专业数据库既拥有丰富的法律资源,又具有便捷、强大的检索功能,因此,也是常用的检索工具。这些产品同时可通过下载手机 APP、关注微信公众号、小程序等方式获得即时消息。诸多的电子资源和数据库各具特色,使用者可根据各自需求和实际情况选择。本章介绍的数据库包括北大法宝、威科先行、律商网以及中国裁判文书网等。

第一节　北大法宝

北大法宝,是由北京大学法制信息中心与北大英华科技有限公司联合推出的智能型法律检索系统,是常用的法律数据库之一。北大法宝的产品,如法律法规、司法案例、法学期刊、英文译本等数据库在线检索服务,可根据需求订阅使用(参见图7-1)。北大法宝的特色(https://www.pkulaw.com/helps/69.html)主要体现以下几个方面。

一、内容概要

1. 法律法规库

(1) 法规变迁。罗列法规历次修订版本,展现修订全貌,另外提供整理版、对照版、编注版等不同版本选择,便于新旧法对比研究。

(2) 法宝之窗。当光标停留在被引用的法规或者法条时,法宝之窗即会出现,显示法规标题、发布部门、时效性、法规类别等基本信息,或者显示法条的详细内容,以及法条相关联的其他法律信息。

(3) 法宝引证码。数据库内数据有自己独一无二的编码,用于引证注释和检索。这可以说是北大法宝文献引注的独创性。

2. 司法案例库

(1) 案例分级。对收录的各类裁判文书,明确数据来源,包括指导性案例、两高公报案例、典型案例、参阅案例,以及精心挑选的来源于书籍和网络上具有较高参考价值的经典案例,方便了解案例的参考程度。对重要案例提炼加工核心问题及裁判要点,进一步提升案例参考价值。

(2) 裁判规则。汇集指导性案例、公报案例、典型案例等重要案例及司法解释文件中蕴含的裁判规则,同时提供数据库团队提炼的有较高参考价值案例的裁判规则。

(3) 案例可视化。利用数据统计分析和开发工具,将司法案例库中的大型数据以图形图像形式进行展示。案例大数据提供数据化图表,展示数据,并支持自定义生成案例报告。

(4) 指导性案例实证应用。完整收录最高人民法院和最高人民检察院发布的指导性案例、应用案例、沄宝实证报告、与指导性案例相关的法律法规、学术文章、媒体报道、英文译本等内容,以实证分析的独到视角,直观展示指导性案例在司法实践中的应用情况。

(5) 权责关键词。由数据库团队以实体法和诉讼法条文及相关司法解释为主线,权威教科书为辅助,结合各类裁判文书的结构和特点,提炼的专业性、权威性的关键词体系,形成权责关键词表;用户可自主选择本体系内的关键词进行案例检索。这是北大法宝为司法案例检索提供的一种方式。

3. 法学期刊库

(1) 以专业为主。收录国内法学类核心期刊、优秀的非核心期刊和集刊的全文及目录,各刊内容覆盖创刊号至今发行的所有文献,提供 pdf 及 txt 版本下载。

(2) 统计功能。可对刊物、文章以及作者和作者单位的统计,包括刊物访问情况、影响因子、学科分类以及年度文章发文统计,作者发文统计,作者单位发文统计等,并进行可视化统计分析。例如,可以按常用的核心期刊来源标准进行发文统计、引文分析等。

4. 境外法律信息资源指引

这是一个方便实用的法学资源导航工具。内容覆盖全球法律信息中心 LII、外国法与国际法查询指引、国际法资源、外国法资源、法宝项目资源以及英文期刊书籍资源等,可直接链接提供各资源网站。

图 7-1　北大法宝首页截图

5. 英文版

其英文版是中英文对照数据库(参见图 7-2),支持双语关键词检索,提供全中、全英、中英上下对照、中英左右对照四种下载模式。

图 7-2　北大法宝英文版首页截图

二、检索功能

1. 全库检索

除支持各子库单库检索外,还支持全库检索,即一站式检索。一次关键词输入,可获所有子库内相对应的数据,点击子库名称即可跳转至该库。

2. 全文检索

检索框中输入关键词,选择"全文"即可检索出全文中含有检索关键词的数据。在全文检索条件下,勾选"同段",检索框中输入两个及两个以上关键词,即检索出关键词同时出现在同一段中的数据。指定全文位置,在锁定位置范围内进行精准检索。

3. 高级检索及结果中检索

设置不同字段,通过字段设置限制检索结果,以便更快更精准地检索数据,各库高级检索页面互通。

4. 词间间隔

两词之间输入"～N",表示检索结果两词之间间隔不能超过 N 个汉字,标题、全文和定位检索都可以限定。

三、检索结果

1. 联想功能

数据库内的法规条文与案例、法学文献、英文译本等信息相互链接与参照,实现相关法律信息的立体化、体系化展现,方便使用者直接获得相关资源。

2. 结果筛选

可以进行不同条件的筛选、排序和分组。如案例库,可以根据法院级别、审理程序、文书类型和终审结果,对检索结果进行筛选。结果页面设置聚类分组,根据不同标准对数据进行分类,直接点击分类标题即可对数据进行筛选。可对检索结果排列顺序进行调整,如法规库按照发布日期、实施日期和相关度,也可以选择按照效力级别的检索结果分组。

第二节　威科先行法律库

威科先行是荷兰威科集团在中国法律信息领域生产的专业信息产品,包括系列子库,如法律信息库、财税信息库、人力资源信息库等。该数据库有些栏目和内容别具特色,如实务指南和专业文章,以法律专门领域及律师和实务专家文章为主;还有文书模板和智能图表等工具栏目的设置。

一、内容特点

威科先行法律信息库提供法规、案例、解读、工具等栏目(参见图7-3),在每个栏目中又分为相关内容类别。

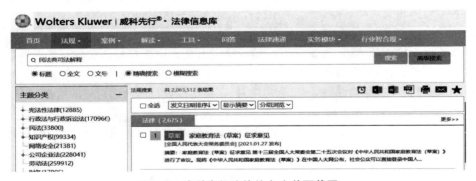

图7-3　威科先行法律信息库首页截图

1. 法规

包括法律法规、国际条约、标准题录内容。

2. 案例

包括裁判文书、案例评析、检察文书、行政处罚、司法大数据等内容。其中的案例评析包括法官精析评案、律师点评案例等;设有"证明力搜索"功能。

3. 解读

包括实务指南、专题聚焦和专业文章3个部分,汇集了来自法官、律师、律师事务所等专业文章。

4. 工具

包括文书模板、智能图表、内训助手、广告审核宝等内容。

5. 实务模块

包括境外投资、网络安全合规、劳动法实务等十几个主题,需单独订阅使用。

二、应用特色

1. 互动性

其"问答"栏目有一些热点话题,可检索,可浏览。有"分享""问题反馈""在线客服"按钮,对检索结果和数据均可以即时复制链接,上传微博,分享给 QQ 好友;通过在线询问获得帮助,实现互动(参见图 7-4)。

2. 司法大数据多途径检索

提供法院、法官、律师等多个条件进行检索,数据可视化功能较好。

图 7-4 威科先行法律库"问答"界面截图

第三节 律商网

律商网是基于 LexisNexis® 法律信息平台提供的中国法数据库,其核心产品包括法规案例库,还有法律评论库。另外,律商网从实务角度出发,推出一系列专题数据库,目前有十个实务模块,需要单独订阅使用(参见图 7-5)。

图 7-5 律商网首页截图

该数据库的法规案例库内容栏目包括:新法快报、政策法规、裁判文书、行政处罚、官方解读、专家视点及用户中心。其中,"官方解读"包括政策解读和官方问答;"专家视点"包括评论文章和专家咨询等。数据库的问答和咨询功能,可以很好地与用户互动,方便地得到专业人士的帮助(参见图 7-6)。

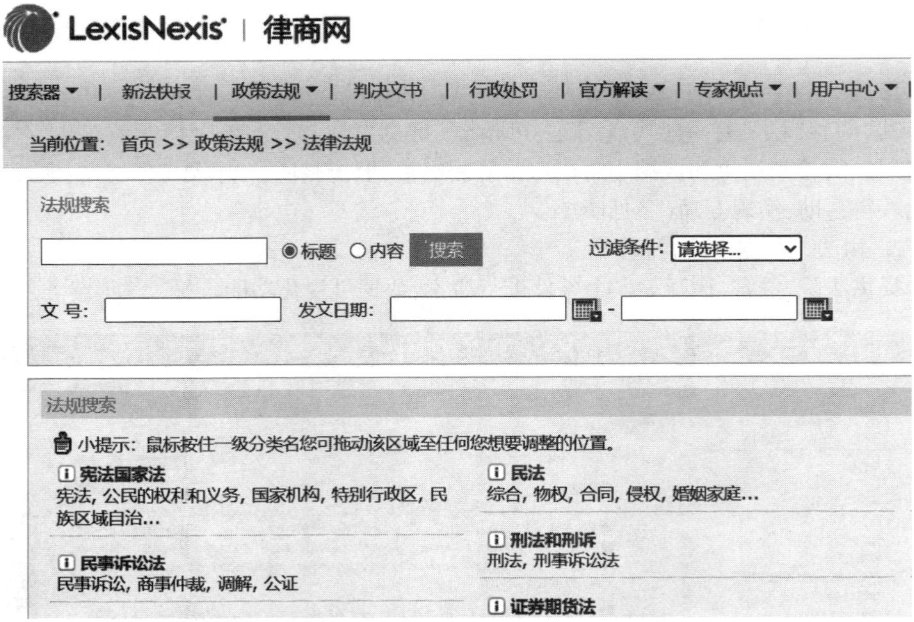

图 7-6　律商网法律法规界面截图

法律评论库,包括评析、前沿、报告、咨询顾问等栏目,每个目录之下又有相关分类(参见图 7-7)。

图 7-7　律商网法律评论库界面截图

律商实践指引(Lexis® Practical Guidance),则针对不同法律领域的需求和问题,提供了大量的专家意见和专业意见。内容包括劳动法、公司法、并购、合规、财税、境外投资、保险、资本市场、In-house Legal 等实践指引数据库。每个主题之下,又包括各类型资源可供检索(参见图 7-8)。

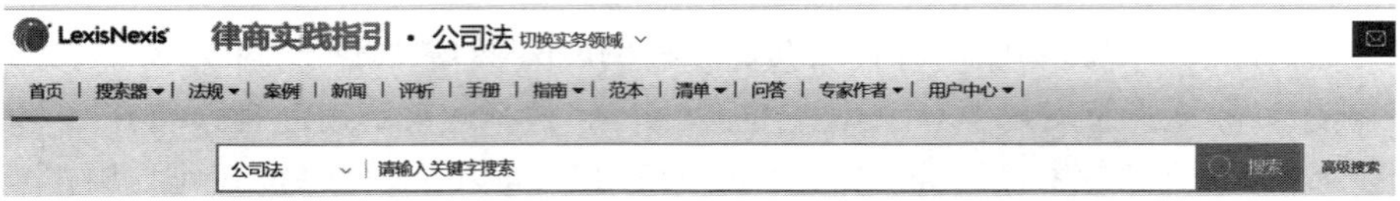

图 7-8　律商网律商实践指引专题界面截图

第四节 中国裁判文书网

中国裁判文书网（https://wenshu.court.gov.cn）由最高人民法院主管设立，于2013年7月1日正式开通，统一公布各级人民法院的生效裁判文书。截至2020年8月30日，中国裁判文书网文书总量突破1亿篇，访问总量近480亿次[①]，已经成为全球最大的裁判文书网。目前，用户需通过手机号码验证的方式进行注册，注册登录后，可以进行文书查询、下载等操作。

一、内容

该平台首页设置简洁，包括刑事、民事、行政案件等7个文书模块（参见图7-9）。全国三级法院已全部实现生效裁判文书上网公布，即案件类型全覆盖、法院全覆盖。数据库在内容的整合方面更加细致、专业，为使用者提供极大的检索便利和使用参考。

图7-9　中国裁判文书网高级检索界面截图

（1）案件类型细化。除刑事、民事、行政、执行案件类型之外，设有"赔偿案件"，包括国家赔偿与司法救助案件；"其他案件"中包括管辖案件、区际司法协助、国际司法协助、非诉保全、司法制裁、强制清算与破产及其他类型。

（2）文书类型细化。除判决书、裁定书、调解书、决定书等一般类型外，还列出通知书、批复、答复、函、令和其他文书类型。

（3）民族语言裁判文书。裁判文书内容进一步覆盖到我国的民族语言，目前包括蒙古语、藏语、维吾尔语、朝鲜语和哈萨克语5种。

[①]《中国裁判文书网文书总量突破1亿篇》，载新华网，http://www.xinhuanet.com/legal/2020-09/02/c_1126444909.htm。

(4)审判程序细化。程序分为一审、二审、再审、非诉执行审查、复核、刑罚变更、再审审查与审判监督及其他八类。

二、检索功能

(1)简单检索。在快捷检索文本框输入关键词即可检索;支持关键词联想推荐,联想推荐包括案由、关键词、审理法院、当事人、审理人员、律师等类型的相关信息。还支持拼音检索,包括全拼和简拼。

(2)高级检索(参见图7-9)。高级检索提供了15个信息项的检索路径,从而实现多信息项组合检索功能。其中的多个途径都提供了选择菜单,对"法律依据"项作了提示,这些极大地方便了使用者。

(3)在结果中检索。数据库支持在结果中无限次检索。

(4)收藏检索条件。结果界面有"收藏检索条件"按钮,可以将当前检索条件收藏至个人中心,在"我的收藏"中保留该次查询模板。

三、检索结果

(1)结果排序。在检索结果页面,可依法院层级、裁判日期、审判程序分别排序显示,对结果可批量下载和收藏。

(2)过滤器。数据库还提供关键词、案由、法院层级、地域、时间、审判程序和文书类型多个条件对结果进行限定性选择。

(3)文本编辑。数据库对裁判文书文本进行了"目录"和"概要"的编辑,文书结构包括首部、当事人、事实、理由、判决结果和尾部等,使用者对相关部分直接点击,即指向所需部分。点击概要图标,会展开当前裁判文书的基本信息和法律依据。"关联"设计,可了解该案的庭审视频、执行信息等相关资料(参见图7-10)。

图 7-10　中国裁判文书网裁判文书界面截图

(4)数据库中的案例已有自己的二维码,便于扫码手机阅读、保存和分享裁判文书。

(5) 特别功能。在检索结果页面,对选择后的结果可"批量收藏"和"批量下载"。同时,提供建议、留言等附加功能,用户可以点击首页的"意见建议"链接,可以进入意见建议页面;也可在全文页中针对当前裁判文书提交留言,提升了数据库的交互功能。

第五节　其他数据库

还有一些以案例资源为主,进行组织、分析的法律服务平台或者法律数据服务商,依托于大数据与云计算技术,将司法数据与计算机技术相结合,实现了案例数据分析、可视化、类案检索报告等。

1. 法信

法信(http://www.faxin.cn)是深度融合法律知识服务与案例大数据服务的数字化网络平台。其平台特色包括:法律、案例、知识资源库,以"法信大纲"为基础的法律知识和案例导航体系,类案检索和同案智推两个大数据引擎以及法信智能问答系统(参见图7-11)。有些内容需要订阅才能获得全文。

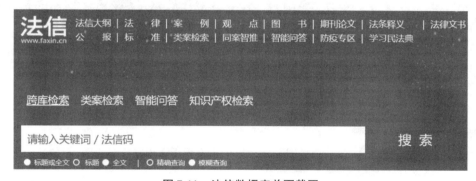

图 7-11　法信数据库首页截图

由于法信平台的承建单位是最高人民法院主管的人民法院电子音像出版社,该平台在人民法院实行类案检索工作中发挥作用。如最高人民法院发布《司法责任制实施意见(试行)》(法发〔2017〕20号),要求对法院已经审结的或正在审理的类案与关联案件,依托"法信"平台进行全面检索,制作检索报告。在《进一步加强最高人民法院审判监督管理工作的意见(试行)》(法办发〔2019〕10号)中,要求承办法官在审理案件时,应当依托中国裁判文书网、办案系统、档案系统、法信等相关检索工具,对本院已审结或正在审理的类案与关联案件进行全面检索,并制作检索报告。

2. 聚法案例

聚法案例数据库(https://www.jufaanli.com)致力于法律数据的深度挖掘与应用,实现多种搜索。主页有"聚法案例使用指南",可自行了解该资源的介绍和使用方法(参见图7-12)。其刑事案例的HOLO系统,对案例进行多维度分析。有的板块需要注册、订购才能使用。

图 7-12　聚法案例首页截图

3. Openlaw

Openlaw（http://openlaw.cn）是一个以案例搜索为主的开放平台,需要注册为会员可使用该资源。除一般检索外,可依法院、当事人(包括律师和律师事务所)、案由分类进行检索(参见图 7-13)。

图 7-13　Openlaw 首页截图

4. 无讼案例

无讼（https://www.itslaw.com）的案例检索工具,具有关键词定位、结果再检索等功能,同时提供了可视化图表(参见图 7-14)。

图 7-14　无讼案例首页截图

5. 元典智库

元典智库（https://www.chineselaw.com）是北京华宇元典信息服务有限公司的产品,是面向法律人提供一站式法律注释服务的检索平台(参见图 7-15)。其内容包括案例研判、法律法规,还有针对法官、律师和企业的检索分析,需注册后登录使用,部分内容需要付费订阅。

图 7-15　元典智库搜索首页截图

6. 把手案例

把手案例是把手科技有限公司的产品,致力于为法院、律所、企业等提供法律数据分析服务(http://www.lawsdata.com)。主要包括法律法规、裁判文书和检察文书三个板块(参见图 7-16),需注册之后才能访问或浏览使用。

图 7-16　把手案例搜索首页截图

第六节　我国港澳台地区法律数据库

一、我国香港地区法律数据库

《中华人民共和国香港特别行政区基本法》第 8 条规定,香港原有法律,即普通法、衡平法、条例、附属立法和习惯法,除同基本法相抵触或经香港特别行政区的立法机关作出修改者外,均予以保留。香港特区的成文法主要包括条例(ordinance)和附属立法(subsidiary legislation)。条例由行政长官会同立法会制定,并报送全国人大常委会备案。附属法例通常称为规例(regulation)、附例(by-laws)或规则(rules)。香港特区政府的官方语言为中文和英文。香港所有法例具有中文、英文两种版本,两个版本的法律效力相同。香港特区电子法律资源比较丰富,主要有"电子版香港法例",还有香港政府网站、香港法律资讯中心和香港大学法律学院图书馆网站等,大多数资源可免费利用。

1. 电子版香港法例

电子版香港法例（https://www.elegislation.gov.hk）是由律政司设立与维护的香港成文法编订文本的电子资料库，是唯一的香港法例官方网站。所有香港现行法例均可在网上的电子版香港法例网站查阅。该数据库提供中文、英文版本，用户可从该资料库获得具法律地位的经核证法例文本。数据库提供中文简体、繁体及英文版界面（参见图7-17）。

图7-17 电子版香港法例首页截图

电子版香港法例内容包括：香港成文法的中文及英文文本、宪制类文件及其他有关文件、条例索引、宪报、编辑修订记录以及法律词汇等相关部分。用户可参考数据库的使用帮助——首页上的"重要告示"，快速了解数据库的内容结构及检索方法（参见图7-18）。

图7-18 法例索引界面截图

通过"快速搜寻",使用所需法例的标题(全名或部分字词均可)或内容进行搜寻;或者输入所需法例的章号,便可直接浏览该法例的最新版本。所有法例均在"章号索引"按章号顺序排列,点击超链接,直接下载 PDF 文本。

数据库以 PDF 文件格式提供香港法例的经核证文本(具法律地位)及辅助文本(仅供参考)。经核证文本,其内页的页底有官方核证标记"经核证文本"的字样,显示该文本是具法律地位的。经核证文本有繁体中文及英文版本。简体中文字版本只供参考。此外,也有法例的 HTML 版本、RTF 格式,但是文本仅供参考。

该数据库首页面还有香港相关法律网站的链接,如立法会、司法机构、香港特别行政区政府宪报、香港法律资讯研究中心等。

2. 香港法律资讯中心

香港法律资讯中心(Hong Kong Legal Information Institute,http://www.hklii.hk/chi/,HKLII)网站,它免费提供有关香港法律的资讯网页(参见图 7-19)。HKLII 数据库包括比较全面的香港法律资料库,如香港终审法院、香港上诉法庭、香港原讼法庭及其他法院和审裁处的案例及条例、附属法例等资源;还有法律改革委员会咨询文件、法律改革委员会报告书、香港国际仲裁中心裁决等。此外,还有其他法律信息网站的链接列表,如澳大利亚(AustLII)、亚洲(AsianLII)、全球(WorldLII)等法律资源门户。

图 7-19　香港法律资讯中心首页中文版截图

二、我国澳门地区法律数据库

《中华人民共和国澳门特别行政区基本法》第 8 条规定,澳门原有的法律、法令、行政法规和其他规范性文件,除同基本法相抵触或经澳门特别行政区的立法机关或其他有关机关依照法定程序作出修改者外,均予以保留。同时,也规定澳门特别行政区的任何法律、法令、行政法规和其他规范性文件均不得同基本法相抵触。澳门特区政府的官方语言为中文和葡文。在澳门特区政府入口网(https://www.gov.mo/zh-hant/)主页下方设有"法律法规"栏目(参见图 7-20),包括宪法性文件、澳门法律网、澳门法例资料查询系统、澳门主要法例及国际公约等查询系统,提供可供参考的法律法规电子版信息。

图 7-20　澳门特区政府入口网"法律法规"栏目截图

1. 澳门法例资料查询系统

澳门法例资料查询系统（LegisMac, http://legismac.safp.gov.mo/legismac/main/main.jsf?lang=zh_TW），中葡文双语系统。提供法例和政府公报的检索，可简单查询和综合搜寻，可对生效状态、文本语言等进行选择，结果按时间、种类或编号进行排序列表（参见图 7-21）。

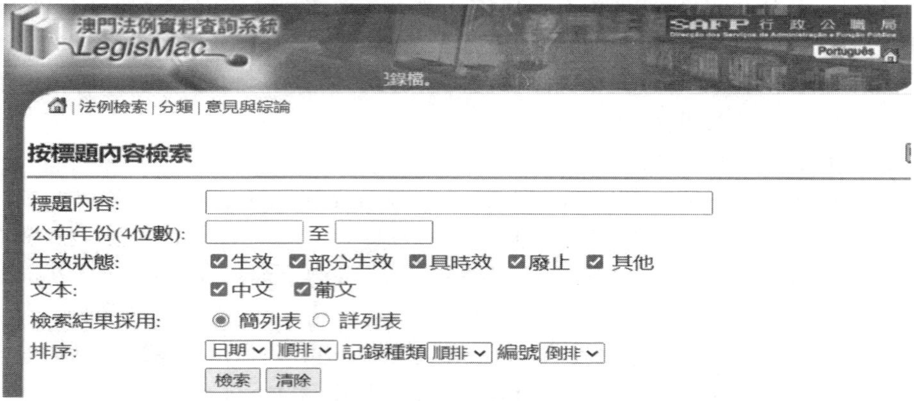

图 7-21　澳门法例资料查询系统中文版检索界面截图

2. 澳门法律网

澳门法律网（http://www.macaulaw.gov.mo/cn/index2.asp）是一个有关澳门法律信息的综合性网站，设有法规查阅、法院裁判、法律词汇、国际法等栏目，链接"汉葡葡汉法律词汇"的资源信息（参见图 7-22）。

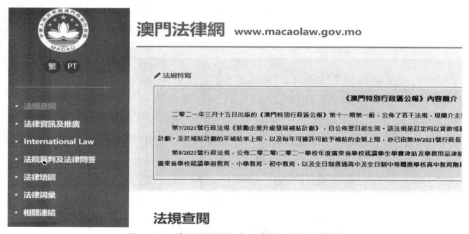

图 7-22　澳门法律网中文版检索界面截图

3. 澳门印务局网站

澳门印务局网站（http://www.io.gov.mo/cn/legis/rec/2200）可免费查询澳门特别行政区的主要法典、法例等资源（参见图 7-23）。

第七章 中文法律数据库举要

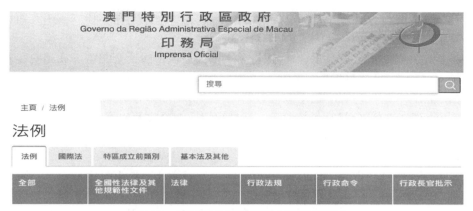

图 7-23 澳门印务局网站中文版界面截图

三、我国台湾地区法律数据库

我国台湾地区现行法律制度直接承袭了国民党在祖国大陆时期的"六法"体系,主要包括六大基本法典、相关法规、判例和解释令等。其法律制度具有大陆法系特点,以成文法为基本法律渊源。因此,法律文献检索也以成文法为主。有的数据库需要安装阅读器,有的则需要使用繁体字进行检索。

1. 月旦知识库

月旦知识库(以下简称"知识库",http://lawdata.com.tw/tw/,https://www.lawdata01.com.cn/anglekmc/是大陆地区专用网址),是由台湾元照出版公司出版发行的专业数据库。知识库学科资源覆盖法学、教育、公共管理等领域,整合了期刊、论著、词典工具书、博硕士论文、判解精选、常用法规等各种资源类型,所有数据皆可进行综合浏览与检索。该数据库需要订购使用(参见图 7-24)。

图 7-24 月旦知识库首页截图

该知识库包括三种检索功能:简易查询、进阶查询和指令查询。通过关键词全文检索,可实现跨库检索功能。同时,对检索结果可进行二次检索,缩小检索范围。知识库支持中英文语言检索、中文简体字和繁体字的检索。

检索内容以 PDF 格式显示全文,保持了文献的原貌。阅读全文需下载并安装新版阅读器 Hyview Reader,对于授权文献,采用数字版权管理(DRM)机制,对于可获得的全文,直接在客户端计算机浏览、下载与打印。有的资源如期刊论文、台湾博硕士学位论文中,部分有全文,部分只有目录信息。且知识库在资源及检索等方面的特点,使用者需要了解和判断,以达到有效检索。

2. 法源法律网

法源法律网(LawBank,http://www.lawbank.com.tw)是由法源信息股份有限公司开发制作的法学信息检索服务系统(参见图 7-25)。数据库内容涵盖 20 世纪初以来迄今的法令规章、司法解释、判例、裁判及法学论著索引等。可利用全文检索功能,选择查询数据范围,输入查询条件查询数据;也可"关联查询",寻找法规法条内容并查阅与该法条相关之解释、判例、裁判等相关资料。数据库分为会员查询和免费查询两种使用方式。

图 7-25　法源法律网首页截图

3. 台湾学术文献数据库

台湾学术文献数据库(http://www.airitilibrary.cn/Search/JournalDissertation)是中国台湾华艺数位(股份)公司(以下简称华艺数位)的产品,由"台湾科学学术文献数据库"和"台湾人社学术文献数据库"组成,是目前台湾收录文献量最大的学术数据库。收录台湾学术期刊、台湾顶尖高校的硕博士论文,以及繁体中文图书等多个学术文献资源(参见图 7-26)。该数据库包括一定数量的法学学术期刊论文和学位论文资源。

数据库提供一般检索和高级检索,检索字段包括题名、关键词、摘要等。中文简繁自动转换,输入简体字或繁体字均可检索文章。可以选择语言、文献类型、出版地区、时间等条件;资料导出包括书目字段、引用文献格式、输出格式等选择项;并利用储存、打印或 Email 的方式,将书目数据输出。全文下载时,需输入系统自动给出的验证码;全文文献可以下载简体中文版。

图 7-26　台湾学术文献数据库首页截图

【思考练习题】

1. 请自拟题目在本章列举的数据库中进行检索，并比较检索结果，简要说明各数据库的特点。
2. 至少使用 3 个数据库检索 2019 年某一基层法院裁判文书公开情况，并分析其公开程度。
3. 请检索我国台湾地区关于隐私权保护的法律法规及学术文献。

第三部分

外国法及国际法篇

第八章 外国法律资源与利用

【本章提要】
　　这部分内容主要是关于外国法律资源及其利用的介绍,以英语资源为主。检索外国法律资源,除专门的外国法数据库外,一般常用搜索引擎、法律门户网站和各类二次资源。研究性指南可以作为外国法和比较法研究的检索入门和参考工具。外国法具体包括以英国、美国为代表的普通法国家,以及以德国、法国、日本为代表的大陆法国家;内容包括法律资源概述、免费资源及数据库。本章最后是检索实例。研究外国法,其法律文本和语言是值得注意的事项。

第一节 外国法研究指南

　　外国法是指不同于母国法律的法律。在众多法律制度中,如果了解各法律制度之间的相似性和差异性,将有助于我们对外国法的学习和研究。具体地,要了解某国家的法律制度和法律体系,其立法程序、法律效力等,了解其主要的法律资源,了解基本的检索工具,这些都是在法律检索之前必要的准备工作。由于各国的法律一般都是用本国的法律语言发布,即使有英文或其他语言的译本,有时其翻译也未必完全准确。可见,在检索外国法的实践中,不仅仅具有一般法律检索的特点,法律文本和语言也是其中值得注意的事项。
　　检索外国法律资源的一般方法是,利用专门的外国法数据库,以及法律机构官方网站、法律门户网站和各类二次资源,获取有关外国法的背景资料、引文和线索。对于一些在网络和数据库中不易检索到资源的国家,则需要通过法学著作和期刊论文获得有关国家的法律介绍及法律文本的引用资料。传统的研究方法是,通过阅读某个国家法律检索的图书、专著、论文等文献,获得法律资源的各种文献介绍和来源,如 *Legal Research in a Nutshell*(Morris L. Cohen),还有 *International and Foreign Legal Research*:*A Coursebook*(Hoffman, Marci; Rumsey, Mary)、*Legal Research Methods in a Modern World*:*A Coursebook*(Lomio, J. Paul)等多种英文教材及参考书。
　　同时,可通过该国家的政府平台网站、立法机关网站、法院网站以及国家图书馆和大学图书馆网站等互联网平台,检索该国法律资源,如法律法规、官方公报、法律图书、期刊等,这些资源多以本国语言为主,需要使用者了解、选择利用。
　　下面,仅对检索外国法比较常用的英文的法律门户和研究指南进行举例介绍,包括互联网免费资源和需要购买使用的商业数据库。这些指南性资源可以作为外国法和比较法研究的检索入门和参考工具,从中可以获得大量的、比较完整可靠的资源来源。其中,原始资料主要来自各国立法机构、法院等部门的官方网站,研究性资料来自包括该国国家及学术图书馆网站、数据库等免费或者需付费资源。"研究指南"一般都是由专业人士负责维护和更新的,其中列出的资源包括简明注释及相关信息来源的链接。总之,外国法研究指南为用户提供一个基本的、可信赖的资源框架。

一、免费资源

1. 美国国会法律图书馆

美国国会法律图书馆(http://www.loc.gov/law)网站除详尽提供美国法律资源外,还列出世界其他各国的原始法律资源、研究指南和一般性资源的链接。在法律图书馆主页检索"在线法律指南"(Guide to Law Online,http://www.loc.gov/law/help/guide.php)(参见图8-1)、"法律研究指南"(Legal Research Guides),有许多按国家或者专题所做的检索指南。如其中的"外国法研究指南"(Foreign Law Research Guides)对一些特定国家的法律做了专门的检索指南,包括该国的法律体系、官方法律渊源、印刷及网络资源,具有很大的参考性。

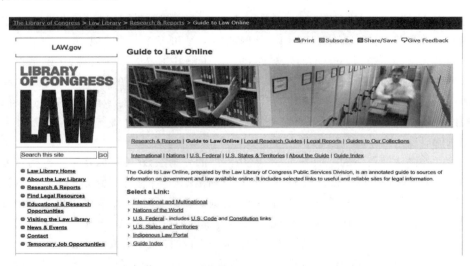

图 8-1　美国国会法律图书馆"在线法律指南"界面截图

2. 纽约大学法律图书馆研究指南

纽约大学法律图书馆研究指南(https://www.law.nyu.edu/library/research/research-guides)中的"外国法、比较法和国际法"部分是获取相关外国法的资源指南,通过该网页可按国家或者主题查找相关资源。检索指南由专业的外国法图书馆员负责维护和管理(参见图8-2)。

该网页中有"Globalex"的链接。该资源由纽约大学法学院豪瑟全球法学院项目

Foreign, Comparative, and International Law

Chinese Law Online
Comparative Civil Procedure
European Union
Finding Foreign (non-US) Law in English
Foreign Law by Jurisdiction
Foreign/International Taxation
GlobaLex
International Law - General Sources
International Law - Specialized Sources
NAFTA
United Nations & League of Nations
WTO/GATT

图 8-2 纽约大学法律图书馆研究指南界面截图

(Hauser Global Law School Program)出版,是致力于国际和外国法律研究的电子法律资源,以适应日益增长的全球化法学教育和法律实践的需求。Globalex(http://www.nyulawglobal.org/globalex)主题包括国际法研究(International Law Research)、比较法研究(Comparative Law Research)、外国法研究(Foreign Law Research)等,其所出版的指南和文章由各自领域的知名学者撰写,并被推荐为大学、图书馆和法律培训课程的法律资源。该资源页面简洁,查询方便(参见图 8-3)。如外国法检索,以国家名称字母排序,点击即可进入资源介绍,而且更新比较及时(参见图 8-4)。

Hauser Home / Global Research Tools / Globalex / About Globalex

International Law Research
Comparative Law Research
Foreign Law Research
Tools for Building Foreign, Comparative and International Law Collections

图 8-3 纽约大学法律图书馆 Globalex 界面截图

Foreign Law Research

- Afghanistan : Islamic Republic of Afghanistan Legal System and Research - UPDATE
- Albania : Researching the Albanian Legal System - UPDATE
- Algeria : Algerian Law Guide - UPDATE
- Angola : Republic of Angola - Legal System and Research - UPDATE
- Argentina : A Research Guide to the Argentine Legal System - UPDATE
- Armenia : A Legal Research Guide to Armenia - UPDATE
- Australia : A Guide to online research resources for the Australian Federal Legal System with some reference to the State Level - UPDATE
- Austria : The Austrian Legal System and Laws: a Brief Overview - UPDATE
- Azerbaijan : A Guide to the Republic of Azerbaijan Legal Research - UPDATE
- Bahrain : The Constitutional Law and the Legal system of the Kingdom of Bahrain
- Bangladesh : A Research Guide to the Legal System of the Peoples' Republic of Bangladesh - UPDATE
- Belarus : Guide to Legal Research in Belarus - UPDATE
- Belgium : Research Guide to Belgian Law - UPDATE
- Benin : Introduction au Système Juridique et Judiciaire du Bénin
- Bermuda : Finding the Law in Bermuda - UPDATE
- Bhutan : Research Guide to the Legal System of the Kingdom of Bhutan - UPDATE
- Bolivia : The Bolivian Legal System and Legal Research
   The Bolivian Legal Framework
- Bosnia and Herzegovina : A Guide to Legal Research in Bosnia and Herzegovina
- Botswana : Botswana's Legal System and Legal Research - UPDATE
- Brazil : Doing Legal Research in Brazil - UPDATE
- Bulgaria : The Bulgarian Legal System and Legal Research - UPDATE
- Burkina Faso : Burkina Faso Legal Information and Research - UPDATE
- Burundi : The Burundi Legal System and Research - UPDATE
- Cambodia : Overview of the Cambodian History, Governance and Legal Sources - UPDATE
- Cameroon : Researching Cameroonian Law - UPDATE
- Canada : Researching Canadian Law - UPDATE

图 8-4 纽约大学法律图书馆 Globalex 外国法研究界面截图

3. 康奈尔大学法律信息中心

康奈尔大学法律信息中心(Legal Information Institute,LII,http://www.law.cornell.edu)是一个综合性的、公开获取的全文搜索站点,更新及时,有结构清晰的链接目录。在"Legal Resources：Primary sources——World law"(简称"世界法")栏目中,有关于各国法律资源和网站的相关链接(参见图 8-5)。

Legal Information Institute [LII]
OPEN ACCESS TO LAW SINCE 1992

ABOUT LII ▶   GET THE LAW ▶   LAWYER DIRECTORY   LEGAL ENCYCLOPEDIA ▶   HELP OUT ▶

LII > World

Law by Source: Global

contents & context
The LII collection of world legal materials gathers, country by country, continent by continent, the Internet-accessible sources of the constitutions, statutes, judicial opinions, and related legal material from around the globe (excluding the U.S. material held in the LII's other collections). It also holds resources and document collections of International law.

- National Law Material
  - North America
  - South America
  - Australia & New Zealand
  - Asia
  - Europe
  - Middle East
  - Africa
- International Law

图 8-5 康奈尔大学法律信息中心"世界法"界面截图

4. 世界法律信息中心

世界法律信息中心(World Legal Information Institute,WorldLII,http://www.worldlii.org),是一个快速发展的、独立和非营利性的国际法律研究中心,也是一个免费的在线法律数据库资源(参见图 8-6)。WorldLII 是"免费获得法律运动"(Free Access to Law

第八章 外国法律资源与利用

Movement,FALM)成员之一,FALM 是一个国际志愿者协会,其成员包括来自世界各地的 50 多个组织,根据"免费获取法律运动"的原则提供和支持免费获取法律信息,并支持"免费获得法律宣言"。各法律信息中心网站目录提供了依国家(地区)或者依主题进行检索的途径;它检索使用的界面与 AustLII、CanLII 等非常相似。因此,掌握了一个国家的法律检索,在线检索英联邦其他国家就变得容易多了。该网站除数据库(Databases)外,还有目录(Catalog, http://www.worldlii.org/catalog)和全球(Global)部分,链接世界各国众多与法律有关的网站(参见图 8-7)。

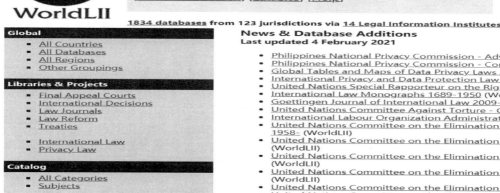

图 8-6　世界法律信息中心首页截图 1

图 8-7　世界法律信息中心首页截图 2

中国商务部网站的"全球法律数据库"(http://policy.mofcom.gov.cn/law/index.shtml),包括按地区、国家列表查询的境外法规,也可以进行多条件检索(参见图 8-8)。

图 8-8 中国商务部全球法律数据库"境外法规"界面截图

二、商业性资源

1. 外国法律指南

外国法律指南(Foreign Law Guide：Access to Global Legal Information)是 BRILL 在线平台(https://brillonline.com)的诸多数据库之一，它是一个可用于检索不同国家法律信息的重要的工具书型数据库，可作为外国法和比较法研究的参考资源。该数据库收录超过 190 个国家的法律信息，可以按照国家(by Country)、法律学科(by Subject)、资料(数据)索引(materials indexed)浏览，每种方式皆按字母排序。可以用关键字来做全文搜索，也有高级检索功能(参见图 8-9)。检索结果按检索词匹配度强弱排序。

图 8-9 BRILL 外国法律指南数据库界面截图

按国家检索，数据库里都有该国或地区法律的简介、法律历史和制度的概况，以及主要法律资源、二次法律资源和其他资源的链接。其中主要法律资源包括政府公报、官方编纂、立法议会制定的法律、法典(成文法)和法院报告等。按法律学科浏览，可方便找到不同国家的法律在同一学科(领域)的所有相关信息，有利于法学比较研究。其独特的资料索引，是以字母顺序提供了该数据库内所有引用到的信息的索引，包括法律文本全文、法律法规的概括和英文翻译,以及法律专论,还有免费访问的链接等。

2. 国际法律百科全书

国际法律百科全书(International Encyclopaedia of Laws,简称 IEL)是 Kluwer Law Online 平台(http://www.kluwerlawonline.com/index.php)上的一个数据库,在其首页点击菜单(Manuals)项进入。与上述指南不同,该数据库是一套专业的百科全书,包括 25 个法律学科的经典参考著作,每个系列的著作都是一个独立的法律领域(参见图 8-10);每个领域以国家专论的方式深入研究该法律及其相关领域。该资源覆盖了大多数一带一路国家,特别便于研究非英语国家的法律体系。

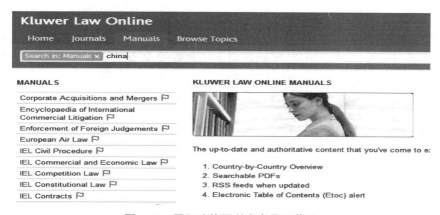

图 8-10　国际法律百科全书界面截图

国际法律百科全书每个专论都具有统一的结构,包括(1)详细的立法背景,(2)法律框架介绍,(3)相关立法的深层解读与分析。每部专论结尾部分的主题目录为读者提供了方便省时的参考辅助(参见图 8-11)。

图 8-11　国际法律百科全书专论界面截图

可见,该数据库是以法律专题为引导,为用户了解不同国家或地区该领域法律规定及研究的状况提供了背景参考和研究性资料。数据库需要订购使用,其中大部分资源可获得全文。

第二节 普通法国家法律资源举例

一、英国法律资源

(一) 资源概述

英国法(UK law)这一用语,可以泛指大不列颠及北爱尔兰联合王国(The United Kingdom of Great Britain & Northern Ireland)的法律,英国是英美法系的发源地,其法律制度具有独特的历史传统和发展道路。其法律资源主要包括制定法、判例法及二次资源等部分。

1. 制定法

英国议会的法令适用于整个联合王国。立法(United Kingdom legislation)主要有两种形式:公共一般法(public general acts,PGAs),地方和个人法(local and personal acts)。① 公共一般法是最普遍的立法形式。英国现行的制定法汇编主要有《修订制定法》(*The Statutes Revised*),是由制定法委员会主持的官方汇编,其特点是在剔除过时制定法的基础上按年代顺序进行编排。《霍尔兹伯里英国制定法大全》(*Halsbury's Statutes of England*)是由 Butterworths 公司出版的私人汇编。按百科全书的条例编排,所有成文法按主题排列,内容包括大量注释在内的所有有效法令的修正案,有较好的索引。它的更新方式是出版年度"累积增补本"(cumulative supplement)和一个"活页摘记"(loose leaf Noter-up)。《现行制定法》(*Statutes in Force*)是将英国历史上未被废除的制定法收集在一起,定期修改编纂。

对于行政法规,如行政机构依授权制定的规则、条例和命令等,统称为制定性文件(statutory instrument),可利用 Butterworths 公司出版的《霍尔兹伯里制定法文件集》(*Halsbury's Statutory Instruments*)进行查阅,此文件集提供在全英适用的每一个行政制定法文件,全书按主题编排。

2. 判例法

英国的判例报告或判决发表在"法律判例集"(Law Reports,也有的译为"法律汇编")中。《法律判例集》(1865—)(*Law Reports*,1865—)是英国授权判例集系列,由法律判例集汇编委员会出版。其他主要的判例集有《每周法律判例集》(1953—)(*Weekly Law Reports*,W. L. R. 1953—);《全英法律判例集》(1936—)(*All England Law Reports*,All E.

---

① 参见薛波主编:《元照英美法词典》,法律出版社2003年版,第1116页,译为"公知的一般法""地方和个人法"。

R. 1936—)。

3. 二次法律资源

英国法二次资源包括法学著作、教材、法律百科全书、期刊论文、政府报告等,主要出版商是 Butterworths 和 Sweet & Maxwell。如著名的《霍尔兹伯里英国法律大全》(Halsbury's Laws of England)由 Butterworths 出版。该百科全书历史悠久,内容丰富,收录了制定法和判例法。它以各主题专家的专论为基础,由著名专家、学者及富有经验的执业律师合力编纂而成,正文按法律主题字顺编排。该书是查找和研究英国法律的最佳资源之一。

(二) 免费网络资源

原始法律资源,包括立法和判例法,有些可以免费在线获得。英国各个管辖权的立法一般都可在网上免费获得,通过政府等机构的官方网站、法律专业网站如 BAILII 及其他网站可以免费获得大部分立法及判例报告。

1. BAILII

英国及爱尔兰法律信息中心网站(British and Irish Legal Information Institute,BAILII,http://www.bailii.org)提供最全面的英国和爱尔兰主要法律资料,可免费在互联网上查阅。BAILII 的数据库来自该网站与法院、政府部门和其他组织合作进而获得的立法性文件和判例,加上 BAILII 有效的搜索功能,极大地方便了查询使用者(参见图 8-12)。

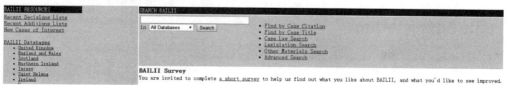

图 8-12　BAILII 网站首页截图

BAILII 根据司法管辖权和资源类型列出数据库目录,分别包括判例法、立法和其他材料。用户可以按关键字搜索每个数据库,也可以按日期或标题字母顺序列表浏览每个数据库。大多数数据库包含最近的资料,但覆盖面各不相同,内容不断添加。

2. 英国国家档案馆

英国国家档案馆(http://www.legislation.gov.uk)是创建、存储、使用和管理的官方资料专门知识的中心。法律资料是国家档案的重要部分。该网站发布所有英国立法资料,包括最新立法和法律的变革(参见图 8-13)。可按照立法类型或者管辖权浏览、访问具体的立法内容。

图 8-13　英国国家档案馆首页截图

3. 英国议会网站

通过该网站（https://www.parliament.uk），可了解提案直至生效成为立法的完整资料（参见图 8-14）。

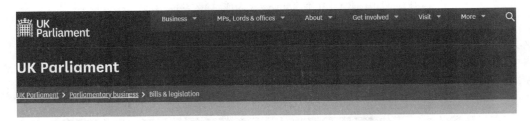

图 8-14　英国议会网站"提案与立法"界面截图

4. AccessToLaw

AccessToLaw 是一个法律门户网站（https://www.accesstolaw.com），由伦敦 Inner Temple 图书馆创建和维护，为收录的英国、英联邦及全球法律网站提供带注释的链接，目前包括 1300 多个网站。这个资源指南性的网站包括许多不同类型的网站，主要是法律、政府和议会网站以及一些通用参考网站（参见图 8-15），特别包含实体法如立法，案例报告，条约等或相关的报告、行为准则、官方指导等材料的网站。除了一些明确指出的订阅服务外,所有链接到的网站都是免费的。主页内容除按照英国各管辖地和管辖机构列表外,还可以按法律领域浏览查询。AccessToLaw 的内容由图书馆经验丰富的信息专业团队选择、注释和更新。

图 8-15 AccessToLaw 首页截图

其他免费资源可利用大学法学院图书馆创建的资源介绍,如:"法律链接"(http://www.kent.ac.uk/lawlinks),该网站由英国肯特大学(University of Kent)维护,链接许多关于英国法的免费资源。

(三) 数据库

对于英国法的研究资源,一般可使用 Lexis® 或者 Westlaw 数据库,以及综合性数据库如电子书、期刊等相关资源。

1. Lexis®

在 Lexis® 法律数据库中,可按国家或地区选择英国,然后根据所需内容,选择立法、判例法、期刊等数据库分别检索。如下显示为该数据库收录的英国法各类资源(参见图 8-16)。

2. Westlaw

与使用 Lexis® 一样,在 Westlaw 法律数据库中,可按国家或地区选择英国,然后根据所需内容,选择立法、判例法、期刊等数据库分别检索。如下显示为该数据库收录的英国法各类资源(参见图 8-17)。

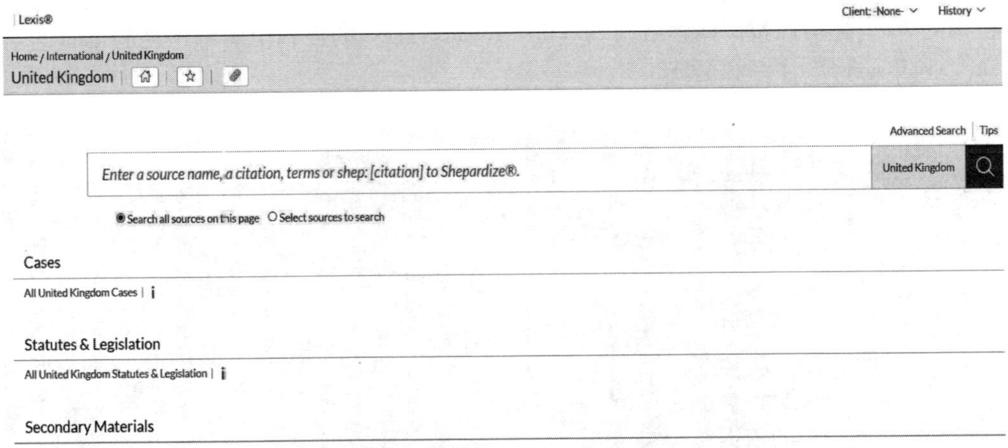

图 8-16 Lexis® 数据库英国法资源界面截图

图 8-17 Westlaw 数据库英国法资源界面截图

3. 其他资源

有专门的商业性英国法数据库,还有牛津大学、剑桥大学出版社的电子资源、Heinonline 数据库中的电子期刊、Proquest、EBSCO 等综合性数据库中电子书、电子期刊等等,这些英国法的研究资料可供利用。

二、美国法律资源

（一）资源概述

美国宪法规定，立法权、行政权、司法权分别属于国会、总统和法院。国家的结构形式为联邦制，在联邦和州的关系上，联邦权力高于州权力。美国的立法和司法都是双轨制。联邦最高法院对美国的政治法律和经济生活具有很大的影响力，享有司法审查权。

美国法是一个以判例法为主体，又包含联邦和各州制定法的法律体系，其渊源包括普通法、衡平法和制定法。美国不仅有成文宪法，而且还进行大量的法典编纂和法律汇编工作。同时，对于各类法律信息（包括规范性法律文献和非规范性法律文献）的查找及获取，需要一定的依据和标准，即法律文献的引证方式。代表性的法律文献的引证方式如《蓝皮书》①。大部分的制定法和主要判例资源都可以在网上免费获得。

1. 制定法

在美国，已经形成比较规范的法律出版系统，包括官方出版和商业性出版。一般可以通过法典汇编查找制定法。美国联邦系统的法律汇编有官方文本。（1）《美国法典》（*United States Code*，U. S. C.），它是按主题分类方式的汇编，目前包括有54个主题（Titles），主题之下又分为章（chapter）、节（section）等。如果新的法律取代了旧的法律规定，新的法律规定将被编入到法典中，而法典中旧的规定将被删掉。（2）《美国法律大全》（*United States Statutes at Large*，也译为《法律总汇》），它是按编年体方式的汇编，内容相当庞大。非官方法律汇编主要有两个版本：（1）《美国法典注释》（*United States Code Annotated*，U. S. C. A.）（2）《美国法典服务》（*United States Code Service*，简称 U. S. C. S.）。

查询美国联邦行政法，可利用《联邦公报》（*Federal Register*）和《联邦行政法典》（*Code of Federal Regulations*，CFR）。《联邦行政法典》是按主题分类的方式编纂出版的。

政府印刷局（Government Printing Office，GPO）出版所有联邦官方出版物，并且保存在每个管辖区内指定收藏图书馆（depository libraries，也译为托存图书馆），以保证公众对法律的使用。

美国各州的成文法的出版发行机构和方式与联邦成文法相似。目前，几乎每一个州都在其州政府的网站上免费提供本州的成文法。

2. 判例法

通过判例汇编查找判例，判例法出版包括官方的政府版本和非官方的私人出版形式。大多数的判例汇编（case reporters）只收集美国最高法院、各州最高法院以及联邦和各州的上诉法院的判决意见（decisions）。《美国判例汇编》（*United States Reports*，简称

---

① The editors of the Columbia Law Review, the Harvard Law Review, the University of Pennsylvania Law Review, and the Yale Law Journal, *The Bluebook*: *A Uniform System of Citation*, 21st. ed., Harvard Law Review Association, 2021.

U.S.），是联邦最高法院的官方判例汇编。此外，由韦斯特（West）出版公司出版的全国判例汇编系统（National Reporter System，以下简称 NRS 系统），它将全国联邦系统及州系统的案件整合到一个完整的体系之内，在全国范围内使用统一的判例报告标准。如《联邦判例集》（Federal Reporter），汇集了上诉法院判例，《联邦判例补编》（Federal Supplement），汇集地方法院判例的汇编，都是非官方版本。

判例集可作为查找判例的工具。《谢泼德法律援引集》（Shepard's Citations）是最完整的判例援引系统，列出判例相互援引关系及状态。

3. 二次法律资源

二次资源种类很多，代表性的如：法学专著、法律重述、法律评论、《美国法律报告》、法学词典、法律百科全书、研究论文、法律新闻等，通过这些资源查找对于法律的论述和阐释。

法律评论（law review）是刊载有关法律的最新进展、司法判决以及立法等方面学理评论与专题文章的期刊出版物。美国的法律评论一般由法学院高年级学生主编，作者包括法学教授、法官、律师以及法学院学生。法律评论期刊不仅议题广泛，而且数量繁多，实际上已变成法律研究的重要渠道。①

《美国法律报告》（American Law Reports，ALR）出版始于 1919 年。1969 年以前 ALR 的内容一直包括涉及联邦法律问题及州法律问题的判决，从 1969 年不再收录联邦法院的判决。后者收入新出版的一个系列，《美国联邦法律报告》（American Law Reports，Federal，A. L. R. Fed.）。报告由"注释"和"判例"两部分组成。

《美国法理学》（American Jurisprudence，AMJUR，也译为《美国法律百科全书》）是一种涵盖了美国联邦和州的程序法和实体法百科全书。其第二版由韦氏出版公司出版，自 2002 年至今，每年更新。内容包括 430 多个主题，提供了大量法律论文，概括每一项法律原则，并且援引了相应的法规和判例以及重要的辅助件文献资料。对法律术语词汇都注明定义和司法解释。

《美国法大全续编》（Corpus Juris Secundum，C. J. S.），1936 年由韦氏出版公司开始陆续出版。其前一版称为《美国法大全》（Corpus Juris，C. J.），从 1914 年到 1937 年共出版 72 卷。《美国法大全续编》包括 400 多个主题。这种百科大全的综合性质试图涵盖全美法院的判例，以满足不同读者的需求。②

《法律重述》（Restatement of the Law）又称为《重述》，是美国法学会（American Law Institute，ALI）编撰的多个系列的总称。其目标是将已存在的大量判例法予以系统化、条理化、简单化，予以重新整编，即重述。一般认为，法律重述对司法没有法定拘束力，但具有很强的权威性和说服力。③

---

① 参见薛波主编：《元照英美法词典》，法律出版社 2003 年版，第 804 页。
② 同上书，第 327 页。
③ 同上书，第 1191 页。

(二) 免费网络资源

1. 检索制定法

(1) 美国政府印刷局网站

美国政府印刷局网站(https://www.govinfo.gov)中包括美国法典、公法和私法、行政法典等内容(参见图8-18)。其既可以用关键词和具体的引注来检索,也可以浏览每一卷的目录来查找所需法律和行政法规。

图8-18　美国政府印刷局网站首页截图

(2) 康奈尔大学法律信息中心网站

康奈尔大学法律信息中心网站(LII, https://www.law.cornell.edu)提供主要的法律资源(参见图8-19)。

图8-19　康奈尔大学法律信息中心网站首页截图

(3) 国会立法信息网站

国会立法信息网站(https://www.congress.gov)由美国国会图书馆提供;同时,国会图书馆将《美国法律大全》(*Statutes at Large*)的前18卷(1789—1875年)数字化,并放在以下网站上:http://memory.loc.gov/ammem/amlaw/lwsl.html,可免费检索(参见图8-20)。

图8-20　《美国法律大全》(前18卷)数字化网站界面截图

2. 检索判例法

美国最高法院、大多数联邦上诉法院将近年来的判决书放在各自的网站上,可免费查询。

(1) 美国最高法院网

美国最高法院网站(https://www.supremecourt.gov)是美国最高法院的官方网站。法院提供了许多关于案件的不同形式的信息,内容包括法院命令、意见、口头辩论、案卷等。

(2) FindLaw 网站法律专业频道

FindLaw 网站法律专业频道(https://lp.findlaw.com)的"Cases and Codes"部分包含联邦和州法律的资源和链接,内容包括宪法、法规、案例等诸多资源。各州资源按其州名的字母顺序提供了导航列表。

(3) Oyez 网站

Oyez 网站(https://www.oyez.org)是康奈尔法律信息中心(LII)与芝加哥肯特法学院和 Justia.com 合作的免费法律项目,是一个致力于让所有人都可以访问美国最高法院的多媒体档案库。Oyez 提供的内容包括与录音同步和可搜索的音频、简单英文案例摘要、判决信息图解以及最高法院意见全文。

(三) 数据库

研究与利用美国法的最佳资源,莫过于 Lexis® 及 Westlaw 数据库。这两个数据库几乎收录了美国法最基本的资源,包括联邦和各州的法律、法规、判例、期刊、工具书等各

第八章　外国法律资源与利用

类法律资源和出版物。Heinonline 则收录了丰富的期刊论文和一些专题性资源，也是美国法研究的重要数据库。

1. Lexis®

在 Lexis® 法律数据库中，主页默认为美国资源，根据所需内容选择制定法、判例法等原始资源及期刊等二次资源数据库，分别进行一站式检索或高级检索。如下显示为该数据库收录的美国法各类资源（参见图 8-21）。

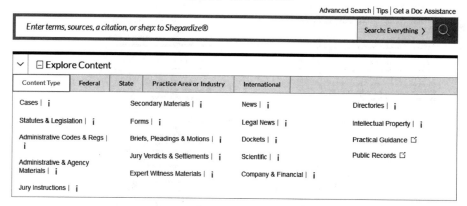

图 8-21　Lexis® 法律数据库美国法资源截图

2. Westlaw

与使用 Lexis® 一样，在 Westlaw 法律数据库中，主页默认为美国资源，根据所需内容选择数据库分别检索。如下显示为该数据库收录的美国法各类资源（参见图 8-22）。该数据库包括著名的 *Black Law Dictionary* 电子版。

图 8-22　Westlaw 法律数据库美国法资源截图

3. Heinonline

进入该数据库的页面,可见各子库列表,不少是关于美国法的研究性资源和专题资源(参见图8-23)。

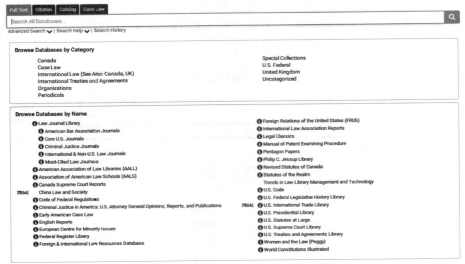

图 8-23　Heinonline 数据库资源界面截图

其他诸多数据库提供有关美国法研究的电子书、期刊、法律文献的历史资料等。如 Taylor & Francis 电子期刊与电子图书、Wiley Online Library 电子期刊和在线图书、ProQuest 平台的 Supreme Court Insight Collections、ProQuest Legislative Insight、Congressional Collections 与 Regulatory Insight 数据库以及其电子书数据库、Gale Scholar 中的 The Making of Modern Law,等等。

第三节　大陆法国家法律资源举例

一、德国法律资源

(一) 资源概述

德国是一个联邦制国家,联邦和各州都有自己的立法、行政和司法机构。德国是成文法法律体系,它以宪法典为核心,以民商法典、刑法典和诉讼法典为骨干,以其他法律法规为补充,辅以若干相关的判例及学者的学说。成文法是其基本的法律渊源。当代德国法的法律渊源主要表现为以下形式:欧盟法和国际条约;联邦宪法;联邦法律和行政法规;州级法律法规,具体包括州宪法、州法律及州行政机关颁布的法令等。此外,习惯法、判例、法学理论、学说等在德国法律体系和司法实践中具有重要的影响作用。

德国法以成文法为主,为了使联邦法律得以很好地执行,德国出版有官方和非官方的法律汇编,如官方编辑的《联邦法律公报》、非官方编辑的《德国法律汇编》等。此外,德国官方还对重要的联邦法院的司法判决进行汇编。按年代汇编的判决集,如《联邦宪法法院判决集》(1952年至今)、《联邦最高法院民事判决集》(1951年至今)、《联邦最高法院刑事判决集》(1951年至今)等。按专题汇编的判决集,如《德国法院判决集》(1948年至今),主要收集私法和公法的各个领域的重要判决的摘要。

还有一些以德文出版的法律期刊。如 Archiv für die civilistische Praxis(民法实务档案)、Neue juristische Wochenshrift(新法学周刊)、Zeitschrift für europäisches Privatrecht(欧洲私法杂志)、Rabels Zeitschrift für ausländisches und internationales Privatrecht(拉贝尔外国私法与国际私法杂志)等。

上述法律资源以德文为主,包括德国法的网络资源和电子数据库绝大多数都是德文的。

(二)免费网络资源

可利用网络查询德国法资源,有些是免费的,如德国官方网站、法律资源门户、一些大学法学院图书馆的法律资源导航等。①

1. 联邦议会网站

联邦议会网站(https://www.bundestag.de/parlament)包含了大量的原始法律资源及官方期刊文献。议会文件部分(http://www.parlamentsspiegel.de)收录联邦和州的立法文件,还提供联邦政府期刊、州政府期刊及欧盟期刊的全文。可通过文件系统(DIP,Dokumentations-und Informationssystem,https://dipbt.bundestag.de/dip21.web/bt)查询相关资料(参见图8-24)。

图 8-24 联邦议会网站文件系统首页截图

① Rita Exter and Martina Kammer, Update by Sebastian Omlor: "UPDATE: Legal Research in Germany between Print and Electronic Media—An Overview", http://www.nyulawglobal.org/globalex/Germany1.html,2021年9月5日最后访问。

2. 联邦司法部网站

Gesetze im Internet（http://www.gesetze-im-internet.de/），译为互联网上的联邦法律，是联邦司法部与juris合作为公众提供免费服务的网站，包括几乎所有联邦法律的当前综合版本，且为PDF格式的官方文本，均可下载保存。网站为德语资源，同时提供很多德国法律的官方英译本。

3. 联邦法院网站

联邦德国各级法院作为司法机关，在其网站上公开大部分判例及公报。如联邦宪法法院（http://www.bundesverfassungsgericht.de），可查询联邦宪法法院1998年以来作出的所有判决，并可获得正式判决文本。还有联邦法院（http://www.bundesgerichtshof.de）、联邦行政法院（http://www.bvger.ch）等，可免费检索相关裁判案例。

Caselaw.de（http://www.caselaw.de）是一个案例数据库，提供联邦宪法法院、联邦法院、联邦专利法院、联邦劳动法院、联邦财政、联邦社会法院的判决。

4. 德国法律档案网站

德国法律档案网站（German Law Archive，http://germanlawarchive.iuscomp.org）致力于以英文发表关于德国法律的文献，选择收录德国法的判例、法规和论文的英文版全文以及有关德国法英文版图书的目录（参见图8-25）。该网站由牛津大学创立。

图8-25 德国法律档案网站首页截图

5. 大学法律网站

如萨尔大学法律查询网（Juristische Internetprojekt Saarbrücken，http://www.jura.uni-saarland.de/），该互联网法律项目包含国际法、欧洲法律、法国法律、德国法律，还有法律修订的新闻等，内容丰富。

柏林洪堡大学图书馆（Humboldt-Universit't zu Berlin，http://www.ub.hu-berlin.de/en）的资源导航，可按主题（学科）分类目录，了解德国法的相关资源。

（三）商业性专业数据库

1. JURIS 数据库

JURIS 数据库（http://www.juris.de/jportal/index.jsp）是著名的德国法律信息系统，最早由联邦司法部于 20 世纪 70 年代成立。数据库中，无论是原始文献还是二次文献都非常全面，是目前德国最大的案件库，并收录基于欧盟数据库的欧盟案件；还包括自 1970 年代数据库发布以来的所有联邦法律，收录其当前和所有历史综合版本。

在该数据库平台上，有著名的《Staudinger 德国民法典注释》。该丛书由德国著名的出版社——Sellier De Gruyter 出版社出版，由德国民法专家团队负责编辑，是目前对德国民法典最全面和最权威的注释和评论。这套丛书对德国民法典在立法、法院判决等方面的变化和发展提供了可靠和全面的注释和评论，并得到了全世界的学者的认可。进入数据库主页后，点击页面的 Kommentare/Bücher，即可进入民法典评注页面（参见图 8-26）。

图 8-26　JURIS 数据库民法典评注界面截图

2. Beck-Online 数据库

Beck-Online 数据库（http://beck-online.beck.de）是著名的德文法律数据库，是德国法学出版公司 C.H.Beck 经营的电子产品。该公司的实体法学出版品非常丰富，包含期刊、教科书、注释书、论文集等，而且这些文献在许多法律领域具有一定的声誉和影响力的。该数据库的资源以 C.H.Beck 出版社为依托，主要收录其各类出版物的电子版本，同时也收录相关的法律信息和法律资源，还包括德国联邦法院的相关判例等。数据库资源涵盖了民法、商法和贸易法、诉讼法、劳动和社会法、公法、刑法、交通法、税法及审计规则、国际法和欧盟法等主要法律领域。它已成为研究德国法律和欧洲法律不可或缺的资源（参见图 8-27）。

Beck-Online 数据库是一个全德文数据库。界面功能清晰，可选择不同的资料类型，进行快速检索和高级检索。

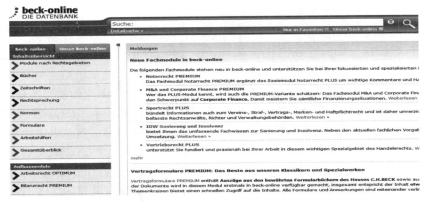

图 8-27　Beck-Online 数据库首页截图

二、法国法律资源

（一）资源概述

法国是一个共和国,议会采用两院制。在司法制度方面,法国最先奉行普通司法权与行政裁判权分立的原则,法院组织分为司法法院和行政法院两大体系。法国法以系统的法典为其主要表现形式,成文法是其基本的法律渊源。当代法国法的法律渊源主要表现为以下形式:欧盟法和国际条约;宪法;法律和法令,主要指国会立法及政府依宪法和法律制定的法令、条例等立法。此外,判例、习惯法以及法理和法的一般原则等在法国法律体系和司法实践中也具有重要的影响作用。特别是在行政法领域,判例法成为行政法的重要渊源或者最主要的渊源,判例法起着重要的作用。

法国法以成文法为主,对法律法规以及判例的汇编和出版也非常重视,对法律法令进行汇编,包括官方汇编和非官方汇编,将相关领域的法律法规汇编出版。随着判例法在法国的发展,出现了许多汇编判决的报告。这种报告大体分为两类:一类是官方报告(Cour de Cassation),分为民事、刑事两个系列,包括所有法院的判决。行政法院和宪法法院的判决,则被编入法国最高行政法院和宪法法院的报告中。另一类是非官方汇编的判决报告集(Redueil Dalloz Sirey),一般收录上诉法院以上级别的法院的判例。

（二）免费网络资源

可利用网络查询法国法资源。有些网络资源是免费的,如官方网站、法律资源门户、一些大学法学院图书馆的法律资源导航等。首先,可参考利用关于法国法的检索指南,对法国法的各类资源,包括印刷版和网络资源、免费资源和商业数据库、英文的和法文的资源等有一个大致了解,再进行具体的检索,则要方便许多。

1. Legifrance 网站

Legifrance(http://www.legifrance.gouv.fr)是由政府总秘书处(SGG)负责编辑的传播法律的公共服务性法律网站(参见图 8-28),可检索法国各类法律文件,包括法律、法规和判例法以及在法国生效的国际条约与协定等。它是免费的且相对容易使用。Legifrance 提供了一些文本的其他语言的翻译，有英文、中文等（https://www.legifrance.gouv.fr/Traductions），内容包括法国法律制度、一些法律和法规等基础文件，仅供参考使用。

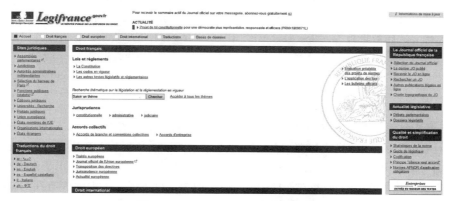

图 8-28　Legifrance 网站首页截图

2. 官方公报网站

官方公报（Journal Officiel）网站（http://www.journal-officiel.gouv.fr），包含自 2004 年 6 月以来官方公报的认证电子版本。

3. 宪法委员会网站

宪法委员会网站（http://www.conseil-constitutionnel.fr）包括委员会自 1959 年以来几乎所有的决定。

4. Nouvelles 网站

Nouvelles（Droit.org，https://nouvelles.droit.org）是法国法律信息协会（Institut Francais d'information Juridique）的门户网站，其目标是促进互联网上法律的传播，并改善自由获得法律的机会，网站汇集法律和法律信息学方面的研究成果（参见图 8-29）。

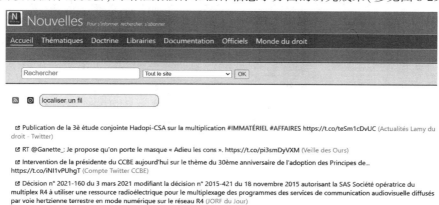

图 8-29　Nouvelles 网站首页截图

(三) 数据库

一些商业性法国法律数据库,皆以法文为主,大多数目前不提供英文搜索界面。这些数据库提供全文法律法规、法院裁决、案例、全文法律期刊文章及法律评论等,如 Lamyline(https://www.lamyline.fr/Content/Search.aspx)、Dalloz.fr、JurisClasseur(Lexis®)等。在英文法律数据库 Westlaw 或 Lexis® 中,其收录法国的法律资源是非常有限的。

三、日本法律资源

(一) 资源概述

日本为君主立宪制国家,实行立法、司法、行政三权分立。天皇为国家元首,但不参与国政。国会是最高权力机关和唯一立法机关,分众、参两院,负责创立新法。内阁为最高行政机关,对国会负责。日本法律的早期现代化以欧洲法律体系为基础。第二次世界大战后,受到美国法律的影响,日本对法律制度进行了改革。日本现行宪法是 1946 年 11 月 3 日颁布、1947 年 5 月 3 日生效实施的《日本国宪法》,也被称为"战后宪法"或"和平宪法"。现代日本法律系统包括民法、商法、刑法、宪法、刑事诉讼法、民事诉讼法为代表的制定法,被称为六法,也用以代指整个日本成文法律。日本的司法权属于最高法院及下属各级法院,采用"四级三审制",包括最高法院、高等法院、地方法院及简易法院和家庭法院。

日本制定法的效力层次包括:宪法、条约、法律、命令、条例。其中,命令是在国会制定法律的范围内,为了制定法律或实施其他的政策,以内阁为首的国家行政机关制定的制定法的形式。根据制定者不同,分为政令、内阁府令、省令、规则等形式。条例,狭义上是指地方议会制定的制定法。

查找日本制定法,可通过官报、法令全书等出版物。官报是日本政府发行的官方公报。法律、条约、政令等制定法都通过官报进行公布。大的公共图书馆和大学图书馆一般都收藏官报。法令全书是根据官报公布的部分再行编排的编年体形式的正式法令集。此外,还有各种形式的"六法"资料集,对制定法的条文进行整理,包括分门别类、目录、索引等,便于使用。对于法院判例,可参考最高裁判所为中心编辑的正式判例集、《判例时报》《判例期刊》等以刊载判例原文为主的法律期刊,还有各种印刷版的判例集合判例注释集。[①]

(二) 免费网络资源

可利用网络查询日本法资源。有些网络资源是免费的,如官方网站、法律资源门户、一些大学法学院图书馆的法律资源导航等。首先,可参考利用关于日本法的检索指南,对日本法的各类资源,包括印刷版和网络资源、免费资源和商业数据库、英文的和日文的资源等有一个大致了解,然后再进行具体的检索。[②]

[①] 〔日〕中西又三:《日文法律类文献的检索》,载江利红主编:《21 世纪日本法的展望》,中国政法大学出版社 2012 年版,第 314—319 页。

[②] Keiko Okuhara: "*UPDATE: Researching Japanese Law*", https://www.nyulawglobal.org/globalex/Japan1.html,2020 年 11 月/12 月发布,2021 年 9 月 5 日最后访问。

第八章　外国法律资源与利用

1. 亚洲法律信息中心

亚洲法律信息中心（Asian Legal Information Institute，http://www.asianlii.org/resources/232.html，简称 AsianLII），网站有日本法资源介绍，可参考利用（参见图 8-30）。

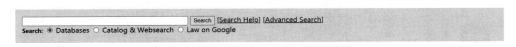

图 8-30　亚洲法律信息中心日本法界面截图

2. 政府网站

日本政府的官方门户网站（https://www.e-gov.go.jp），有日文版、英文版。该网站提供政府信息以及一系列信息链接。是准正式的法令数据库，可以免费检索国家制定法。

3. 法务省网站

日本法务省网站（http://www.moj.go.jp/index.html）包括法令、法务年鉴、白皮书等相关资源（参见图 8-31）。

图 8-31　日本法务省网站首页截图

其中,有日本法律译文数据库(http://www.japaneselawtranslation.go.jp),提供日英对照的法律全文,可按关键词(日语)检索(参见图8-32)。

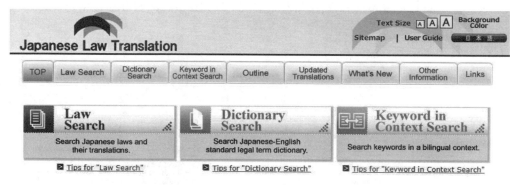

图8-32 日本法律译文数据库界面截图

4. 最高法院网站

日本最高法院网站(https://www.courts.go.jp/index.html)包括各类信息及判例(参见图8-33)。判例库检索可以依案件类型选择,支持多个条件检索(参见图8-34)。

图8-33 日本最高法院网站首页截图

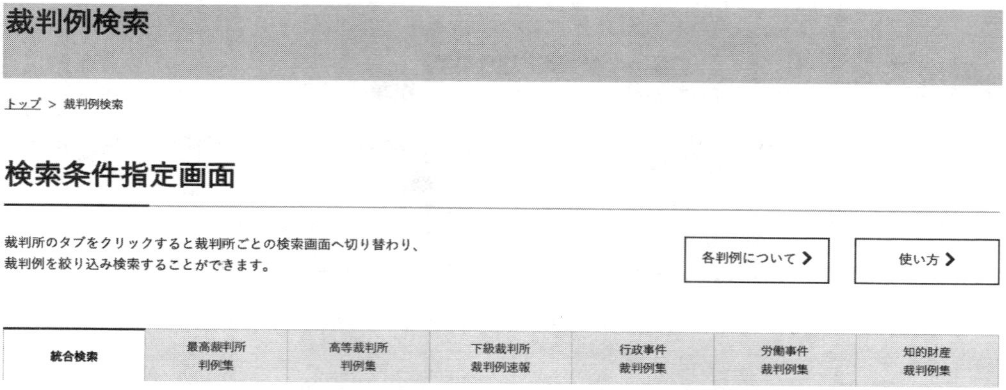

图8-34 日本最高法院案例检索界面截图

(三)商业数据库

Westlaw或Lexis®,都有专门的日本法数据库,需要订购使用。如Westlaw Japan(ht-

第八章 外国法律资源与利用

tps://www.westlawjapan.com)提供日本案例和成文法的不同版本、专家文章、政府政策信息以及汤森路透和时事通信社带来的新闻内容。具体包括成文法、案例摘要和全文案例,还有法律书籍、期刊、决议以及新闻等内容(参见图8-35)。

图 8-35　Westlaw Japan 数据库首页截图

第四节　外国法检索举例

一、英国法检索举例

2020 年 9 月 9 日,英国天空新闻网报道,英国政府当天公布了《英国内部市场法案》。请检索该法案的内容。

以下的检索思路及使用工具是对该检索过程进行最简单的揭示。

1. 准确定位检索目标

对法案名称进行翻译,尽可能找到英文名称的确切表达。如通过搜索引擎、翻译工具等,获得相关信息:《英国内部市场法案》,可译为"UK internal market act";或者有其他表述,可同时列举,以备检索。

2. 选择检索工具和数据库

既然是检索法律法规,可选择包含英国的英文数据库,常用的如 Lexis®、Westlaw 等。同时,也可以使用英国的官方网站及法律门户网站检索。具体可参考本章第二节"英国法律资源"的内容。

3. Lexis®

以 Lexis®为例,依次进行检索。具体如图8-36、图8-37、图8-38、图8-39,可以找到符合要求的结果。

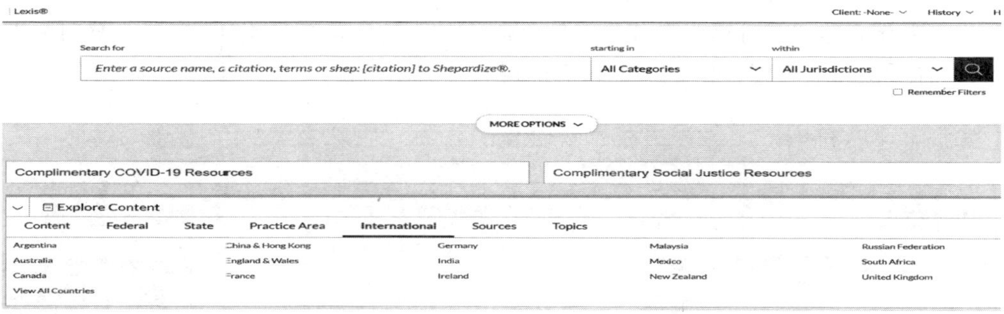

图 8-36　Lexis® 数据库—首页—"International"—"United Kingdom"

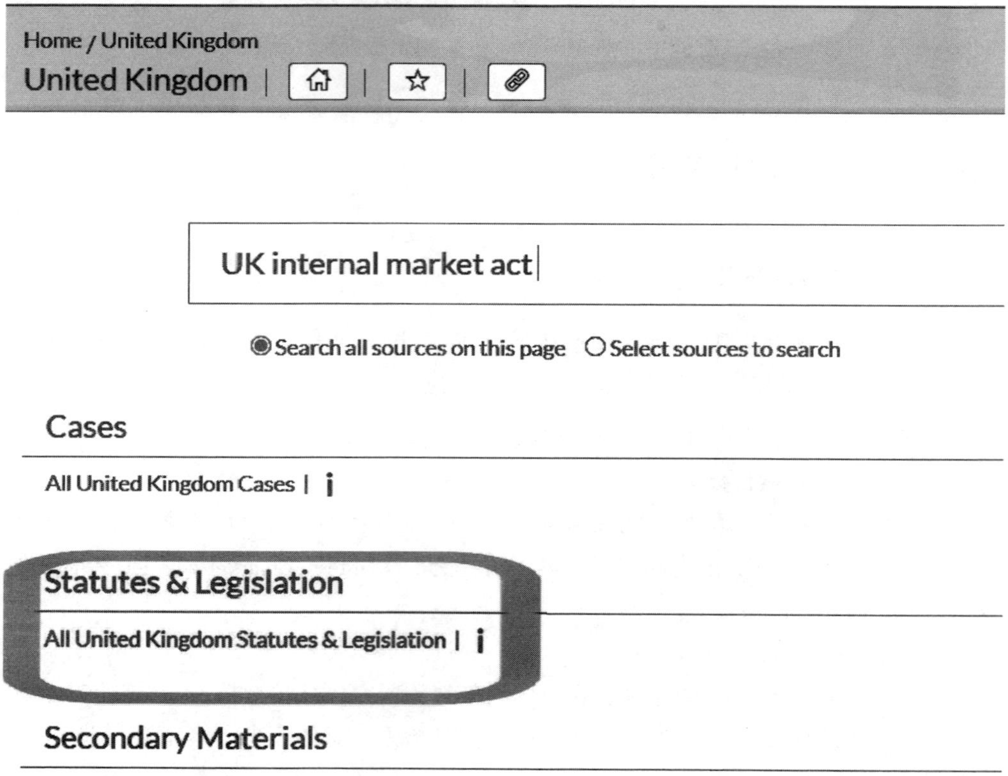

图 8-37　Lexis® 数据库—"United Kingdom"—检索"UK internal market act"

第八章　外国法律资源与利用

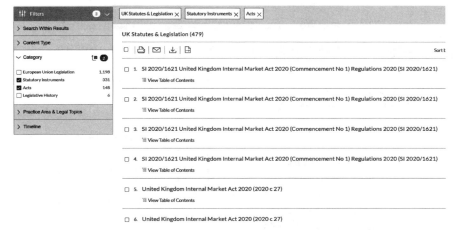

图 8-38　Lexis® 数据库—检索 "UK internal market act" 结果

点击第 5 个结果,显示内容目录;点击法案名称,得到结果如下,在页面右侧可下载 PDF 文本(如图 8-39)。

图 8-39　Lexis® 数据库—检索 "UK internal market act" —找到符合要求的结果

4. BAILII

以 BAILII 为例,重新进行检索。具体如图 8-40、图 8-41、图 8-42、图 8-43、图 8-44,阅读检索结果。

图 8-40　BAILII 数据库—检索 "UK internal market act"

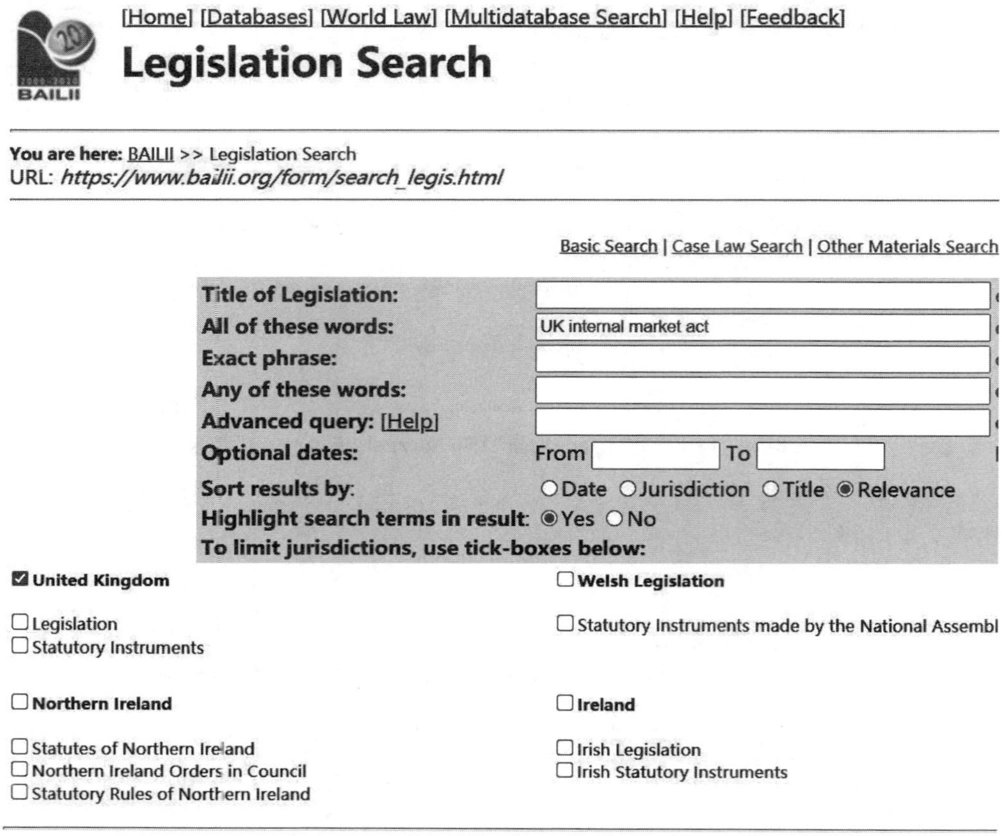

图 8-41　BAILII 数据库—检索界面显示截图

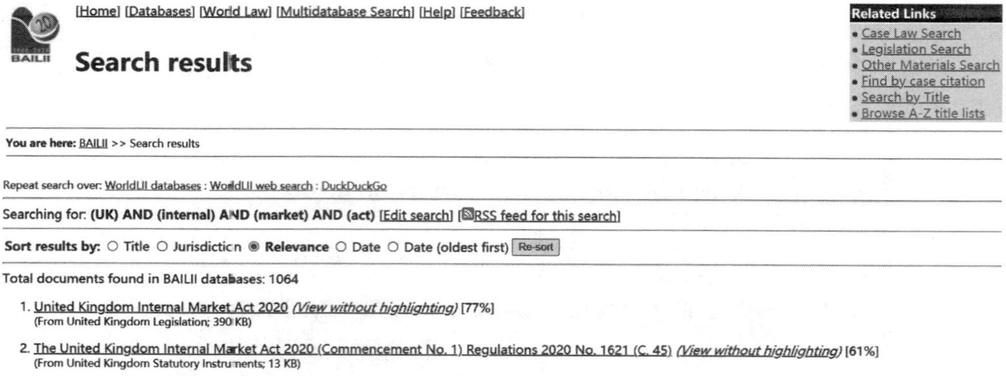

图 8-42　BAILII 数据库—检索结果界面显示截图

第八章　外国法律资源与利用

United Kingdom Internal Market Act 2020

You are here:

- UK Public General Acts
- 2020 c. 27
- Whole Act

- Table of Contents
- Content
- More Resources　Help about More Resources

- Previous
- Next

- Plain View
- Print Options

Help about what version

What Version

- Latest available (Revised)
- Original (As enacted)

Help about opening options

图 8-43　BAILII 数据库—点击检索结果界面显示截图

This is the original version (as it was originally enacted). This item of legislation is currently only available in its original format.

Legislation Crest

United Kingdom Internal Market Act 2020

2020 CHAPTER 27

An Act to make provision in connection with the internal market for goods and services in the United Kingdom (including provision about the recognition of professional and other qualifications); to make provision in connection with provisions of the Northern Ireland Protocol relating to trade and state aid; to authorise the provision of financial assistance by Ministers of the Crown in connection with economic development, infrastructure, culture, sport and educational or training activities and exchanges; to make regulation of the provision of distortive or harmful subsidies a reserved or excepted matter; and for connected purposes.

[17th December 2020]

Be it enacted by the Queen's most Excellent Majesty, by and with the advice and consent of the Lords Spiritual and Temporal, and Commons, in this present Parliament assembled, and by the authority of the same, as follows:—

PART 1 UK market access: goods

Introductory

1 Purpose of Part 1

(1) This Part promotes the continued functioning of the internal market for goods in the United Kingdom by establishing the United Kingdom market access principles.

图 8-44　BAILII 数据库—点击检索结果高亮显示截图

5．分析检索结果

对检索结果进行阅读、判断，确认是所需要的法案，检索结束。

二、美国法检索举例

请检索《美国统一商法典》

《美国统一商法典》(Uniform Commercial Code,UCC),由美国法学会和美国的统一州法全国委员会于 1952 年合作制定。统一商法典在美国商事法律中占据着重要地位,其内容体现了商事法律原则,但它与一般意义上单独或独立的法典不同。因此,建议在检索之前,通过阅读二次文献进一步了解有关《美国统一商法典》的论述和研究,以对检索结果进行确认。具体资源可参考本章第二节"美国法律资源"的内容。

以 Westlaw 为例,检索词"Uniform Commercial Code"依次进行检索。具体如图 8-45、图 8-46、图 8-47、图 8-48、图 8-49,点击、打开各个部分,了解其包含的内容及其条款变化。

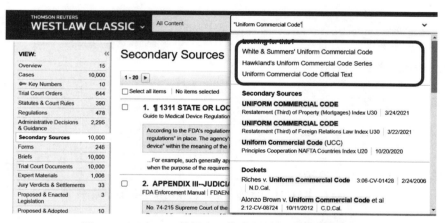

图 8-45　Westlaw 数据库—检索词联想功能显示截图

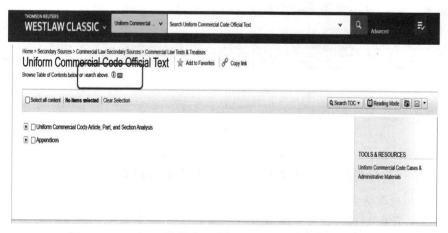

图 8-46　Westlaw 数据库—选择 UCC 官方版本库显示截图

Uniform Commercial Code Official Text Scope Information

Summary

Coverage:
September 2017 Update

Article 1: Current through the 2008 amendments.

Article 2: Current through the 1965 revision, and conforming amendments to Articles 1, 5, 7 and 9.

Article 2A: Current through the 1990 revision, and conforming amendments to Articles 1, 5, 7 and 9.

Article 3: Current through the 1990 revision, and the 2002 amendments.

Article 4: Current through the 1990 revision, and the 2002 amendments.

Article 4A: Current through the 2012 amendment to s 4A-108.

Article 5: Current through the 1995 revision.

Article 6: Current through the 1989 revision.

Article 7: Current through the 2003 revision.

Article 8: Current through the 1994 revision.

Article 9: Current through the 2001 revision, conforming amendments to Articles 1, 2, 2A, 4, 5, 6, 7 and 8; the 2010 amendments, and conforming amendments to Articles 2A, 8 and 11.

Article 10: Current through the 1994 amendments.

Article 11: Current through 1972 amendments.

PEB Commentary: Current through 2014.

图 8-47　Westlaw 数据库—点击 UCC 官方版本信息介绍显示截图(1)

Uniform Commercial Code Official Text Scope Information

Contents

This material provides the test of the Uniform Commercial Code Model Law as promulgated by The American Law Institute (ALI), National Conference of Commissioners on Uniform State Laws (NCCUSL). All pre-revised and revised Articles and amendments are included, as well as Permanent Editorial Board Commentaries and Reports. Pre-Revised and pre-Amended Articles are found in the Appendices. The most current Articles are found in the main text. Articles include:

Revised Article 1	General Provisions
Article 2	Sales
Article 2A	Leases
Revised Article 3	Negotiable Instruments
Revised Article 4	Bank Deposits and Collections
Article 4A	Funds Transfers
Revised Article 5	Letters of Credit
Revised Article 6	Bulk Sales
Revised Article 7	Documents of Title
Revised Article 8	Investment Securities
Revised Article 9	Secured Transactions
Article 10	Effective Date and Repealer
Article 11	Effective Date and Transition Provisions
Appendices	

Author(s): The American Law Institute (ALI), National Conference of Commissioners on Uniform State Laws (NCCUSL)

图 8-48　Westlaw 数据库—点击 UCC 官方版本信息介绍显示截图(2)

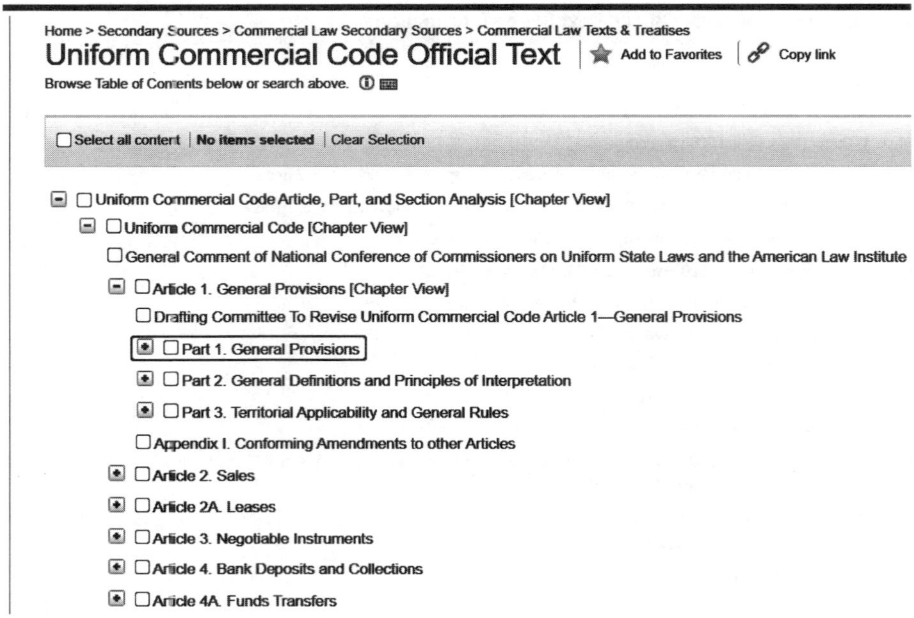

图 8-49　Westlaw 数据库——点击 UCC 相关部分查看具体规定显示截图

在 UCC 版本页面右侧的"TOOLS & RESOURCES",还有与法律相关的案例及行政性资料(Uniform Commercial Code Cases & Administrative Materials)(参见图 8-46),根据需要,可进一步检索及查看相关内容(参见图 8-50)。

图 8-50　Westlaw 数据库—— UCC 相关的案例及行政性资料库显示截图

【思考练习题】
1. 请了解常用的外国法检索门户和研究指南的检索途径。
2. 请列出 2004 年英国《民事紧急状态法案》的检索方法。
3. 请列出 2018 年美国加利福尼亚州《消费者隐私保护法案》(CCPA)的检索方法。

第九章　国际法与国际组织资源与利用

【本章提要】

　　这部分内容是关于国际法与国际组织资源及其利用的介绍。国际法包括国际公法、国际私法、国际经济法等领域。国际法最主要的渊源是国际条约和国际惯例；一些国际组织对于国际法的发展和研究起着重要的推动和促进作用。本章仅以其中部分内容为对象，具体包括国际法与联合国、欧盟法资源以及国际贸易法与世界贸易组织。了解这些法律领域的基本资源和特点是基础，检索利用这些资源的主要途径包括研究指南、官方网站及商业数据库。在其官方网站中，可免费获得大部分法律资料。国际法许多重要法律文件和国际法院的判决都是英文文本，在使用资料时需要关注文本的选择。

第一节　研究指南

　　对于国际法与国际组织资源的检索利用，与外国法研究类似，最好的办法是从研究指南和机构网站入手，可便捷地获得各类资源的列表和来源，还提供资源介绍与链接。资源类型包括相关主题的书籍、期刊、判例报告、检索工具、数据库等。

　　第八章第一节"外国法研究指南"介绍的常用参考工具，也是检索和利用国际法与国际组织资源的入门方法。如纽约大学法律图书馆研究指南(https://www. law. nyu. edu/library/research/researchguides)中包括"外国法、比较法和国际法"部分，其中，有国际法、联合国、欧盟、世界贸易组织等专题资源(参见图9-1)。

Foreign, Comparative, and International Law

Chinese Law Online
Comparative Civil Procedure
European Union
Finding Foreign (non-US) Law in English
Foreign Law by Jurisdiction
Foreign/International Taxation
GlobaLex
International Law - General Sources
International Law - Specialized Sources
NAFTA
United Nations & League of Nations
WTO/GATT

图 9-1　纽约大学法律图书馆研究指南界面截图

在该指南列表中的 Globalex(http://www.nyulawglobal.org/globalex/),设有国际法研究(International Law Research)资源板块,包括与国际法相关的各类主题或专题(参见图 9-2)。打开页面后,可直接浏览各类资源,了解资源内容和特点,检索方便,且更新比较及时。该指南基本涵盖了本章的内容,在此不一一展现。

GlobaLex

Hauser Home / Global Research Tools / Globalex / ...

International Law Research

- African Union : Introduction to the Norms and Institutions of the African Union - UPDATE
- APEC, ASEAN : Research Guide on the Trading Systems in the Asian-Pacific Region: APEC, ASEAN and their Members - UPDATE
- Contemporary Land Grabbing : Contemporary Land Grabbing, Research, and Bibliography - UPDATE
- Council of Europe : History, role and activities of the Council of Europe: Facts, figures and information sources - UPDATE
  The European Human Rights System - UPDATE
- Customary International Law : Researching Customary International Law, State Practice and the Pronouncements of States regarding
- Cyberwarfare : Cyberwarfare and Collateral Damages - UPDATE
- Economic Community of West African States (ECOWAS); Communaute Economique et Monetaire de l'Afrique Centrale (CEMAC) : Re
  - UPDATE
- European Union : European Union Legal Materials: An Infrequent User's Guide - UPDATE
  European Union: A Guide to Tracing Working Documents - UPDATE NEW
- Housing Rights : Researching the Right to Housing
- Human Rights : A Review of the Progressive Development of International Human Rights Framework on Capital Punishment
  Forced Evictions and Disability Rights in Africa - UPDATE
  International Human Rights Research Guide - UPDATE NEW
  Researching the Human Right to Water with an Annotated Bibliography
  The European Human Rights System - UPDATE
  The Inter-American System of Human Rights: A Research Guide - UPDATE
  The Human Right to Education Research with an Annotated Bibliography NEW
  Towards the Human Rights Protection of Minority Languages in Africa
- Human Trafficking : The Exploitation of Women and Children: A Comparative Study of Human Trafficking Laws between the United S
- Indigenous People : Researching Indigenous Peoples International Law - UPDATE
  Contemporary Land Grabbing, Research, and Bibliography - UPDATE
- International Dispute Settlement : International Arbitration between Foreign Investors and Host States - UPDATE

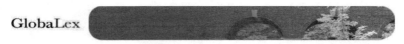

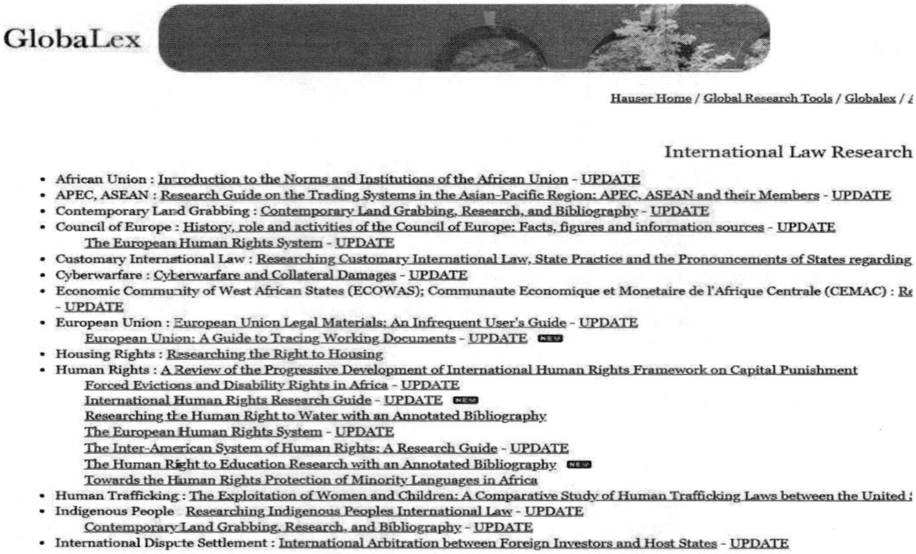

图 9-2　纽约大学法律图书馆 Globalex 国际法资源界面截图

同样,在康奈尔大学法律信息中心网站(http://www.law.cornell.edu/),有各类法律资源和网站的相关链接。如关于欧盟法资源,展现了比较详细的资源和机构网站的列表(参见图 9-3)。

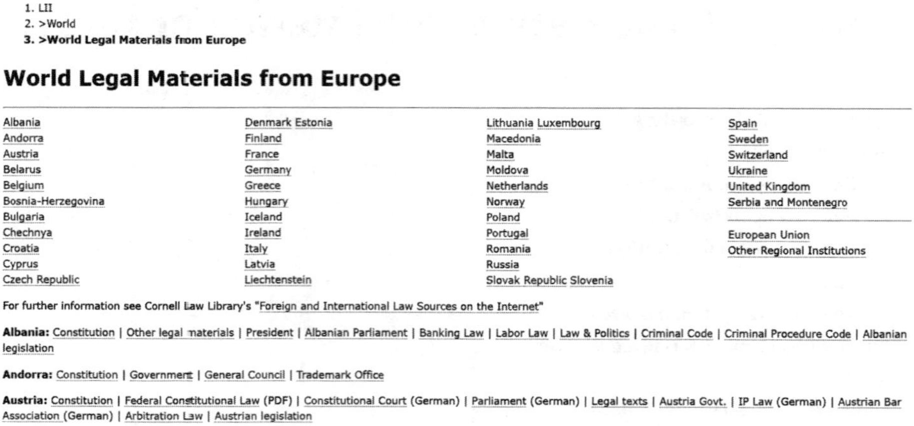
1. LII
2. >World
3. >World Legal Materials from Europe

World Legal Materials from Europe

Albania	Denmark Estonia	Lithuania Luxembourg	Spain
Andorra	Finland	Macedonia	Sweden
Austria	France	Malta	Switzerland
Belarus	Germany	Moldova	Ukraine
Belgium	Greece	Netherlands	United Kingdom
Bosnia-Herzegovina	Hungary	Norway	Serbia and Montenegro
Bulgaria	Iceland	Poland	
Chechnya	Ireland	Portugal	European Union
Croatia	Italy	Romania	Other Regional Institutions
Cyprus	Latvia	Russia	
Czech Republic	Liechtenstein	Slovak Republic Slovenia	

For further information see Cornell Law Library's "Foreign and International Law Sources on the Internet"

Albania: Constitution | Other legal materials | President | Albanian Parliament | Banking Law | Labor Law | Law & Politics | Criminal Code | Criminal Procedure Code | Albanian legislation

Andorra: Constitution | Government | General Council | Trademark Office

Austria: Constitution | Federal Constitutional Law (PDF) | Constitutional Court (German) | Parliament (German) | Legal texts | Austria Govt. | IP Law (German) | Austrian Bar Association (German) | Arbitration Law | Austrian legislation

图 9-3　康奈尔大学法律信息中心“世界法”中欧盟法资源界面截图

第二节　国际法与联合国

一、国际法渊源

国际法的研究与联合国有着密切的联系。联合国是一个国际性组织,于 1945 年成立。联合国的宗旨和工作以《联合国宪章》中规定的机构目标和原则为出发点。联合国有六个主要机关:大会、安全理事会、经济及社会理事会、托管理事会、国际法院和秘书处,同时,联合国系统包括联合国自身以及被称为方案、基金和专门机构的多个附属组织。目前,联合国共有 193 个会员国。[①] 联合国共有六种正式语文,分别是阿拉伯文、中文、英文、法文、俄文和西班牙文。

国际法规则渊源的经典表述来自《国际法院规约》(*Statute of the International Court of Justice*)第 38 条的规定。国际法院为联合国主要司法机关,《国际法院规约》是《联合国宪章》的组成部分。国际法院适用以下法律渊源:(1)国际协约,不论普通或特别国际协约,确立诉讼当事国明白承认之规条者。(2)国际习惯,作为通例之证明而经接受为法律者。(3)一般法律原则为文明各国所承认者。(4)在第 59 条规定之下,即法院之裁判除对于当事国及本案外,无拘束力。司法判例及各国权威最高之公法家学说,作为确立法律原则的补助资料者。此外,前述规定不妨碍法院经当事国同意本"公允及善良"原则裁判案件之权。[②] 这其中,最重要的渊源是国际条约和国际习惯。

条约(treaty)是一个通称,是指国家或其他国际法主体之间签订的书面国际协定。除了"条约"一词外,其他名称还有:公约(convention)、协定(agreement)、议定书(protocol)、协约(pact)、盟约(covenant)、宣言(declaration)等,还有与之相关一些术语,具体可见"联合国公约与宣言检索系统"(https://www.un.org/zh/documents/treaty/convention.shtml)中的专业术语栏目(参见图 9-4)。两个缔约方签署的条约称为双边条约(bilateral),三方及以上者参与的条约称为多边条约(multilateral)。条约一旦生效,就对缔约方产生约束力。一般说来,与涉及缔约方的问题有关的条约具有最高的法律效力;没有相关条约时,可以适用国际习惯。

国际习惯(international custom)或称国际惯例,曾经是国际法最重要的渊源。它不见诸明示的文字或者文献的汇编(如条约),而是通过国家的实践来体现,通常被称为"不成文法"。但是,由于国家的行为往往又是通过各种法律文件表现出来的,因此为了查明一个国际法的相关规则,需要从各种法律文件中寻找证据。这些文件包括:国家及国际组织间的外交文件,国际机构及国际会议的各种法律文件,国家的立法、司法及行政的相关文件,国际和国内司法机关的判决等资料。[③]

[①] 参见联合国主页(中文版):http://www.un.org/zh。
[②] 《国际法院规约》,https://www.un.org/zh/documents/statute/chapter2.shtml。
[③] 邵沙平:《国际法》(第四版),中国人民大学出版社 2020 年版,第 45 页。

图9-4 联合国公约与宣言检索系统中文界面专业术语栏目截图

这里选择介绍有关联合国、国际条约及国际法院的主要资源。检索这些资源的主要途径包括研究指南、官方网站及商业数据库。

二、联合国

联合国(United Nations,UN,网址:http://www.un.org)每年产生的文件成千上万份,通常它们都以非常复杂的方式归类。联合国主页是查询联合国资料的官方途径,主页上包括各种资料的链接,通过各栏目可浏览、查询相关资源(参见图9-5)。在其"活动与新闻"(Events and News)栏目之下,包括主要机构(Main Bodies)、资讯服务(Resources/Services)、重要文件(Key Documents)等内容,其中有联合国宪章、联合国期刊、条约集、数据库等资源的快速链接(参见图9-6)。联合国网站中文版界面中的"联合国公约与宣言检索系统",包括主题分类、专业术语、相关资源等几个部分,可以快速浏览及检索(参见图9-7)。

图9-5 联合国网站首页截图

图 9-6 联合国网站"活动与新闻"界面截图

联合国公约与宣言（按主题分类）

- 艾滋病
- 裁军
- 残疾人
- 儿童
- 妇女
- 国际法
- 国际合作
- 国际人道法
- 海洋法

- 和平与安全
- 环境
- 减灾
- 健康
- 经济贸易
- 可持续发展
- 恐怖主义
- 劳工
- 联合国

- 难民和移民
- 青年
- 人权
- 外层空间
- 卫生
- 刑事司法
- 药品管制
- 种族
- 主权

图 9-7 联合国公约与宣言检索系统中文界面主题分类栏目截图

在实施检索之前，可首先参考有关研究指南，如由联合国达格·哈马舍尔德图书馆（Dag Hammarskjöld Library）编写的联合国文献研究指南，是研究联合国资料的重要工具（https://library.un.org/zh/content/1914），提供了联合国文件、出版物、数据库和网站的概述。

1. 联合国资料

联合国资料主要包括文件（documents）和出版物（publications）。研究者需要了解这些资料的类型、文件记录的构成及编号规范，才能从诸多文献中针对性查询。联合国文件包括会议记录以及大会、安全理事会或经济及社会理事会等立法机构通过的决议，其中包含联合国秘书处或联合国系统的工作任务。要进一步了解联合国文件的文号规范，可查阅联合国文献研究指南。联合国文件可通过文件数据库 ODS（The Official Documents System）或联合国文件中心网页浏览查询。联合国文件对于读者了解当前世界局势有很好的参考价值，裁军、维和、儿童/妇女权利、环境、经济全球化和反对恐怖主义等众人关心的问题均能在这些文件中得到及时的反映。联合国文件反映了联合国组织的复杂性。

联合国出版物指的是由联合国向一般公众发行的书面材料。这些出版物包括重要研究报告、统计资料、会议论文集、年鉴、联合国主要机构的正式记录、国家间协议、刊物、新闻简报以及联合国新闻部的出版物等。

2. 联合国达格·哈马舍尔德图书馆

联合国达格·哈马舍尔德图书馆(https://library.un.org)收藏丰富的联合国资源,如联合国文件和出版物的档案收藏(参见图9-8)。其数字图书馆(https://digitallibrary.un.org)提供联合国文件和出版物的在线目录,包括联合国文件、表决信息,会议发言,地图和公共领域联合国出版物。该平台提供数字格式的联合国资料和1979年后的联合国文件书目记录。系统功能包括相关文件(如决议,会议记录和表决)之间的关联数据和以联合国机构、专门机构或文件类型的优化搜索。2021年,联合国数字图书馆被授予由美国国际法学会(ASIL)和国际法律研究所颁发的国际法研究奖,以表彰其在国际法领域提供和增加法律信息资源的重要贡献。

图9-8 联合国达格·哈马舍尔德图书馆首页截图

同时,联合国图书馆还在世界各地建立托存图书馆(Depository Libraries)来传播联合国信息。截至2021年9月,共有351个托存图书馆遍布136个国家和地区。其中在中国,设有20个联合国托存图书馆,如中国国家图书馆(1947年);重庆图书馆(1947年);上海图书馆以及一些大学图书馆;还有香港公共图书馆(1979年);香港大学图书馆(2000年)和澳门大学图书馆(1992年)①。

3. 联合国文件系统

在联合国网站上有"文件"模块(https://www.un.org/en/our-work/documents),可进入其文件中心,有联合国宪章、联合国期刊、条约集等资源的快速链接,还有联合国正式文件系统（ODS）、联合国书目信息系统（UNBISnet）、联合国信息查询系统（UN-I-QUE）、联合国多语言术语库（UNTERM）等各数据库的链接(参见图9-9)。每一份联合国文件在文件右上方或封面页上都有自己的专用文号(document symbol)。一份文件的所有语

---

① 参见 http://www.un.org/Depts/dhl/deplib/countries/chin.htm,2021年9月30日最后访问。

文版本都用同一文号。文件编号由数字和英文字母组成,要了解文号结构及其含义。编号第一部分通常显示接收文件或印发文件的机构的名称,如:"A/"是指大会,"S/"是指安全理事会(简称"安理会"),"E/"是指经济及社会理事会等。如 S/2009/391,是指安理会 2009 年 391 号文件。

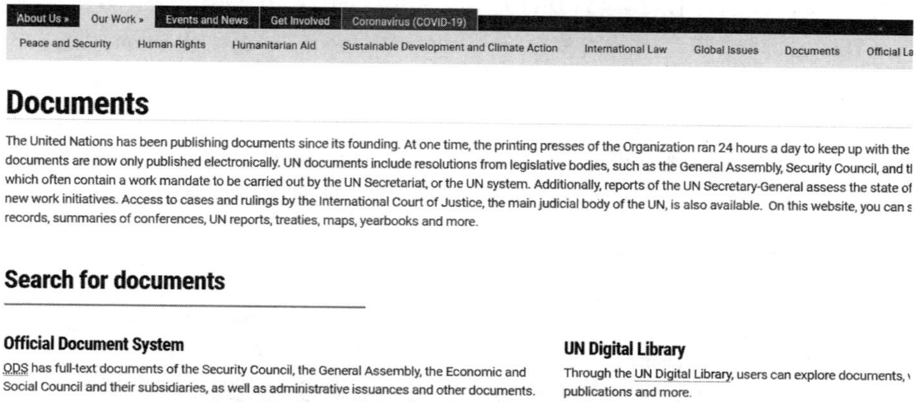

图 9-9　联合国网站文件资源界面截图

联合国正式文件系统(ODS)收集了联合国 1993 年以来发行的文件及 1946 年以来大会、安全理事会、经社理事会和托管委员会的决议全文。具体包括:(1) 1946 年至 1993 年的扫描文件,包括主要机关的所有决议,全部安全理事会文件,大会正式记录,包括补编和附件、会议记录等。(2) 1993 年至今的全文文件、原生数字文件和有文号文件;安全理事会、大会、经济及社会理事会及其附属机构以及行政指示和其他文件。该系统有多种检索字段,可免费浏览下载(参见图 9-10)。

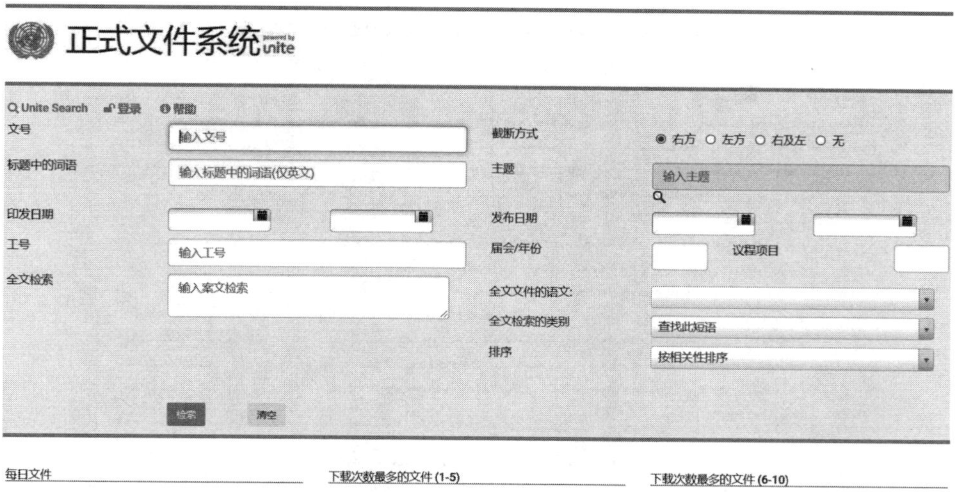

图 9-10　联合国网站正式文件系统(中文版)检索界面截图

三、国际条约

联合国制定的许多条约构成了规范国家间关系的法律基础。根据《联合国宪章》的相关规定,联合国任何成员国缔结的每项条约和每项国际协定,应尽快向秘书处登记并由秘书处出版。《联合国条约集》(*UNTS*: *United Nations Treaty Series*)是官方出版的印刷文本;其在线资源是“联合国条约数据库”(United Nations Treaty Collection, http://treaties. un. org/Pages/Home. aspx? lang = en)(参见图 9-11)。该数据库收录有 25 万多项有关条约的资料,包括条约的原文文本以及英法译本。可通过多种途径查找条约文本,也可选择列表进行查询。例如,要获取最新的条约和协定,需要查找“月度报表”(Monthly Statement),可以知道某个条约是否已在联合国备案并即将出版。具体使用方法还可以参考网站提供的用户指南(https://treaties. un. org/doc/source/guide_en. pdf)(参见图 9-12)。

图 9-11 联合国条约数据库首页截图

United Nations Treaty Collection Web User Guide

Table of Contents

United Nations Treaty Collection Web Site Address (URL) 2
Exploring Web Page Layout 3
Exploring Menu Options on the Web Page 4
Depositary: Status of Multilateral Treaties 5
Searching Depositary
Searching Depositary - Multilateral Treaties by Title 8
Searching Depositary – Full Text Search 8
Search - Depositary Notifications (CNs) by various parameters 9
Search - Depositary Notifications (CNs) – Latest Notifications 10
Search - Depositary Notifications (CNs) – Full Text Search 10
Search – Certified True Copies (CTC) by Title and Full Text Search 11
Searching United Nations Treaty Series by Various Parameters 12
Registration and Publication
Monthly Statements – Database and Search 12
Cumulative Index – Database and Search 13
League of Nations (LON) Treaties (Prior to the Year 1947) 13

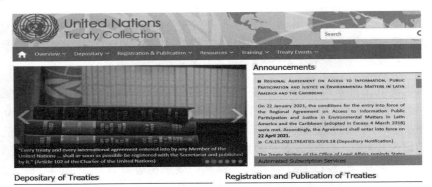

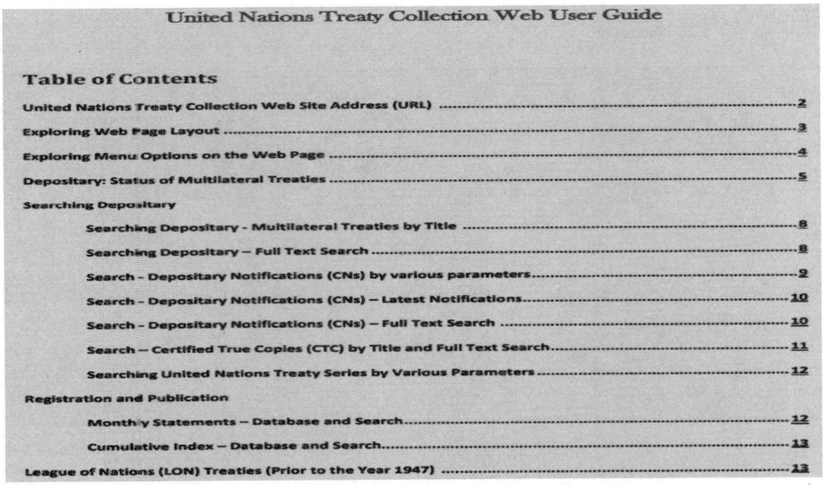

图 9-12 联合国条约数据库用户指南界面截图

四、国际法院

国际法院(International Court of Justice, ICJ)是联合国的主要司法机关,根据《联合国宪章》设立,负责依国际法解决国家之间的法律争端,并对联合国各机关和专门机构向其提出的法律问题发表咨询意见。国际法院依照《国际法院规约》及其本身的《法院规则》运作。国际法院的网站(http://www.icj-cij.org)包括国际法院判决书、咨询意见和命令摘录、国际法院应联合国大会请求发表的咨询意见汇编、国际法院给联大的年度报告等资料的全文(参见图9-13)。国际法院网站所有内容都有英、法文两种法院官方语文版本,但有些文件也有中文等联合国的其他官方语文版本,可供公众查阅。

图9-13 联合国网站国际法院首页截图

五、联合国与国际法资源数据库

如前所述,联合国文件数量巨大,而且要了解文件的特征,才能进行有效检索。如文件编号、名称、成员国、时间等。这些重要的文献资源有多种出版方式,包括多卷本图书、光盘甚至缩微媒介,可通过各图书馆文献查询系统了解各出版物的馆藏状况。当然,最便捷的途径是利用网络资源和数据库检索。

除联合国官方网站及数据库外,还有学术性网站及商业数据库资源。美国国际法学会网站(American Society of International Law, ASIL,网址 http://www.eisil.org),其网站组织、提供国际法各领域的资源及其链接,具有参考价值。商业数据库如 Heinonline 数据库、Brillonline 平台国际法资源及牛津国际公法数据库等。

1. HeinOnline 数据库

该数据库中的子库"Foreign & International Law Resources Database"包括一些国际法

的相关资料,如美国国际法学会的出版物、世界著名国际法年鉴,海牙常设国际法院系列等。数据库提供多种路径进行检索,获取全文;需订购使用(参见图9-14)。

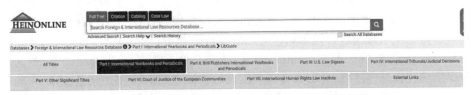

图9-14　HeinOnline数据库之国际法子库界面截图

2. Brillonline平台国际法资源

荷兰Brill出版集团的Brill Nijhoff子出版社,以国际法闻名出版界。其出版物包括学术期刊、年鉴和图书。Brill电子资源平台包括诸多学术领域的数据库,所有电子资源均在同一平台,统一访问网址:www.brillonline.com。该数据库需订购使用。

该平台可依主题(subjects)进行分类选择,法律资源包括国际法和人权与人权法两个部分。其中,著名的资源如海牙国际法学院演讲集在线(The Hague Academy Collected Courses Online)(参见图9-15)。海牙国际法学院是国际公法与国际私法的研究和教学中心,其宗旨是进一步促进国际关系所涉法律问题的科学性高级研究。学院将其所有课程讲义结集并以《海牙国际法学院演讲集》(Collected Courses of the Academy of International Law)的形式出版,目前已出版了380多卷,这些结集无疑是国际公法和私法领域最为重要的百科全书性质的出版物,其电子数据库版本则极大地方便读者进行检索和研究。

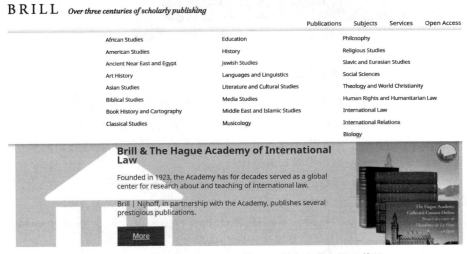

图9-15　Brillonline平台海牙国际法学院演讲集界面截图

3. 牛津国际公法数据库

牛津国际公法数据库(Oxford public international Law,OPIL,http://opil.ouplaw.com)是牛津大学出版社的产品(参见图9-16)。该数据库包含以下子数据库:(1)牛津国际公法(Oxford Public International Law),(2)牛津国际法报告(Oxford Reports on International Law),(3)马克斯·普朗克国际公法百科全书(Max Planck Encyclopedia of Public International Law),(4)牛津国际法学术权威出版物(Oxford Scholarly Authorities on International Law),(5)牛津历史条约(Oxford Historical Treaties)以及(6)牛津国际组织(Oxford International Organizations)。每个子库都有丰富的内容,数据库需订购使用。

图9-16　牛津国际公法数据库首页截图

4. 国际公法百科全书数据库

马克斯·普朗克国际公法在线百科全书(Max Planck Encyclopedia of Public International Law,MPEPIL,网址 https://opil.ouplaw.com/home/mpil)。其前身是1991—2001年出版的《国际公法百科全书》(Encyclopedia of Public International Law)。MPEPIL的电子版和印刷版于2008年9月由牛津大学出版社出版。

MPEPIL是学习和研究国际法的参考工具书,内容全面涵盖了国际法领域的核心议题,不仅反映了国际公法的历史,也包含了许多新的主题以适应国际法的最新发展。MPEPIL提供了快速检索和高级检索两种检索方式,还可按题名、主题和作者的字母列表进行浏览(参见图9-17)。

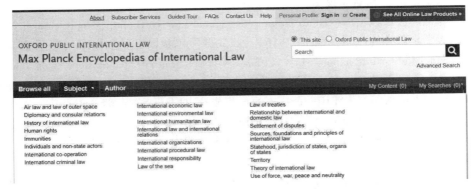

图 9-17　MPEPIL 数据库首页截图

第三节　欧盟法资源

一、欧洲联盟概述

欧洲联盟（European Union，EU，简称"欧盟"），它的前身是成立于 1957 年 3 月 6 日的欧洲经济共同体（European Economic Community，EC，简称"欧共体"），是一个集政治实体和经济实体于一身、在世界上具有重要影响的区域一体化组织。1991 年 12 月，欧洲共同体马斯特里赫特首脑会议通过《欧洲联盟条约》，通称《马斯特里赫特条约》（Treaty of Maastricht，简称《马约》）。1993 年 11 月 1 日，《马约》正式生效，欧盟正式诞生，总部设在比利时首都布鲁塞尔。2020 年 1 月 30 日，欧盟正式批准了英国脱离欧盟计划；1 月 31 日，英国正式脱欧，结束其 47 年的欧盟成员国身份。目前，欧盟拥有 27 个成员国。①

欧盟的主要组织机构有：

（1）欧洲理事会（European Council），即首脑会议，由成员国国家元首或政府首脑及欧盟委员会主席组成，是欧盟的最高权力机构。其职能是确定指导方针和方向，对政治合作以及与欧盟共同利益相关的重大事务进行协调并作出决定，针对欧盟中的政策性问题进行讨论和决策。

（2）欧盟理事会（Council of the European Union），其前身是部长理事会，主席由各成员国轮流担任，任期半年。它在欧盟中处于中枢地位，主要调整各成员国的国家利益，是实现欧盟共同利益、创制欧盟法律的决定机关。

（3）欧洲委员会（European Commission）是欧盟的常设机构和执行机构，是独立于成员国和理事会的机构。

---

① 欧盟官方网站：https://europa.eu/european-union/about-eu_en，2021 年 9 月 30 日最后访问。

（4）欧洲议会（European Parliament）是欧盟的执行监督、咨询机构，在某些领域有立法职能。

此外，欧盟机构还包括欧盟法院（Court of Justice of the European Union, CJEU），其职责是受理由委员会或成员国提起的对违反欧盟法的成员国的诉讼，即主要审理以成员国为当事人的违反欧盟法律的行为，确保欧盟法律的统一解释和适用。欧洲法院包括两个部分："Court of Justice"，处理来自国家法院的初步裁决请求，以及一些撤销和上诉的诉讼；"General Court"，规定个人、公司以及在某些情况下经由欧盟政府提起的撤销诉讼规则，即主要处理竞争法、国家援助、贸易、农业、商标等方面的事务。这些组织机构的网站是查询及获得有关欧盟法律资源的一个重要来源。

二、欧盟法律渊源

欧盟的全部活动均建立在法律的基础上，所以，欧盟法的发展与欧盟的发展紧密结合，互为一体。欧盟在实现社会经济一体化过程中，根据基础条约的明确规定，逐步制定了适用于各成员国的共同社会经济政策和法律。欧盟法是关于欧盟机构的设置、职能及其经济货币与政治联盟的条约、条例、指令、决定和判例等法律规范的总称，是一套适用于欧盟成员国的特殊类型的法律制度。欧盟法的直接效力和优先原则，使欧盟法律具有某些超国家的因素，加快了欧洲一体化进程。

欧盟法的渊源[①]可分为成文法和不成文法两大类。成文法包括条约和制定法，不成文法指法的一般原则和判例法。根据其重要性，又分为基本渊源和派生渊源。了解欧盟法律渊源及其特点，才能更好、更有效地检索其相关资源。

1. 条约

条约是欧盟法律中最重要的、带有根本性的行为规范，是欧盟法的基本渊源。条约包括欧洲共同体和欧洲联盟基础条约、后续条约以及欧盟国际协定两类。基础条约是指建立欧共体、欧盟诸条约，包括其附件和议定书，以及在共同体发展过程中，欧盟成员国为实现该条约的最终目的、适应欧盟发展需要，修改与补充上述基本条约的法律文件。因此，基础条约最为重要。欧盟国际协定是由欧盟成员国与非成员国或其他国际组织缔结的条约，这些条约规定了欧盟及其成员国的权利和义务，对欧盟及其成员国具有法律约束力，构成欧盟法的渊源。

2. 制定法

制定法属派生法律渊源。它是欧盟享有立法权的机关为实施基础条约的目的，根据基础条约的授权，依法定程序制定的各种不同名称、具有不同性质与效力等级的法律。制定法主要包括理事会和委员会制定的条例（regulations）、指令（directives）和决定（decisions）。

（1）条例是欧盟最重要的立法形式。其基本特征是具有普遍适用性、全面约束力和

[①] 参见曾尔恕：《外国法制史》，中国政法大学出版社2008年版，第155—156页；曾文革：《欧盟法》，对外经济贸易大学出版社2015年版；张彤，秦瑞亭：《欧盟法概论》，中国人民大学出版社2011年版。

直接适用性。

（2）指令是为履行欧盟条约上的义务而作出的，对特定成员国有拘束力的，并责成该成员国通过国内立法来履行该义务的规定。指令实质上是欧盟允许成员国以符合本国具体情况的方式实施欧盟规则的一种法律形式，体现了统一性和多样性的结合。

（3）决定通常用于特定场合对欧盟一般性法律规则的具体实施，它要求成员国或者法人甚至个人从事某项活动、禁止从事某项活动，或者实施某项处罚。决定是欧盟法中具有具体行政措施性质的法律形式，对接受决定者具有约束力。

3. 法的一般原则

法的一般原则主要是从成员国法律秩序中的共同原则或法的一般意识中引申出来的精神，其渊源多出于罗马法。如法的稳定性原则、合法期待性原则等。

4. 判例

欧洲法院以大陆法系各国的裁判制度为模式，原则上不受判例的拘束。但是，有些情况说明，欧洲法院的判例具有判例法的效果。首先，欧洲法院的判决无论在程序问题还是实体问题上，都存在着明显的连贯性和一致性。其次，在法律适用中，法院通过运用某些适当的解释方法，或者适用法的一般原则，或者援用国内法或国际法的原则，弥补成文法律的不足，逐步发展了判例法。总之，由于欧洲法本身的原则性和含糊性，以及法院建设和运用欧盟法的职责，使得法院在构造和制定欧盟法中的作用不可低估。

5. 国际法

在国际事务中，欧盟已经成为国际关系的主体，以类似于国家的名义和身份参与活动，所以，国际法上的一些适用于国家之间的国际准则如国际条约、优惠与豁免等也成为欧盟法的渊源。

三、欧盟法律检索

对于欧盟法，利用网络和电子数据库资源进行检索更加便利。检索时，要注意并了解欧盟法律中的一些术语和缩略语的含义。检索的途径和资源包括欧盟法研究指南、机构网站及数据库。

1. 欧盟官方网站

欧盟官方网站（EUROPA, http://europa.eu），它提供欧盟事务和欧洲一体化基本资料的最新报道，可以查阅所有现行有效或正在讨论中的立法，访问网站的每一个欧盟机构，了解欧盟实行管理的各项政策（参见图9-18）。通过该网站，可查询欧盟的条约、主要立法、判例等各类资源，并获得文献全文。

如在机构（Institutions and bodies）栏目中，可访问相关机构以获取研究信息（参见图9-19），如与欧盟立法相关的3个主要机构：欧洲议会（European Parliament）、欧盟理事会（Council of the European Union）及欧洲委员会（The European Commission）网站。

第九章　国际法与国际组织资源与利用

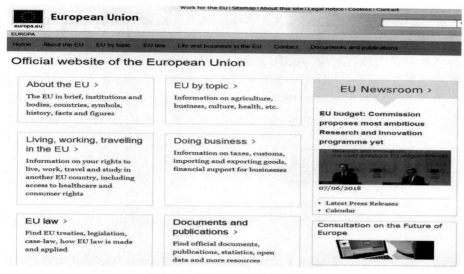

图 9-18　欧盟官方网站首页截图

图 9-19　欧盟官方网站机构界面截图

在文件(Documents and publications)栏目之下,可检索欧盟官方文件、报告、统计及开放数据等内容(参见图 9-20)。

在欧盟法律(EU law)栏目之下(参见图 9-21),可检索欧盟主要立法(primary legislation),如条约是所有欧盟行动的基础或基本规则;次要立法(secondary legislation)包括条例、指令和决定。通过该栏目,可以进入欧盟法律数据库 EUR-Lex(https://eur-lex.europa.eu/homepage.html？locale = en),检索其立法及判例法等内容。

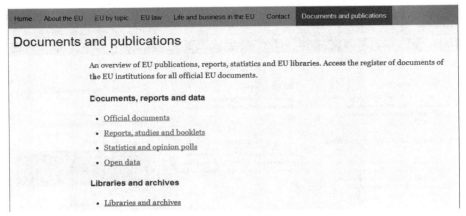

图 9-20　欧盟官方网站文件及出版物界面截图

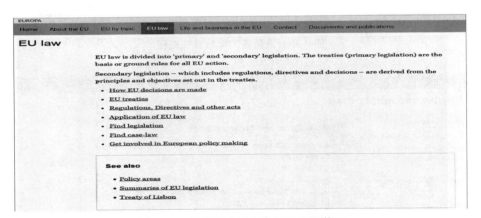

图 9-21　欧盟官方网站欧盟法界面截图

2. 欧盟法律数据库

欧盟法律数据库 EUR-Lex 可检索其官方公报、立法及判例法等内容(参见图 9-22)。

这些资源包括条约、国际协定、有效立法、判例法等,还有"欧盟官方公报"(Official Journal of the European Union,简称 OJ)。OJ 是 EUR-Lex 的主要内容,每日以欧盟官方语言出版。公报分为 L 和 C 系列,L 系列是有约束力的立法(legislation),C 系列是指信息和通知(information and notices)。此外还有子系列 CA、LI 和 CI,子系列可以在官方公报内容发生变化时提供更大的灵活性。公报各系列都有一定的编号和引证格式。例如,"OJ L012,16.1.2001, pp.0001—0023",读作:L 系列第 012 期,2001 年 1 月 16 日,第 0001—0023 页;"OJ C203E,27.08.2002, pp.109—113",读作:C 系列第 203E 期,2002 年 8 月 27 日,第 109—113 页。自 2013 年 7 月 1 日起,OJ 的电子版(e-OJ)生效,e-OJ 具有先进的电子签名,可确保其真实性、完整性和不可更改性。可见,电子版公报是真实、有效的。

第九章　国际法与国际组织资源与利用

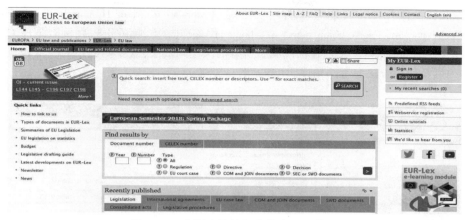

图 9-22　欧盟法律数据库检索界面截图

自 2015 年 1 月 1 日起,欧盟法律法规的编号发生了变化,要及时了解关于编号的新方法。官方公报 L 系列发布的文件采用新的方法编号,即"(domain)YYYY/N"。如 Regulation(EU)2015/1,Council Decision(CFSP)2015/4。根据新方法,可以协调和简化之前的差异性,欧盟法案将拥有唯一的、连续的编号,使得欧盟法的检索和识别等都更加便捷。

3. 欧盟法院

欧盟法院网站(https://curia.europa.eu/jcms/jcms/j_6/en),包括 Court of Justice、General Court 及 Civil Service Tribunal 的判决(参见图 9-23)。该网站有多种检索方法,如在 case-law 数据库中以编号检索(Numerical access)、判例法摘要(Digest of the case-law)、在线判例报告检索(Access to the online Reports of Cases)及裁判注释(Annotation of judgments)等途径浏览或检索判例。

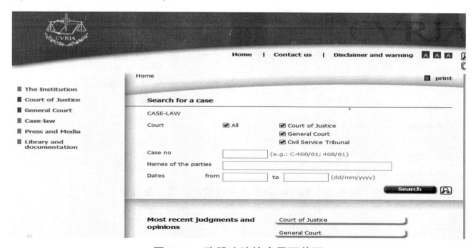

图 9-23　欧盟法院检索界面截图

除欧盟法院网站外,还有欧洲人权法院(European Court of Human Rights,http://www.echr.coe.int/Pages/home.aspx?p=home)网站,进入法院的正式判例数据库Case-law-HUDOC(online),其中包含法院几乎所有的决定和裁决,以及委员会的决定和报告。具体内容及使用方法参考网站说明(参见图9-24)。

图9-24 欧洲人权法院界面截图

四、商业数据库

利用Heinonline、Lexis®或Westlaw等商业数据库,可检索大量的有关欧盟法的研究性文献,数据库也收录欧盟官方公报、立法和判例等资源,具体根据收录范围进行检索并获取(参见图9-25、图9-26)。

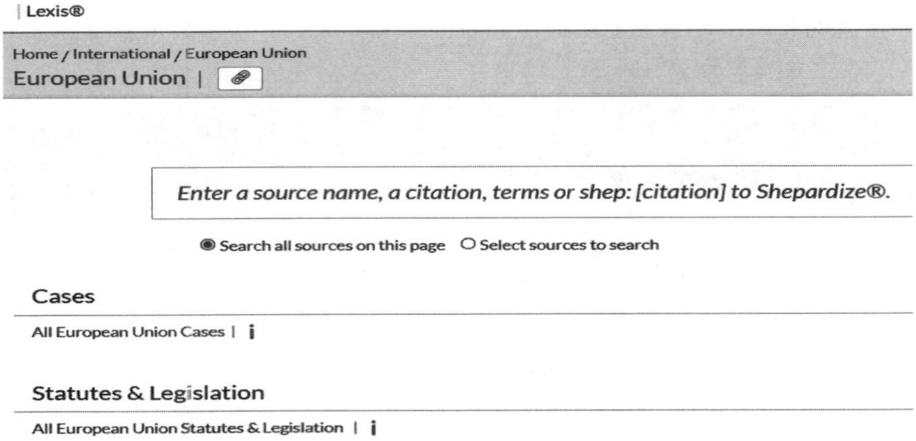

图9-25 Lexis®数据库中欧盟法资源界面截图

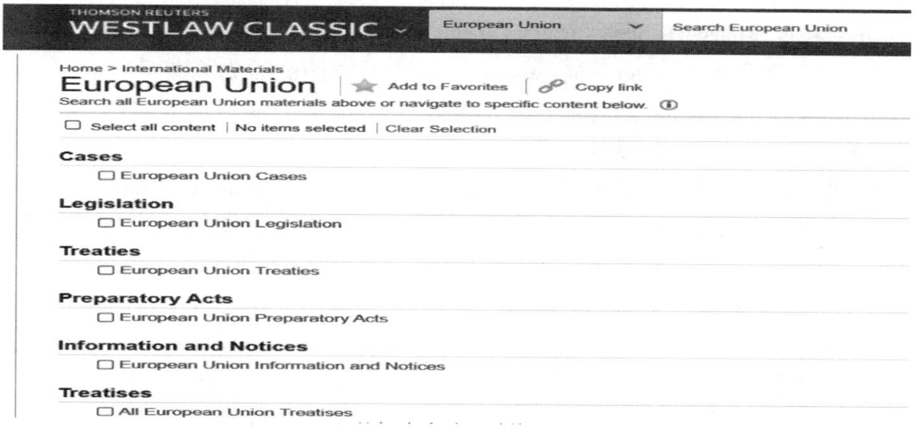

图 9-26　Westlaw 数据库中欧盟法资源界面截图

第四节　国际贸易法与世界贸易组织

一、GATT/WTO 法律研究概述

《关税和贸易总协定》的英文名称是"The General Agreement on Tariffs and Trade"（GATT），该协定最初于 1947 年签署。协定旨在提供一个国际论坛，通过规制和削减货物贸易关税、提供解决贸易争端的统一机制来鼓励成员国之间的自由贸易。世界贸易组织英文名称是"World Trade Organization"（WTO），该组织根据 1994 年《马拉喀什建立世界贸易组织协定》（Marrakesh Agreement Establishing the World Trade Organization）成立，包括了 GATT 乌拉圭回合（Uruguay Round）谈判的成果，是关税与贸易总协定的延续和扩展。WTO 涵盖了 GATT 未涉及的一些国际贸易领域，如知识产权和工业产权、环境等，并且完善了争端解决机制。1995 年 1 月 1 日，世界贸易组织正式开始运作。

WTO 每年产生大量的工作文件，其中包括协定、部长会议文件，成员国关于关税减让表、服务贸易承诺表、争端解决报告的修正文件和通告等。研究任何国际法律问题，都要先从寻找和获得所适用的国际条约入手。有关 GATT/WTO 的一系列条约被称为"协定"（agreements）。大多数 WTO 协定是 1986—1994 年乌拉圭回合谈判的成果，于 1994 年 4 月召开的马拉喀什部长会议上签署，总共约有 60 项协定和决议，从那以后的谈判又缔结了一些条约。因此，目前生效的不是单一协议，而是一揽子国际协议。2001 年 12 月 11 日，中国正式加入世界贸易组织。截至 2021 年 9 月，世界贸易组织有 164 个成员,25 个观察员。①

另外一些重要的 WTO 文件是附表(schedules),如关税减让表(the schedules of tariffs)、服务贸易承诺表(schedules of commitments)及成员国的豁免协议(exemptions agreed to by the WTO member states)等,它们构成法律协议的附件。附表也是 WTO 成员签署的文件,反映了 WTO 成员方接受的义务。

WTO 根据《关于争端解决规则与程序的谅解》(The Dispute Settlement Understanding,DSU)形成的贸易争端处理程序,对于规则的执行和保障贸易的顺利进行是十分重要的。当某一成员国政府认为另一成员国政府违反了协定或 WTO 作出的承诺时,争端就此产生。解决的途径是通过"争端解决机构"(Dispute Settlement Body,DSB)及上诉机构(The Appellate Body)。WTO 争端解决报告(Dispute Settlements Reports)可能是该组织最常被引用的材料,它们通过多种途径出版,由 WTO 及其他商业机构发行。

上述重要的文献资源有多种出版方式,包括多卷本图书、光盘甚至缩微媒介,可通过各图书馆文献查询系统了解各出版物的馆藏状况。当然,最便捷的途径是利用网络资源和数据库检索。在 WTO 网站(https://www.wto.org)首页上有"文件与资源"(Documents and resources)栏目(参见图 9-27),不仅可查询 GATT 的法律文本(对以往的文件进行回溯性数字化,并不断更新),还可以通过"WTO 在线系统"(WTO online system)检索有关世贸组织理事会,委员会,工作组等所有的正式文件。所有 WTO 文件都以 PDF 和 WORD 格式发布,可以在线查阅,也可以从网站下载选定的文件。

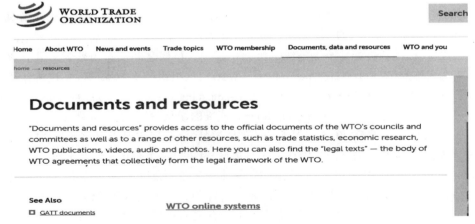

图 9-27　WTO 网站文件与资源界面截图

另外,在斯坦福大学图书馆网站上(http://gatt.stanford.edu),有"GATT Digital Library"(参见图 9-28),这是一个检索和利用都非常便捷的专题资源。

---

① WTO 官方网站:https://www.wto.org/english/thewto_e/whatis_e/tif_e/org6_e.htm,2021 年 9 月 30 日最后访问。

第九章　国际法与国际组织资源与利用

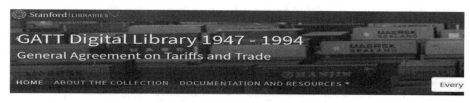

图 9-28　斯坦福大学图书馆网站 GATT Digital Library 界面截图

二、机构网站

与国际贸易有关的组织和研究机构网站,是查询和获取相关资源的重要途径。具体包括联合国国际贸易法委员会、海牙国际私法会议、国际商会、投资争端解决国际中心等,各机构网站提供了相关资源,也是可靠的资料来源。

1. 联合国国际贸易法委员会网站

国际贸易法委员会(The United Commission on International Trade Law, UNCITRAL, http://www.uncitral.org)自成立以来已被确认为联合国系统在国际贸易法领域的核心法律机构。委员会的工作是促进国际商业规则的现代化和统一。该网站内容包括新闻和会议、大会决议和有关文件、委员会和各工作组的文件、委员会法规及其状况、出版物和网上资源、判例法及许多相关链接(参见图 9-29)。该网站多数文档以 PDF 格式提供。

2. 海牙国际私法会议网站

海牙国际私法会议(Hague Conference on Private International Law, https://www.hcch.net/en/home),是致力于国际私法统一运动的最重要的、全球性的政府间组织。该组织有来自各大洲的 88 个成员(87 个国家及欧盟),融合不同的法律传统,发展并服务于多边的法律文件以回应全球性需要。其网站提供了海牙公约(Hague Conventions)所有的文本及它们的当前状态、成员国、出版物、新闻事件等(参见图 9-30)。

图 9-29　国际贸易法委员会网站首页截图

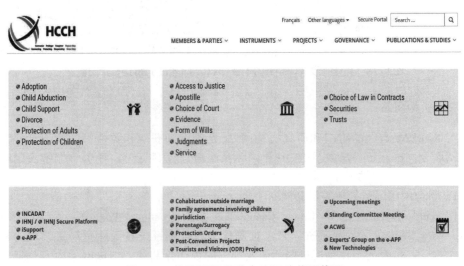

图 9-30　海牙国际私法会议网站首页截图

3. 国际统一私法协会网站

国际统一私法协会（International Institute for the Unification of Private Law，UNIDROIT，http://www.unidroit.org），是一个独立的政府间组织，其63个成员国来自五大洲，代表着各种不同的法律、经济和政治制度以及不同的文化背景。该网站提供UNIDROIT 的会议、法律文书、工作进程、研究主题、和出版物以及有关的新闻等（参见图9-31）。该网站可下载 PDF 格式的官方文件。

4. 国际商会网站

国际商会（International Chamber of Commerce，ICC，https://iccwbo.org）通过特有的倡导和标准制定活动以及市场领先的争端解决服务，致力于促进国际贸易，负责任的商业行为和全球监管方式。网站提供事件及进展、争端解决服务、商业资源、商会服务等内容（参见图9-32）。其文件系统提供可下载的 ICC 文件包括规则和标准，实用指南和参

第九章　国际法与国际组织资源与利用

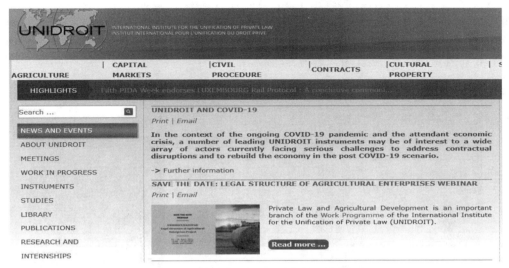

图 9-31　国际统一私法协会网站首页截图

考文献。其中，争端解决服务是一个很重要的内容。当出现商业纠纷时，可以依靠 ICC 的争端解决服务尽可能高效和经济地解决问题。国际仲裁院（ICC International Court of Arbitration）是世界领先的仲裁机构。这一板块内容包括 ICC 国际仲裁院、仲裁和 ADR 委员会、仲裁、指定权、调解、DOCDEX（Documentary Instruments Dispute Resolution Expertise）、谅解备忘录（MOUS）、专家等，免费提供 ICC 仲裁规则、调解规则等。

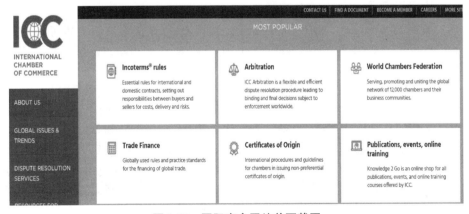

图 9-32　国际商会网站首页截图

5. 投资争端解决国际中心网站

投资争端解决国际中心（International Centre for the Settlement of Investment Disputes，ICSID，https://icsid.worldbank.org/en）是一个独立的、非政治化和有效的国际投资争端解决机构。各国已经同意 ICSID 作为大多数国际投资条约以及众多投资法和合同中的投资者与国家其争端解决的论坛。ICSID 规定通过调解、仲裁或实况调查解决争端,每个案件都由独立的调解委员会或仲裁庭审理。每个案件都分配了一个专门的 ICSID 案例小组,并在整个过程中提供专家协助。该网站提供了有关解决投资争端公约及其缔约国、判例、基本文件、各类资源等内容(参见图 9-33)。

图 9-33　投资争端解决国际中心网站首页截图

三、商业数据库

通过常用的 Westlaw、Lexis®、Heinonline 等数据库,可以检索该领域的研究性资料。此外,还有一些专题性数据库,如 WorldTradeLaw. net、Kluwer arbitration 数据库等可利用。

1. 世界贸易法数据库

WTO 自创立以来,WTO 专家小组、上诉机构和仲裁员已发表了两百余份争端解决报告,而且报告的数量、长度和复杂性显著增加。世界贸易法数据库(WorldTradeLaw. net,http://www. worldtradelaw. net)提供所有 WTO 报告、仲裁摘要和分析的订阅服务(参见图 9-34)。对于每份报告,都提供有关法律裁决和专家小组、上诉机构、仲裁员结论的基本摘要,并针对报告中的许多问题提供专家评注和总结(Dispute Settlement Commentary),有助于专业读者对这些报告的阅读和利用。该库包括关键词索引、争端解决表和统计数据库,以及搜索工具用于检索 WTO 案例、法律文本和其他文件。同时,该库提供免费的当前行业新闻等资源。

第九章　国际法与国际组织资源与利用

图 9-34　WorldTradeLaw. net 首页截图

2. Kluwer Arbitration 数据库

Kluwer Arbitration 数据库(http://www. kluwerarbitration. com),是由国际商事仲裁委员会、常设仲裁法庭、国际仲裁学会以及 Kluwer Law International 机构联合推出的有关国际仲裁的专题库(参见图 9-35)。其内容包括双边投资协定(Bilateral Investment Treaties)、裁决(Awards)及判例(Case Law)、公约(Convention)、相关立法(Legislation)、法规(Rules)以及有关仲裁领域的权威出版物,如图书、仲裁专业期刊、国际商事仲裁委员会(International Council for Commercial Arbitration,ICCA)系列出版物、ICCA 手册以及 ICCA 年鉴等。

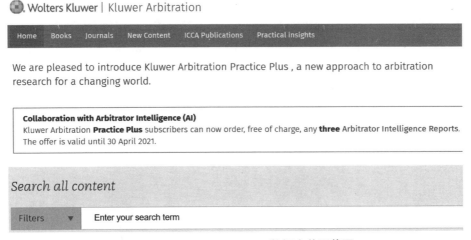

图 9-35　Kluwer Arbitration 数据库首页截图

此外,关于仲裁方面的电子资源还有 Transnational Dispute Management(https://www.transnational-dispute-management.com/about-tdm.asp)、Investment Arbitration Reporter(https://www.iareporter.com)、Jus Mundi 国际法与仲裁检索数据库(https://jusmundi.com/en)等,可检索相关领域的资源,及时了解国际仲裁方面的最新趋势、最新案例的信息和评论等内容。

【思考练习题】
1. 请检索联合国或其他组织是否有关于两极地区的法律地位的文件。
2. 请检索欧盟在知识产权保护方面的主要立法。

第十章 英文法律数据库举要

【本章提要】

越来越多的国外法律数据库被国内用户引进和利用。本章主要介绍几种常用的英文法律数据库，如 Lexis®、Westlaw、HeinOnline 等专业性法律数据库。在一些综合性的数据库中，也有很好的法律资源可供检索和利用，如 JSTOR、ProQuest、EBSCO、SpringerLink、Gale Scholar 等。这些资源对于国内法律教学、研究和法律实务起着重要的作用。数据库介绍仅限于其主要内容和功能特点，使用方法有待于在具体的检索实践中逐步熟练。此外，还有一些专题性的法律数据库也越来越受到专业人士的青睐，如 Kluwer Arbitration、WorldTradeLaw.net 等。总之，根据需求，选择不同类型的数据库。

第一节 Lexis®法律数据库

1. Lexis® 内容

Lexis 法律数据库平台 Lexis®（https://advance.lexis.com）是面向法律专业人员设计的大型综合性法律资料数据库，包括美国法律文献；美国以外其他国家和地区的法律文献；二次资源；法律新闻及相关参考资料。

（1）美国判例

数据库中美国判例部分包括美国最高法院从 1790 年 1 月到现在的案例和最高法院上诉案例；美国地方法院从 1789 年到目前的案例；来自破产法庭、国际贸易法庭、税务法庭等专门法庭的判决书；50 个州中各级别法院的判决书。

（2）美国制定法

数据库中美国制定法部分包括宪法、法典、国会记录、立法历史、法院规则、示范法案、条约等，以及行政法规、行政法典、行政机构材料等。

（3）二次资源

数据库中二次资源部分包括专著、百科全书、法律重述、法律评论和期刊、法律词典等类型资源。

（4）外国法

在数据库中通过"International"选择国家或地区进行检索，包括约近百个国家和地区的法律法规和案例等。

（5）法律新闻

数据库中法律新闻包括 Law360、CCH、Matthew Bender 等多家出版社的法律新闻资料。同时，Lexis 系列法律数据库现已包括不同法域、不同语种的法律信息检索在线数据库。除了其英文法律数据库外,还有日文日本法、韩文韩国法及中英文中国法(律商网)等产品。

2. 提供一站式的快速文献检索

快速检索主要包括两种方式(参见图10-1):第一,关键字检索。在检索框直接键入自然语言检索词后点击检索,无须选择资料来源,即可获得全文资料以及检索结果。同时,检索框会提供内容类别、管辖权等选择条件。第二,浏览资料来源或法律主题。先选择内容目录,在特定的资料来源或主题中,可进行快速检索和高级检索。

高级检索,即通过法律专业用语及连结符进行检索。数据库列出各种连接符的含义和使用方法,通过选择检索词,设计适合的检索式,可获得比较精确的检索结果。

对检索结果,可利用结果页面的过滤、分类等功能,找寻特定的检索资料来源,实现精确检索并节省浏览时间。如点击 Filters 的下拉式选单以增加检索过滤词。Narrow by 栏位里会显示所挑选的检索过滤词。Category 的选项中包含所有的内容,例如:选择司法管辖、内容类别或实务领域等加以限制。

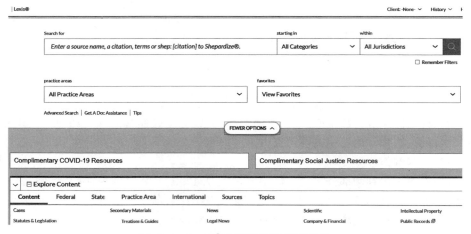

图 10-1　Lexis®法律数据库首页截图

3. 连接符

该数据库设定了一些连接符(Connectors),将检索词之间做一些组合,可以精确地检索所需文献,快速满足需求。具体连接符及其含义参见表10-1。如检索"数据安全与隐私保护",其检索式可设计为:((personal pre/1 (information or data)) or privacy) w/5 (protect! or secur! or safe! or assur!)①,显示检索结果;然后,按照结果页面的过滤器进行选择、查看和获取全文(参见图10-2)。

---

① 参考《Lexis® 用户使用手册》。http://img03.en25.com/Web/ReedElsevierSingapore/%7B0cf236b8-4571-4664-8014-c9b75981f54a%7D_Lexis_Advance_userguide-final.pdf.

第十章　英文法律数据库举要

表 10-1　Lexis® 数据库连接符及其含义

连字符	释义	举例
OR	其中一个词在文件中出现	award **or** decision
AND	两个词必须在同一个文件中	award **and** decision
W/N 或 /N	限定两个关键字出现的距离不超过 N 个字，但不指定关键字的顺序	human **W/2** right，Steven **W/2** Jobs
PRE/N	限定两个关键字同时出现在文件中，且第一个字的位置必须比第二个字超前 N 个字	environment **PRE/3** protection
W/S 或 /S	限定关键字要出现在同一个句子中	enviroment **W/S** legislation
W/P 或 /P	限定关键字要出现在同一个句子中	(third party) **W/P** (negligence)
AND NOT	用以排除关键字，请在搜寻指令的最后部分使用此连接词	(michael **W/2** jordan) **AND NOT** basketball
！	万用字惊叹号：取代同一个字根后无限的字母	legis！ = legislate，legislator，legislation
*	通用字符：用于取代某个单个字母	wom * n = women，woman

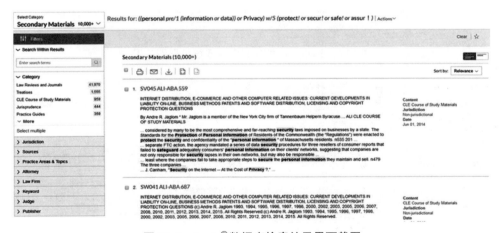

图 10-2　Lexis® 数据库检索结果界面截图

4. 谢泼德引证服务

Lexis® 数据库提供谢泼德引证服务（Shepard' Citations Service）。通过谢泼德引证服务判断所引用案例的真实法律效力，同时可查找案例、法规所涉及的其他相关资料。在阅览一份全文判例的同时，也能快速获得其他重要的判例分析资源（参见图 10-3）。查看 Shepard's 法律状态，可以直接在界面上看到 Shepard's Report 及可能的争议分析。

数据库在案件前面有处置标示符号，通过"Shepard's Signal Indicators"了解后续的法律处置状态,如谨慎(Caution)、积极(Positive)、中立(Neutral)等。点击标示符,进入Shepard's 分析页面的各类信息(参见图 10-4)。例如,(1)点击"上诉历史"(Appellate History),画面会出现引证文献清单,即可在页面上观看上诉历史。(2)点击"网格视图"(Grid View)可以看到所有援引本案且具有前后关系的文献,以及司法管辖层级与时间的方式所形成的图表。(3)点击一个特别标示的判例要点(Headnotes),就可找到援引本案的判例与本案相类似的法律专用术语。透过图标颜色、简短说明、精确纪录文献与讨论中的判例用语,即可精准凸显援引本案判例的法律用语。(4)点击"引证判决"(Citing Decisions),就可在页面上显示按法院、按时间等不同条件下引证文献的情况,后续援引本案的判决以及其他的引证资料来源等。(5)"判例表"(Table of Authorities),显示本案所引用的判例列表。

图 10-3　Lexis® 数据库案例结果显示界面截图

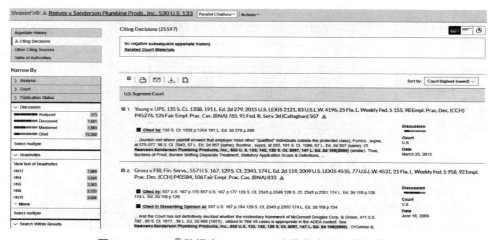

图 10-4　Lexis® 数据库 Shepard's 法律状态显示界面截图

第二节 Westlaw 数据库

Westlaw 法律数据库发布于 1975 年,是世界知名的法律专业平台之一。目前,其英文数据库平台 Westlawclassic(www. westlaw. com)包含的法域有美国、英国、欧盟等国家和地区,内容覆盖几乎所有的法律学科的成文法、判例、学术评论及国际条约等各类型法律资料(参见图 10-5)。Westlaw 系列全球法律数据库现已发展成为不同法域、不同语种的法律信息检索在线数据库。如中英文中国法(万律)、Westlaw India(印度法)、Westlaw Japan(日本法)、Thomson Reuters LAWnB(韩国法)等产品。

图 10-5 Westlaw 数据库首页截图

1. 主要内容
(1) 判例库
Westlaw 判例库收录了美国联邦和州判例(1658 年至今)、英国(1865 年至今)、欧盟(1952 年至今)、澳大利亚(1903 年至今)、中国香港地区(1905 年至今)、加拿大(1825 年至今)和韩国(2000 年至今)的所有判例,以及国际法院、国际刑事法院(包含前南法院和前卢旺达法院)、世贸组织等判例报告。
(2) 法律法规库
Westlaw 法律法规库收录美国联邦和州法(1789 年至今)、英国成文法(1267 年至今)、欧盟法规(1952 年至今)、中国香港地区(1997 年至今)和加拿大的法律法规。
(3) 二次资源
二次资源即"Secondary Sources"版块,包括专著、百科全书、法律重述、法律评论和期刊、法律词典等类型资源。1000 余种法学期刊,覆盖了当今 80% 以上的英文核心期刊。独家提供《美国法律重述》(*Restatement and Principles of the Law*)、《美国法典注释》(*United

States Code Annotated，USCA）、《美国法律精解》（American Law Reports）[①]、《美国法理学》（American Jurisprudence）、《美国法律释义续编》（Corpus Juris Secundum）、《布莱克法律词典》（Black's Law Dictionary）等法律资源。

（4）外国法

外国法即"International Materials"版块，可以按国家和地区、内容类型等进行选择检索。对不同国家的法律资源收集内容范围各不相同。

（5）法律新闻

新闻版块（NEWS）依托路透社的新闻资源，包含报纸、杂志、期刊、时事通讯、电视和广播节目以及新闻专线等。法律新闻的覆盖范围因来源而异。

2. 检索

利用 West 搜索引擎，只需将需要检索的法律问题输入页面顶部的搜索框即可查询。在检索框直接键入自然语言检索词后点击 Search，无需选择资料来源，即可获得全文资料以及检索结果。或者，直接通过 Browse，浏览资料来源或法律主题。选择某个资源，然后依其管辖权、文献类型或特定主题进行检索。还可以利用高级检索（Advanced Search）通过不同字段或者法律用语及连结词，以及增加法域（Jurisdiction）、日期（Date）、法官（Judge）、律师（Attorney）等限制条件进行检索（参见图10-6），找寻特定的检索资料来源，实现精确检索并节省浏览时间。

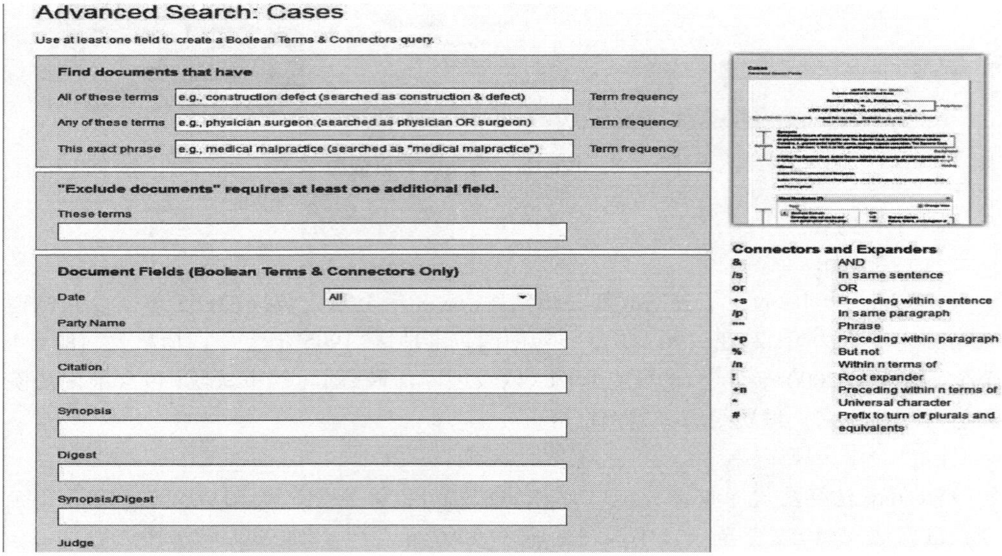

图 10-6　Westlaw 数据库高级检索界面截图

---

① American Law Reports，这里采用"Westlaw 用户使用手册"的翻译名称《美国法律精解》。也有人译为《美国法律大全》《美国判例法大全》或者《美国法律报告》。

在检索结果页面,可以按照资源类型进行限定,依不同条件进行排序。按信息类型如法律法规、判例、二次资源、新闻等,可选择查看。检索结果可以依相关度(Relevance)、日期(Date)、被引用最多的(Most Cited)及被检索、浏览、下载和打印等使用最多的(Most Used)等进行排序。在诸多的结果中,可使用"Narrow"功能,即输入更多的关键词在结果中再次筛选。

3. 钥匙码系统

钥匙码系统(Key Numbers)是美国法院系统与West公司共同研发的一套法律分类系统。它将所有法律分为400余个法律主题(Legal Topics),再逐级细分,有10万多个法律内容(Legal Concept),每个法律内容都被分配一个唯一的号码,即钥匙码(参见图10-7)。通过钥匙码检索,可以快速获取某个分类内容的判例或其他法律参考资料,而且检索结果的相关度比较高。需要说明的是,钥匙码系统只能检索美国的相关资料,不适用于其他国家的资料。

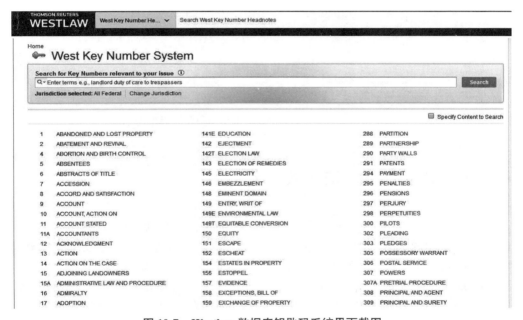

图10-7　Westlaw数据库钥匙码系统界面截图

4. 关键引用

关键引用(KeyCite)是该数据库特有的关于法律相关文件的历史及引用的查询系统,这些文件包括判例、法规、行政命令等。在一些文件的标题前有KeyCite的标志,它通过显示不同颜色的标志,用来判断判例或者成文法是否仍然适用,以及快速找到能够支持此法律观点的参考资料(参见图10-8)。该项功能与Lexis®数据库的谢泼德引证服务类似,但标引范围及图示不同。KeyCite的标志是三色旗帜,分别是红色旗帜、黄色旗帜和蓝白条形旗帜,帮助判断本案例或法令是否被质疑或限制使用。

利用关键引用可了解某个判例的所有相关资源,包括(1) History,显示该判例的诉讼过程,包括该判例前与后的上诉历史;(2) Negative Treatment,显示对于该判例的判例价值有负面影响的其他案件;(3) Citing References,显示评论和引用该判例的其他案例、行政资料、二次文献、摘要和其他法庭材料等;(4) Table of Authorities,显示该判例引用和评论的其他资料。

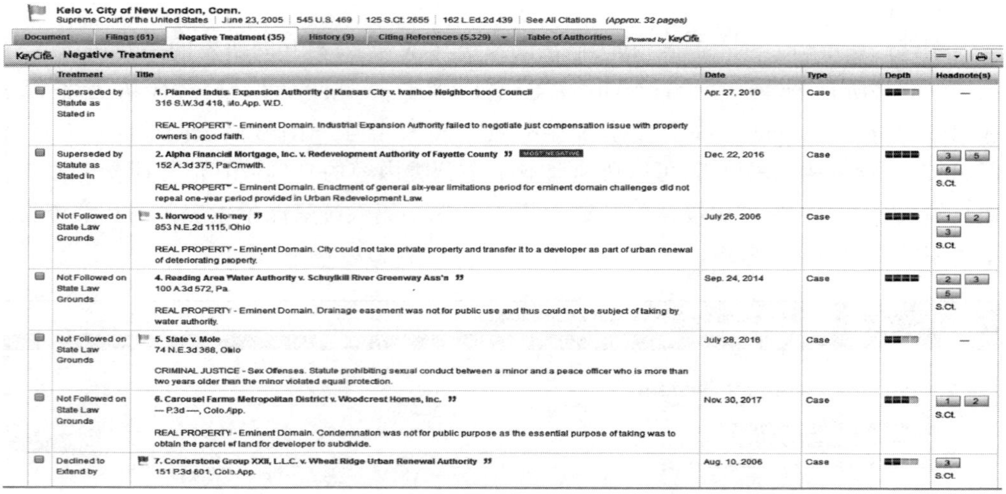

图 10-8　Westlaw 数据库关键引用显示界面截图

第三节　HeinOnline 法律数据库

HeinOnline(www.heinonline.org)是美国著名的法律全文数据库,是由美国 W.S. HEIN 公司推出的法律专题电子产品。该数据库所收录的期刊、各类专题文献等资源多数是从创刊开始,因此是许多学术期刊回溯查询的重要资源(参见图 10-9)。

HeinOnline 收录的文献包括法学期刊、法学学术专著以及美国联邦和各州的案例,覆盖国际法、比较法、人权法、刑法、知识产权法等核心学科。收录的文献涵盖近一百个国家和地区涉及欧洲、亚洲、北美洲、非洲等,主要包括美国、英国、英联邦国家,并且最早的文献可以回溯到 18 世纪。该数据库包括核心资源库及独立的专题子库,用户根据需求订阅不同的资源。一些独具特色的资源成为法学院所必备,如法律期刊文库(Law Journal Library),包含 3000 余种法律和法律相关期刊,其中约 90% 的期刊可获得当前的卷期。外国法与国际法文库(Foreign & International Law Resources Database),包括美国国际法学会(ASIL)的出版物以及来自世界各地的著名年鉴,还包括美国法律文摘(U.S. Law Digests),国际法庭、司法裁决(International Tribunals/Judicial Decisions)等。通过 Philip C. Jessup Library,可检索自 1960 年以来所有最重要的模拟法庭竞赛的资料。

第十章　英文法律数据库举要

图 10-9　HeinOnline 数据库资源界面截图

HeinOnline 所有的文库都使用标准的图标出现在每页的上方和底部。页面显示简洁、清晰，点击其中任何一个文库，可了解其标题/题目（Title）和收录范围（Coverage）；继续点击，显示其具体的年代、卷、期等，再进行查找每篇文献。全文法律数据库以 PDF 格式为基本格式，并实现 PDF 和文本文件（text）的转换，可将所需要的文章进行编辑、下载及传递。对于检索结果，提供多种排序方式，以了解作者、文章的检索次数、被引次数等；提供了多达 8 种引注格式，包括常用的 Bluebook 格式，可直接拷贝使用（参见图 10-10、图 10-11）。

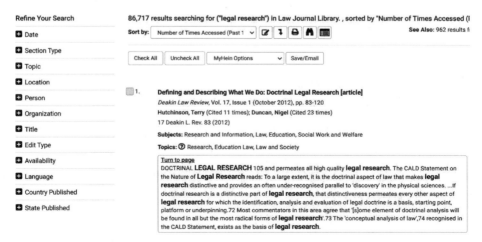

图 10-10　HeinOnline 检索结果界面截图

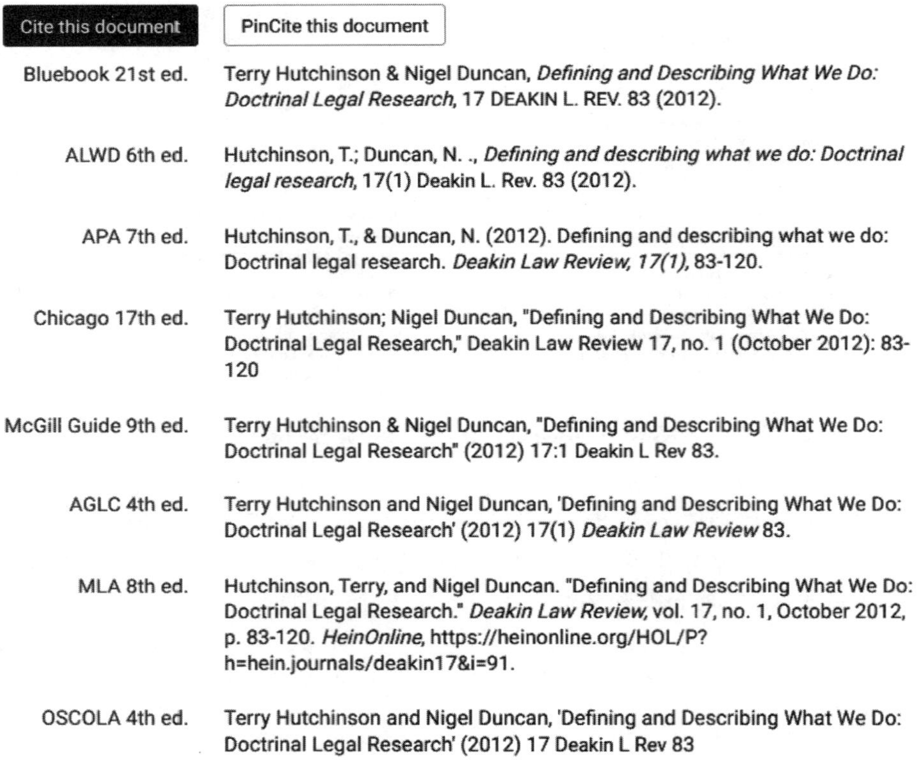

Cite this document	**PinCite this document**
Bluebook 21st ed.	Terry Hutchinson & Nigel Duncan, *Defining and Describing What We Do: Doctrinal Legal Research*, 17 DEAKIN L. REV. 83 (2012).
ALWD 6th ed.	Hutchinson, T.; Duncan, N. ., *Defining and describing what we do: Doctrinal legal research*, 17(1) Deakin L. Rev. 83 (2012).
APA 7th ed.	Hutchinson, T., & Duncan, N. (2012). Defining and describing what we do: Doctrinal legal research. *Deakin Law Review, 17(1)*, 83-120.
Chicago 17th ed.	Terry Hutchinson; Nigel Duncan, "Defining and Describing What We Do: Doctrinal Legal Research," Deakin Law Review 17, no. 1 (October 2012): 83-120
McGill Guide 9th ed.	Terry Hutchinson & Nigel Duncan, "Defining and Describing What We Do: Doctrinal Legal Research" (2012) 17:1 Deakin L Rev 83.
AGLC 4th ed.	Terry Hutchinson and Nigel Duncan, 'Defining and Describing What We Do: Doctrinal Legal Research' (2012) 17(1) *Deakin Law Review* 83.
MLA 8th ed.	Hutchinson, Terry, and Nigel Duncan. "Defining and Describing What We Do: Doctrinal Legal Research." *Deakin Law Review*, vol. 17, no. 1, October 2012, p. 83-120. *HeinOnline*, https://heinonline.org/HOL/P?h=hein.journals/deakin17&i=91.
OSCOLA 4th ed.	Terry Hutchinson and Nigel Duncan, 'Defining and Describing What We Do: Doctrinal Legal Research' (2012) 17 Deakin L Rev 83

图 10-11　HeinOnline 数据库检索结果引注格式界面截图

第四节　其他数据库资源

除法律专业数据库外，还有一些综合性数据库中，也包括有法律资源可供检索和利用。这里仅简要介绍几种，如 JSTOR、ProQuest、EBSCO、Springer、Gale Scholar 等数据库，其中的学术图书、期刊和学位论文是常用的资源，用户可根据各自需求，选择不同类型的资源，进行针对性检索。

1. JSTOR 电子期刊及电子图书服务平台

JSTOR 数据库目前已成为一个发现、保存学术研究成果的平台，重点提供人文及社会科学方面的期刊和图书。所收录的期刊从创刊号开始，每种期刊可访问最近三五年前的过刊，有的已经包括当年出版的各期全文，并不断有新刊和出版物加入。可访问订

第十章　英文法律数据库举要

阅期刊和图书的全文，同时可浏览该平台上其他图书的章节摘要。数据库包括快速检索和高级检索，也可以按学科（By Subject）、按题名（By Title）、按出版社（By Publisher）浏览（参见图10-12）。其法律类有两个主题：犯罪学与刑事司法（Criminology & Criminal Justice）、法律（Law）。对于检索结果，提供了不同的引注格式参考。

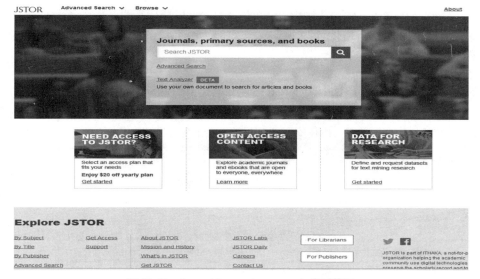

图 10-12　http://www.jstor.org/ 首页截图

2. ProQuest 数据库平台

ProQuest 平台（https://search.proquest.com/index）集成了众多形式的文献资源，可提供期刊、报纸、参考书、参考文献、书目、索引、地图集、绝版书籍、记录档案、博士论文和学者论文集等各种类型的信息服务；其内容和服务涉及艺术人文、社会科学、自然科学、科技工程以及医学等领域。

ProQuest 平台上，国内常用的数据库如学术期刊数据库、电子书数据库及 PQDT 论文数据库。Research Library（ProQuest 综合学术期刊数据库），可一站式访问数千种期刊全文，包括学术期刊，专业和商业出版物，内容涵盖150多个学科领域。

ProQuest Dissertations and Theses（PQDT）全球博硕论文数据库，是全球收录最广泛的博硕论文数据库。大多数 1997 年以后出版的论文可提供全文，同时也提供大量早期的毕业论文的全文回溯资料。PQDT 文摘库可提供电子版博硕论文前 10% 的内容预览，最多可预览前 24 页。

ProQuest Ebook Central 电子书平台，简称 EBC。平台上集成了各种功能，提供基本检索、高级检索、按主题浏览，以及利用过滤器缩小检索结果；按图书和章节显示检索结果，呈现最相关的结果便于全文浏览。平台对检索结果按照不同的引文格式将参考文献导出，保存为 PDF 或其他格式的文档，保存检索策略，导出文献到参考文献管理软件如 RefWorks 等。

历史档案类资源,如 ProQuest 历史档案数据库、美国国会 Congressional 系列等,涵盖主题广泛。

3. EBSCO 检索平台

EBSCO 检索平台(http://search.ebscohost.com)包括电子图书、期刊、报纸及专题数据库,收录文献内容涵盖社会科学、教育、法律等各主题范畴。检索结果可分为文献的目录、文摘、全文(PDF 格式)。国内一些单位通过 CALIS 集团采购 EBSCO 数据库,对于购买的资源可以获得全文资料。如其报纸数据库检索页面,提供了多种途径,方便检索新闻性资源。

4. SpringerLink 平台

SpringerLink 平台包括图书、期刊、参考工具书等各类型数据库(https://link.springer.com),内容涵盖人文、社科、法律、商业和经济等多学科。如依"Law"主题浏览,可见检索结果目录;并且可依资源类型、来源、分主题、语言等条件进一步缩小范围(参见图 10-13)。

图 10-13　SpringerLink 平台法律类资源浏览界面截图

5. Gale Scholar

Gale Scholar 是 Gale 公司的大型数据库集成产品。通过该平台可以访问多个数据库,最早的历史资料可以追溯到 15 世纪。资料类型包括图书、地图、照片、报纸、手稿、期刊、视频和音频等(http://gdc.galegroup.com/gdc/artemis?p=GDCS&u=tsinghua)。Gale Scholar 各子库可独立订阅访问。与法律学科相关的资源包括 The Making of Modern Law(现代法律形成)系列资源库等(参见图 10-14)。

第十章 英文法律数据库举要

图 10-14 Gale Scholar 平台首页截图

【思考练习题】

1. 学习并了解 Lexis 数据库的内容及检索功能。
2. 学习并了解 Westlaw 数据库的内容及检索功能。
3. 通过 HeinOnline 数据库检索有关"隐私权保护"被引频率最高的文章及作者，列出前 10 位。
4. 检索 ProQuest 学位论文全文库中有关"隐私权保护"的论文，并注明检索词、检索途径。

第四部分

免费网络资源篇

第十一章　搜索引擎与开放获取资源

【本章提要】

除商业性的法律数据库以外，互联网上还有相当数量的免费学术资源。本章主要介绍搜索引擎和开放获取资源。搜索引擎是检索网络资源最常用、最便捷的工具，其网站导航将相关网站汇集于某类目之下并提供链接，为用户提供方便。另外，免费的学术资源的开放获取运动也日益受到关注。

第一节　搜索引擎

搜索引擎(search engines)是目前检索网络资源最便捷的工具。随着搜索引擎的发展与功能优化，使其成为众多使用者查询信息的第一选择。一般的，可通过搜索引擎获得相关基本情况、基本线索等。对于显示的结果一定要注意判断、选择，查明来源，核实信息，谨慎采用。

常用的搜索引擎例如：谷歌(http://www.google.com.hk)、百度(http://www.baidu.com)、必应(http://bing.com.cn)、360 搜索(https://www.so.com)、搜狗(http://www.sogou.com)等，还有将所有搜索引擎一起搜的搜网(http://so.sowang.com)，其中对搜索引擎做了分类列表(参见图 11-1)。

搜索引擎大全

中文搜索引擎	音乐搜索引擎	微信搜索引擎
电影搜索引擎	视频搜索引擎	微博搜索引擎
地图搜索引擎	网盘搜索引擎	购物搜索引擎
图片搜索引擎	生活搜索引擎	旅游搜索引擎
知识搜索引擎	新闻搜索引擎	儿童搜索引擎
文档搜索引擎	人物搜索引擎	人肉搜索引擎
游戏搜索引擎	职位搜索引擎	繁体搜索引擎
软件搜索引擎	学术搜索引擎	英文搜索引擎
手机搜索引擎	图书搜索引擎	欧洲搜索引擎
法律搜索引擎	房产搜索引擎	日本搜索引擎
盲人搜索引擎	FTP搜索引擎	韩国搜索引擎
博客搜索引擎	大学搜索引擎	汽车搜索引擎
语音搜索引擎	农业搜索引擎	公交搜索引擎
论坛搜索引擎	专利搜索引擎	火车票搜索
医学搜索引擎	老年搜索引擎	化学搜索引擎
藏文搜索引擎	数据搜索引擎	

图 11-1　搜网之搜索引擎大全界面截图

一、搜索引擎

1. 百度搜索

这里以国内常用的百度和搜狗为例。通常，搜索引擎除基本检索外，还可通过其网站导航或分类目录等直接浏览、查询相关专题网站和页面（参见图11-2）。

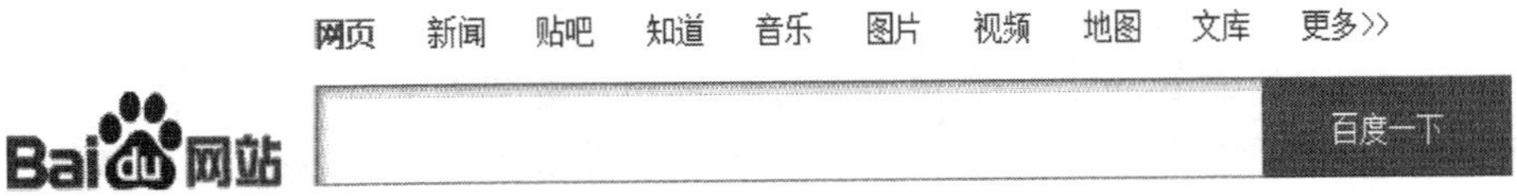

图 11-2　百度首页截图

因此，要了解搜索引擎的特点，并根据要查找的内容进行适当选择，以达到事半功倍的效果。目前，对于新闻、图片、学术、图书等特定类型搜索，不一定使用网页搜索，常用的方法如：(1) 新闻，可在百度新闻界面中的搜索框输入关键词。(2) 图片，同样优先选择在搜索引擎的图片库中搜索，结果更加集中。(3) 名词术语，可利用百科搜索，如百度百科等。把搜索范围具体化，搜索结果更加精确。

搜索引擎是信息资料查询的基本的途径。由于信息来源的海量和混杂，因此，需要使用恰当的关键词和一些搜索技巧。关键词的选择关系到检索结果的准确性，需要格外重视和反复提炼，具体可参考本书第三章第四节的内容。搜索技巧，是对搜索条件的设定和细化。在百度首页，点击"设置"按钮，选择高级检索（参见图11-3）。通过高级检索方式，使用一些逻辑组配、特殊搜索指令，可进行精确匹配搜索。常用的如：使用括号、双引号，实现精确的查询；使用通配符，包括星号（*）和问号（?）；使用布尔检索 AND、OR 和 NOT 等。使用标题搜索，在检索词之前加上"title:"；搜索网站，在检索词之前加上"site:""host:""url:"或"domain:"；同样，在检索词之前加上"link:""image:"分

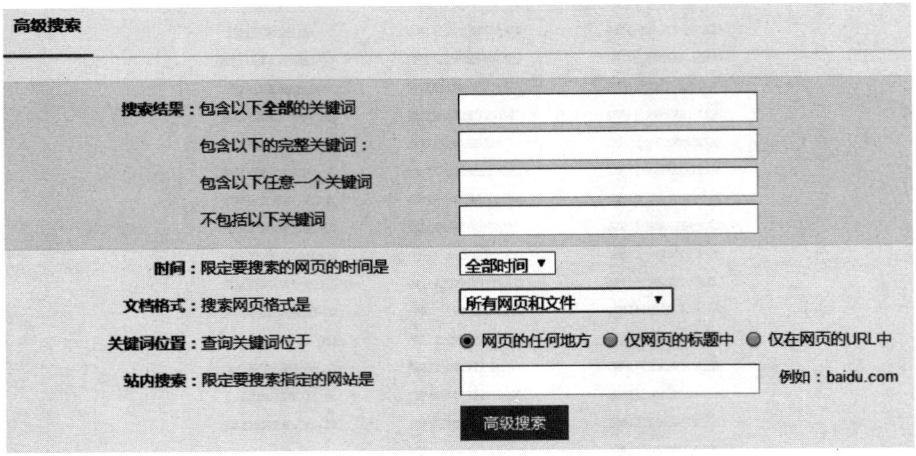

图 11-3　百度高级检索界面截图

别用于检索搜索链接和图片。从搜索引擎的发展来看,其检索技术更加智能化、个性化,专项搜索更加丰富。一般在搜索工具中都有介绍,如利用使用帮助,了解这些功能。同样,搜索引擎不是万能的,每个搜索引擎都有一定的局限性,要利用多种搜索工具满足检索需求。

2. 搜狗搜索

搜狗搜索与多数的搜索引擎方法差不多,也包括简单检索和不同的内容分类检索。其中,微信、知乎是两个专门板块(参见图11-4)。

打开搜狗首页,选择相关栏目进行搜索,范围则被定位在微信和知乎上面的内容。

图 11-4　搜狗搜索检索界面截图

二、网站导航

除上述的综合型搜索引擎外,互联网上还有一些针对专业学科或专题领域的搜索引擎、门户网站学科资源导航,对专业用户有一定的参考价值,为法律人搜索提供了便利,降低了搜索成本,提高了法律人的工作效率。

1. 法网导航

法网导航是中国法学创新网(http://www.fxcxw.org.cn)的一个版块,创新网隶属中国法学会,其中"法网导航"对国内的法律网站做了分类,包括中央部门、法学院校、学术网站、法律媒体等,还有国际法律机构、国外学术组织、大学法学院的网站和链接(参见图11-5)。该导航频道提供更多更细致分类的法律网站链接,检索范围更具专指性,页面查看简洁、方便。

2. 境外法律信息资源指引

境外法律信息资源指引是北大法宝的专题导航(https://www.pkulaw.com),导航目

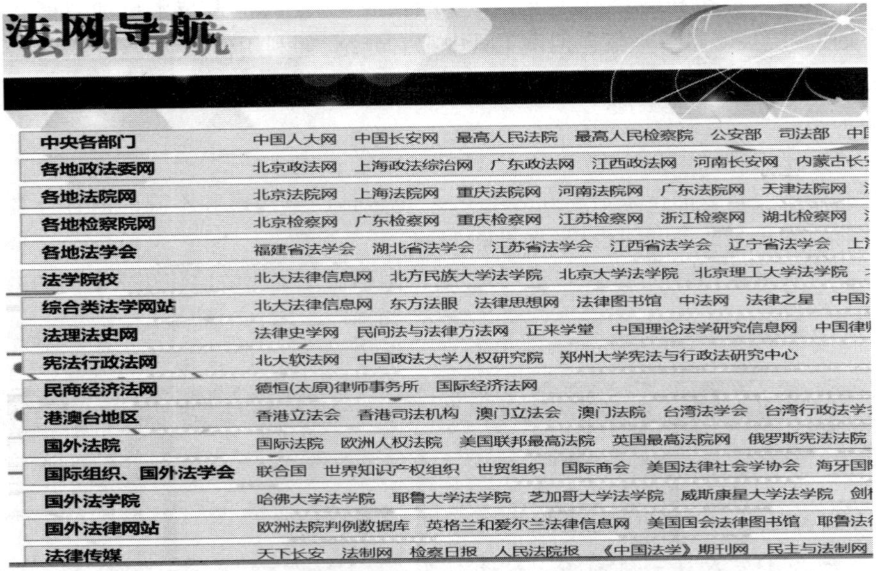

图 11-5 中国法学创新网主页截图

录覆盖全球法律信息中心 LII、外国法与国际法查询指引、国际法资源、外国法资源、法宝项目资源以及英文期刊书籍资源等(参见图 11-6)。其内容全面,特别是对于外国法和国际法的免费资源进行组织,是一个比较实用的参考工具。

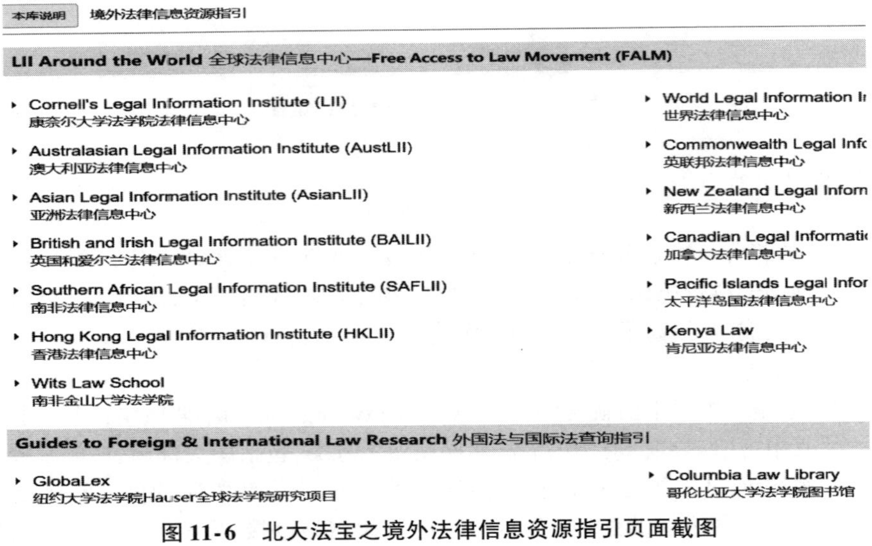

图 11-6 北大法宝之境外法律信息资源指引页面截图

3. 聚法导航

由聚法案例网组织的"聚法导航"(www.jufadh.com),又被称为"法律人的工具箱"。

其中收集和罗列了各类型的网站,包括法律检索、常用工具、政府网站、媒体资讯、学术资源、服务平台、法律机构等(参见图 11-7)。

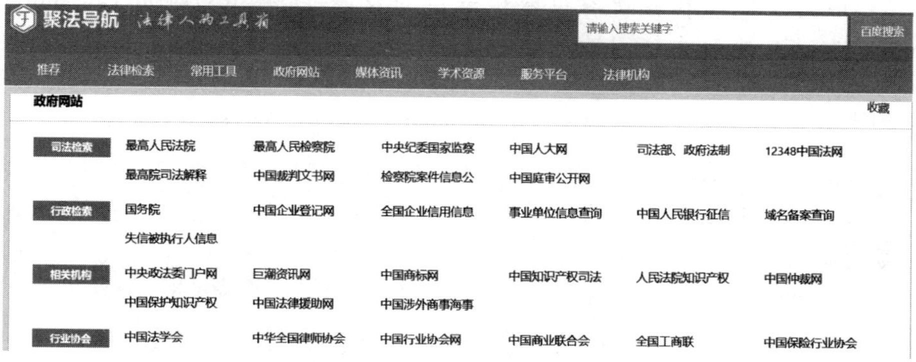

图 11-7　聚法导航首面截图

无论是通过搜索引擎还是网站导航获得的资源链接,有时会出现无法打开的现象,影响检索效率。当然,这种搜索并不能覆盖网上的所有资源,收录网页的数量是有限的。因此,使用者应该了解和掌握各种不同的检索工具和方法,互相补充,达到充分利用、有效检索的效果。

第二节　开放获取资源

网络学术资源,一种是商业资源,读者访问权限有限制,需要订购使用。第二种是开放获取(Open Access,OA)资源,即读者免费使用、不受限制的资源,如 OA 资源。开放获取,也译为公开存取,或开放存取,是指基于互联网的学术信息的免费存取,目的是促使学术资源最大限度地得以利用,推动科学交流和社会发展。① OA 已成为一种学术出版的趋势,资源形式包括仓储资料库、期刊、学位论文、图书、专利、教育资源、数据、报告、软件、工具等。对于开放获取的资源,仍然应该保证作者拥有其作品完整性的权利,同时他人在使用该作品时要注明引用信息。

开放获取资源的核心是学术论文资源。主要途径包括开放获取仓储(Open Access Repositories)和开放获取期刊(Open Access Journals)。仓储库又包括机构资料库和学科资料库两种类型。为了对开放获取资源进行整合并通过集成化服务,开放获取搜索引擎和集成服务平台相继出现。收集开放获取资源的代表成果,如开放获取期刊目录(Directory of Open Access Journals,DOAJ)、开放存取图书目录(Directory of Open Access Books,DOAB)与开放存取仓储目录(Directory of Open Access Repositories,DOAR)。②

---

① 郭依群、关志英:《网络学术资源应用导览(社科篇)》,中国水利水电出版社 2006 年版,第 392 页。
② 刘阜源:《国际主要开放获取资源目录系统比较分析》,载《数字图书馆论坛》2017 年第 11 期。

法律资源的开放获取在全球范围内也得到很大的发展。① 一些大学及学术性机构都建立了机构知识库,提供学术资源。

法律信息领域的开放获取也取得一定的发展。Free Access to Law Movement (FALM,http://www.falm.info)是一个国际性志愿协会,其成员来自世界各地的60多个组织(参见图11-8)。FALM成员提供并支持自由获取法律信息,符合自由获取法律运动的原则,并签署《自由获取法律宣言》(Declaration on Free Access to Law)。

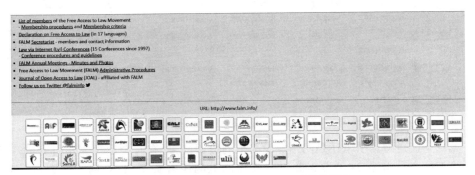

图 11-8　http://www.falm.info/页面截图

1. 开放获取期刊目录

开放获取期刊目录(http://www.doaj.org/)是由瑞典隆德大学图书馆推出的开放获取期刊的检索系统。目前该系统可提供11000余种开放获取期刊的访问,涉及各个学科领域(参见图11-9)。DOAJ按期刊的学科主题(subject)分类,其中包括"Law"。该系统提供刊名检索、期刊浏览以及文章检索等功能。

图 11-9　开放获取期刊目录检索系统首页截图

---

① 刘丽君:《对法律"信息乌托邦"的现实考察与应对策略》,载《法学》2009年第7期。文中对自由获取法律运动和法律开放获取运动进行了评析。

2. SSRN（社会科学研究网）

社会科学研究网（Social Science Research Network，SSRN，https://www.ssrn.com/en/）是一个开放获取的在线预印本社区。SSRN专注于社会科学，包括经济学、法律、公司治理和人文科学，同时拓展其他科学学科。学者和研究人员可以浏览SSRN数据库并免费上传他们自己的论文。大部分论文可以免费从SSRN下载。作者排名的指标一目了然。SSRN致力于快速的全球研究传播，并由许多专业研究网络组成。其子库法律研究网（SSRN-LSN）是法学成果开放获取的实现形式，收藏了大量的可供免费下载的工作论文全文及论文的摘要信息、作者的信息（参见图11-10）。

图11-10　SSRN子库法律研究网界面截图

3. 北京大学机构知识库

北京大学机构知识库（https://ir.pku.edu.cn），是支撑北京大学学术研究的基础设施，收集并保存北京大学教师和科研人员的学术与智力成果；为北京大学教师、科研人员和学生的学术研究和学术交流提供系列服务，包括存档，管理，发布，检索和开放共享。知识库通过北京大学图书馆主页进入，可以使用关键词进行全库检索，也可以按教师学者或分类导航进行查找（参见图11-11）。

图11-11　北京大学机构知识库之法学院界面截图

4. 哈佛燕京图书馆电子书计划

美国哈佛燕京图书馆(Harvard-Yenching Library)是哈佛大学图书馆专门用于收藏与东亚相关文献的场所。该图书馆馆藏丰富,其中,馆藏的4200部/53000卷中文善本特藏数字化工程已全部完成。① 通过哈佛大学图书馆中文研究检索指南(Research Guide for Chinese Studies)的导航页(http://guides.library.harvard.edu/Chinese),可以看到该项目合作及完成的各数据库列表(参见图11-12),如Chinese Maritime Customs(中國舊海關資料)、Chinese Rare Local Gazetteers(中國珍稀舊方志)等。其Digitization Projects条目全部为open access,用户无需登录即可免费在线浏览、下载打印使用(参见图11-13)。

图11-12　哈佛大学图书馆中文研究检索指南导航页截图

5. 网络学习资源

这类学习资源主要以名校公开课、MOOC为主,通过在线教育平台,提供众多名校、名师优质和精品课程。MOOC(Massive Open Online Course,大规模在线开放课程),中文名称为慕课,是一种任何人都能免费注册使用的在线教育模式。MOOC有一套类似于线下课程的作业评估体系和考核方式。每门课程定期开课,整个学习过程包括多个环节:观看视频、参与讨论、提交作业,穿插课程的提问和终极考试。这是一种开放的在线教学模式,促进继续互动及学习者之间的交流。

(1) 中国大学MOOC(https://www.icourse163.org),2014年正式上线。是由网易与高教社共同推出的在线教育平台,承接教育部国家精品开放课程任务,向大众提供中国

---

① 《十年,哈佛燕京图书馆中文善本特藏数字化终完成,5.3万卷全部无偿共享,一键直达》,载《新京报书评周刊》,参见https://www.sohu.com/a/162789653_119350,2021年3月30日最后访问。

```
Digitization Projects
• Bao Juan 寶卷 Collection OPEN ACCESS
• Chinese Maritime Customs 中國舊關資料 OPEN ACCESS
• Chinese Rare Books- Unique, Manuscripts, ect. 哈佛燕京圖書館中文善本特藏 稿,钞,孤本(傅斯年圖書館合作項目) OPEN ACCESS
• Chinese Rare Books Collection- Classics & History 哈佛燕京圖書馆中文善本特藏- 經,史部(中国国家图书馆合作项目) OPEN ACCESS
• Chinese Rare Books Collection- Collectaner Section 哈佛燕京圖書館中文善本特藏- 叢部 OPEN ACCESS
• Chinese Rare Books Collection- Collected Works 哈佛燕京圖書館中文善本特藏- 集部 OPEN ACCESS
• Chinese Rare Books Collection- Oversize 哈佛燕京圖書館中文善本特藏- 特大 OPEN ACCESS
• Chinese Rare Books Collection- Philosophy 哈佛燕京圖書館中文善本特藏- 子部 OPEN ACCESS
• Chinese Rare Books Digitization Project-Christianity 基督教傳教士文獻
• Chinese Rare Local Gazetteers 中國珍稀舊方志 OPEN ACCESS
• Chinese Republican Period (1911-1949) Collection 哈佛燕京圖書館藏民國時期文獻 OPEN ACCESS
• Chinese Rubbings 拓片收藏 OPEN ACCESS
• Dazibao and Woodcuts from 1960s China digitization project
• Gaochao Ben Digitization Project 哈佛燕京图书馆中文善本特藏稿钞本选编 OPEN ACCESS
• Harvard-Yenching Library Chinese Rare Book Digitization Project-Hart Collection.
• Hedda Morrison Photographs of China 莫理士中國老照片, 1933-1946 OPEN ACCESS
• Ivy Plus Libraries' Digital Projects on East Asia 常春藤高校聯盟數字建設項目匯總 OPEN ACCESS
• Japanese Rare Books Digitization Project - on Chinese Literature
• Lecture Notes 大學講義 OPEN ACCESS
```

图 11-13　哈佛大学图书馆 Digitization Projects 界面截图

知名高校的 MOOC 课程。课程由各校教务处统一管理运作,高校创建课程指定负责课程的老师,老师制作发布课程,课程发布后老师会参与论坛答疑解惑、批改作业等在线辅导,直到课程结束颁发证书。截至 2021 年 1 月,平台合作高校达 750 所。

（2）学堂在线（http://www.xuetangx.com）,是清华大学于 2013 年 10 月发起建立的精品中文慕课平台。平台课程主要来自国内外一流大学,可以按学校或学科门类查找课程。

（3）Coursera（https://www.coursera.org）,是 2012 年由美国斯坦福大学的两位教授创办的。该平台与全球一流大学和机构合作提供在线课程,致力于普及全世界最好的教育。课程包括录制的视频讲座,自动评分和同行评审作业以及社区讨论论坛。

（4）公开课平台。公开课是互联网上一类重要的视频教育资源。与 MOOC 不同的是,它没有学期、作业和考试的限制,可随时学习。如网易公开课（https://open.163.com）,2010 年由网易推出,这里包括全球名校的公开课,供网友免费观看。这些课程可以按学校或学科分类进行浏览学习。目前,平台上包括 TED、国际名校公开课、中国大学视频公开课、可汗学院、精品课程、赏课几个栏目。

【思考练习题】

1. 请举例说明利用搜索引擎有哪些方法与技巧。
2. 请举例介绍开放获取资源中的法律资源。
3. 请在 SSRN 上检索 2015—2020 年发表的有关中国知识产权法的文章。

第十二章 网络法律资源与利用

【本章提要】

对于法律资源的利用者来说,网络和新媒体资源同样不可忽略。本章主要介绍国内与法律相关的、有代表性的一些网站,如政府及法律机构网站、法律学术机构网站、法律服务网站、法律出版网站以及媒体法律资源等。这些资源是除法律数据库外最常见、常用的资源,也是开展法律检索的入口。一些法律公众号上的文章也日益受到专业人士的关注。对于中区法的学习和研究来说,这些是具有参考性、辅助性的资源。

第一节 法律类网站概述

在前述的法律网站导航中,可以看到不同类别的法律网站,这些都是在法律学习、研究及实务过程中经常利用的资源来源。按其性质、内容等,大致可分为几类:政府及法律机构网站、学术研究网站、法律服务网站等。

一、政府及法律机构网站举要

在众多的法律网站中,作为政务信息公开、法律信息公开、检务信息公开、审判信息公开的窗口,政府机构网、法院机构网、检察机构网、司法机构网等成为国家电子政务发展战略中的落实重点,并且不断地加大法律、政务信息的含量与质量。《中华人民共和国政府信息公开条例》的实施标志着作为"依法治国"框架下的中国各级各类政府机构迈向信息公开时代。除主要法律专业机构网站外,其他一些机构网站对于了解部门信息和专门领域的法规规章、行业规范等也具有一定的参考价值,如商务部网站、国家知识产权局网站等。

1. 中国政府网

作为中国政府的门户网站(http://www.gov.cn),其信息具有准确性和权威性,这里也是了解国家重大新闻、时事政策、社会数据的主要渠道之一。其中,以下几个部分内容值得关注。

(1)利用政策文件库,有助于及时了解和查询国家对相关领域的最新的政策。该数据库对检索结果分门别类,文件信息完整,可获得全文(参见图12-1)。在该板块内,可见其目前试运行的"国务院政策问答平台",用户可以就自己的需求提问,也可以选择相关部门询问以获得帮助(参见图12-2)。

(2)利用国务院公报平台,可检索、获取国务院公报各期内容,包括从1954年至今的各期、国务院公报增刊各期。此外,该平台链接了全国人大常委会公报、最高人民法院公报和最高人民检察院公报的网站,还可以检索各部门公报/公告、地方政府公报的内容(参见图12-3)。

(3) 利用网站导航功能,该门户主页对国务院部门和机构网站、地方政府网站以及重要新闻媒体网站等单位网站等进行链接;还列有国务院客户端、小程序及政府网的微博、微信等方式,方便关注及检索利用(参见图12-4)。

图12-1　中国政府网政策文件库检索界面截图

图12-2　中国政府网政策问答平台界面截图

图12-3 中国政府网国务院公报界面截图

图12-4 中国政府网首页截图

2. 中国人大网

中国人大网（http://www.npc.gov.cn）是全国人大常委会门户网站，包括权威发布、立法工作、专题等栏目。网站还包括"常委会公报""新法解读""法律释义与问答""专题集锦""法律法规库"等资源。其子站包括了宪法和法律委员会、内务司法委员会等各专门委员会网站，以及法制工作委员会、香港基本法委员会、澳门基本法委员会等各工作委员会网站；还有地方人大频道等。这些都是准确、权威的法律信息以及便捷的来源渠道。

3. 最高人民法院和最高人民检察院网站

通过最高人民法院网站（http://www.court.gov.cn）和最高人民检察院网站（http://www.spp.gov.cn），浏览两院的司法解释、规范性文件、指导性案例、裁判文书等内容，是法律学习和实务工作的重要的参考网站。

4. 司法部网站

司法部网站(http://www.moj.gov.cn)首页包括全面依法治国、行政法规库、政府信息公开、政务服务及立法意见征集等栏目和内容(参见图12-5)。其中,中国法律服务网(http://www.12348.gov.cn/#/homepage)包括了律师、公证、法律援助等各类司法行政及法律服务内容。中国普法网即智慧普法平台(http://legalinfo.moj.gov.cn/pub/sfbzh-fx/index.html)汇集了我国普法工作的相关内容,还有地方司法厅(局)、地方普法网站、国家政法机关及普法微博网群等相关链接。

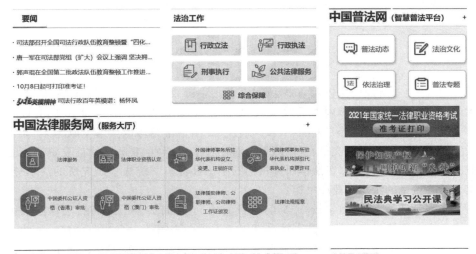

图12-5 司法部网站首页截图

二、法律学术机构网站举要

图书馆在文献信息资源的整理、保存、开发、传递及服务等方面发挥着重要作用,这种作用在网络信息时代依然存在。因此,图书馆特别是法律图书馆是法律文献信息查询和获取的重要途径,通过图书馆系统可获得多种服务和帮助,是值得信赖的资源。

1. 国家图书馆

中国国家图书馆(http://www.nlc.cn)是综合性研究图书馆,是国家总书库,履行搜集、加工、存储、研究、利用和传播知识信息的职责。国家图书馆全面入藏国内正式出版物,是世界上入藏中文文献最多的图书馆。国家图书馆是国务院学位委员会指定的博士论文收藏馆、图书馆学专业资料集中收藏地、全国年鉴资料收藏中心;同时,国家图书馆是国内典藏外文书刊最多的图书馆,并大量入藏国际组织和政府出版物,是联合国资料的托存图书馆。国家图书馆不仅收藏丰富的缩微制品、音像制品,还入藏了国内外光盘数据库、电子出版物和各类数据库(参见图12-6)。

图12-6 国家图书馆首页截图

2. 法律专业图书馆

目前,国内五所规模比较大的政法院校,包括中国政法大学、西南政法大学、西北政法大学、华东政法大学和中南财经政法大学,都已发展为以法学学科为主,同时设有经济学、管理学、文学、理学等专业的多科性院校。其图书馆馆藏以法学文献为主,兼收哲学、经济学、管理学等学科文献,且馆藏量相对比较丰富,是重要的法律信息资源中心和服务中心。此外,作为国家级法学研究机构的中国社会科学院法学研究所的法学分馆,也是一所有特色的法律专业图书馆。

一些综合性大学里,除学校图书馆外,还有不同学科的专业图书馆,法律图书馆就是其中之一。如清华大学法律图书馆是隶属于学校图书馆的一个专业分馆。一些大学的法学院系设立了独立的图书馆或资料室,但是规模和服务参差不齐。例如北京大学、中国人民大学、武汉大学、浙江大学等法学院设立专业图书馆,馆藏以法律专业文献为主,为本校法学教育和科研提供服务。

3. 法律学术网站

这类网站的创建者或维护者主要是法学教育机构、研究机构或者学术团体,其中搜集和发布大量的、专题性的研究成果,其信息具有较高的准确性和可靠性,资源具有一定的稳定性和连续性,并且大部分可免费浏览、检索或下载。因此,这类网站资源具有一定的学术价值。以下简单介绍部分法律学术类网站。

(1)中国法学网(http://www.iolaw.org.cn)是由中国社科院法学研究所、国际法研究所设立、维护的法学专业网站。该网站由法学研究所各部门和科研人员提供信息,尤其鼓励研究人员建立个人网页,发布个人有价值的学术信息(参见图12-7)。

(2)中国诉讼法律网(http://www.procedurallaw.cn),是由中国政法大学诉讼法学研究院创办的专业性学术网站。该网站包括法律学人、法律法规、外国法等栏目(参见图12-8)。

第十二章　网络法律资源与利用

图12-7　中国法学网首页截图

图12-8　中国诉讼法律网首页截图

(3) 中国民商法律网(http://www.civillaw.com.cn)于2000年在王利明教授的倡议和主持下创建起来，致力于繁荣中国民商法学，通过学术、前沿、可读、精品的信息，打造学术思想的交流平台、学术研究的资源中心、学界成就的展示阵地以及中国民商法律科学研究中心建设的宣传窗口。设有论文集萃、学术前沿、法典评注等栏目（参见图12-9）。

图12-9　中国民商法律网首页截图

三、法律服务网站举要

1. 法律服务网

法律服务网站包括仲裁、律师、公证、法律援助等专业性、服务性网站。隶属于司法部的"中国法律服务网"（也称"12348中国法网"，http://www.12348.gov.cn/#/homepage）有一系列法律服务的指引，如请律师、办公证、找调解、要仲裁等，通过专门网站找到专门的法律服务（参见图12-10），可以说是中国法律服务的网站门户。

图12-10　中国法律服务网首页截图

2. 中国律师网

中国律师网（http://www.acla.org.cn）由中华全国律师协会（简称"全国律协"）主办。全国律协是全国性的律师行业自律性组织，依法对律师实行行业管理。中国律师网是中国律师门户网站，该网站包括会员服务、教育培训、地方动态等栏目，可了解有关律师、律师事务所、律师协会等专业建设及信息动态（参见图12-11）。

图12-11 中国律师网首页截图

3. 中国公证网

中国公证网（http://www.chinanotary.org.cn）是中国公证协会的官方网站（参见图12-12）。中国公证协会是由公证机构、公证人员、地方公证协会及其他与公证事业有关的专业人员、机构组成的全国性公证行业自律组织。该网站包括有关公证工作和服务的一系列板块和内容，可以查阅协会主办的期刊《中国公证》的各期目录，是公证行业对内服务、对外宣传的窗口。

图12-12 中国公证协会网站首页截图

4. 中国国际经济贸易仲裁委员会网站

中国国际经济贸易仲裁委员会（英文简称CIETAC，中文简称"贸仲委"）是我国以仲裁的方式，独立、公正地解决国际国内的经济贸易争议及国际投资争端的常设商事仲裁机构，也是世界上主要的常设商事仲裁机构之一。贸仲委曾用名对外贸易仲裁委员会、对外经济贸易仲裁委员会。2000年，中国国际经济贸易仲裁委员会同时启用中国国际商会仲裁院的名称。贸仲委网站（http://www.cietac.org.cn）栏目包括仲裁指南、网上仲裁、仲裁规则、仲裁资料等(参见图12-13)。其中,"仲裁资料"库的内容包括中国法资料、外国法资料、外国仲裁机构仲裁规则、国际公约及惯例、格式合同、法律资料库及会议资料等,可获得内容的全文。该网站是了解和查询有关仲裁领域内容的主要参考渠道。

图12-13 中国国际经济贸易仲裁委员会网站首页截图

5. 中国仲裁网

中国仲裁网(http://www.china-arbitration.com)由仲裁业内的专业人士创办于1997年,是中国内地设立得最早的仲裁专业网站(参见图12-14)。网站内容关注中国仲裁的理论与实践,可检索仲裁机构和仲裁员信息,裁决书全文需注册后方可查看。

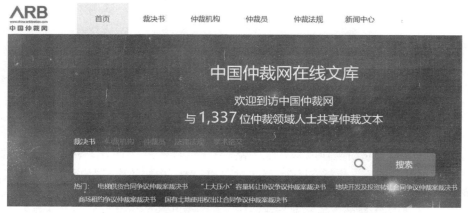

图12-14 中国仲裁网首页截图

四、法律出版网站举要

法律出版与国家的立法活动和法制建设紧密相连。新中国成立初期,伴随当时新中国政府的大规模立法活动,这个时期出版了一批法律文献,其中以立法、司法会议文件、新法规汇编、苏维埃法学译著为出版物主体。"文化大革命"时期,民主法制建设遭到破坏,法律出版物相应减少。改革开放以来,民主法制建设得到了恢复与发展,法律文献出版事业也迎来了健康、繁荣的发展时期。目前,法律出版物从数量上和出版物种类上都有大幅度的提升,既有印刷型文献,也有电子型、多媒体文献等。

国内法律文献的出版机构主要包括法律专业出版社,如法律出版社、中国法制出版社等;全国主要高等院校出版社,如北京大学出版社、中国政法大学出版社等;还有国内社科研究机构所属的出版社,如中国社会科学出版社、社会科学文献出版社等。各类出版社的出版特色有所不同,有的以出版法律法规文本和汇编、法律实务、案例汇编等为主;有的侧重于法学教材和学术著作等。以下主要介绍部分出版社,可登录各出版社的网站,了解其出版物的具体情况。

1. 法律出版社

法律出版社(http://www.lawpress.com.cn)创建于1954年,司法部主管,是我国建立最早、规模最大的专业出版社和法律信息提供商。1959年曾被撤销合并到人民出版社,1988年得以恢复。法律出版社的产品包括法律法规、法学教材、学术专著、法律实务、案例、法律词典、司法考试等,出版形式包括图书、活页、刊物、音像制品、电子出版物及网络产品。

2. 中国法制出版社

中国法制出版社(http://www.zgfzs.com)于1989年成立,是由司法部主管的中央级法律类图书专业出版社和国家法律、行政法规标准文本的权威出版机构。其出版的法律、行政法规标准版本具有较大的权威性和实用性。

3. 中国民主法制出版社

中国民主法制出版社(http://www.npcpub.com)成立于1989年,是隶属于全国人大常委会办公厅的中央级法律类图书专业出版社,也是国家法律、行政法规标准文本的权威出版机构。

4. 人民法院出版社

人民法院出版社(http://www.courtbook.com.cn)于1986年成立,是最高人民法院直属的出版机构,出版范围为法律、法规、司法解释汇编、案例分析、审判理论与实务丛书、法学专著和法律普及读物等。出版社旗下拥有《中国审判》杂志社、人民法院电子音像出版社和北京东方法律文化传媒有限公司。2016年11月30日,人民法院出版集团正式挂牌。

5. 中国检察出版社

中国检察出版社(http://www.zgjccbs.com)成立于1989年,是由最高人民检察院主办的出版机构。其出版范围为具有法律专业权威性的工具书、案例、案例评析和检察理论与实务丛书等,以及制作、发行法制宣传音像制品和电子出版物。

6. 群众出版社

群众出版社(http://www.qzcbs.com)成立于1965年,是直属于公安部的国家级出版社。"文化大革命"中曾遭撤销,1978年恢复。该社主要出版政治、法律、公安业务、公安教材和文学艺术等方面的书籍。

7. 中国方正出版社

中国方正出版社是由中央纪委、国家监委主管主办的专业出版机构,出版内容主要涵盖党风廉政建设和反腐败政策法规类、纪检监察业务类、廉政教育类、廉政文化类、党建社科类等方面。其官方网站(http://www.lianzheng.com.cn)称为"中国方正图书网"。

8. 人民出版社

人民出版社(http://www.pph166.com)始建于1921年9月1日,重建于1950年12月1日,是党和国家政治读物出版社,也是我国第一家著名的哲学社会科学综合性出版社。出版服务包括马克思主义经典著作;党和国家重要文献;党的路线、方针、政策的普及性读物;党史和党建论著;政治、哲学、经济、历史、法律、文化、国际问题等方面的一流学术著作,以及重要人物传记和哲学社会科学工具书及教材等。

第二节　媒体法律资源举要

1. 法制媒体网站

法制媒体网站包括法律专业报纸、期刊及电视台法制频道和法律节目等的网站。这类网站内的信息具有新闻性、时效性,可提供最新的中国法发展的报道,有助于及时地了解相关法律信息。

(1) 正义网(http://www.jcrb.com),是最高人民检察院主管、中国检察日报社主办的综合性法律网站,包括新闻、公诉、评论、专题、学术等版块(参见图12-15)。通过主页,可访问"人民检察院案件信息公开网""法律法规库"等,还有"新媒体矩阵"平台(参见图12-16),列出检察媒体类、检察院"两微一端"、检察自媒体的链接,提供相关信息的多种来源渠道。该网站有《检察日报》的电子版,可查看各版面及专栏的内容,有检索功能。

(2) 中国法院网(http://www.chinacourt.org),是经最高人民法院批准成立、人民法院报主办的网站,是全国法院网站的门户。中国法院网设有新闻、审判、执行、论坛等多个栏目;开设"地方频道";同时,与中国庭审公开网、法律文库、中国审判案例库等平台链接(参见图12-17)。还可以通过主页的链接,直接访问中国裁判文书网、《人民法院报》等。

(3) 法制网(http://www.legaldaily.com.cn),由法治日报社主办,包括新闻资讯、法律服务、普法等各类内容(参见图12-18)。网站有《法治日报》的电子版,可按出版时间进行检索,查看各版面及专栏的内容。该网也是了解中国政法界信息的主要渠道和平台。

第十二章　网络法律资源与利用

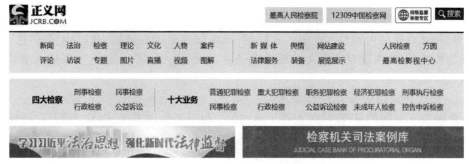

图 12-15　正义网首页截图

图 12-16　正义网新媒体矩阵平台界面截图

图 12-17　中国法院网首页截图

图 12-18　法制网首页截图

除了专门的法制媒体网站外,许多综合性的新闻网站中开辟有法律频道,如著名的新华网,其中的法治频道(http://www.xinhuanet.com/legal),设有"法治专题""法治联播"等栏目,对相关内容进行报道。人民网,以新闻报道的权威性、及时性、多样性和评论性为特色,网站内设有社会法治频道(http://society.people.com.cn),包括法治动态、法治公开课等内容。

2. 新媒体法律资源

伴随着互联网的发展,陆续出现了新的信息组织和传播方式,如BBS、博客、微博、微信、APP和小程序等。新的信息传播和服务方式可分布在电脑桌面、浏览器和移动终端等多个平台上,发布速度超过传统纸媒及网络媒体,信息共享便捷迅速。所谓"两微一端"就是指微博、微信及新闻客户端。另外,还有微课、微视等新形式。这些媒体发展新模式融合传统媒体和新媒体,反映出媒体在移动化平台上的发展状况、传播效果和影响力,成为不可忽视的媒体力量。

普通大众通过网络等途径向外发布他们本身的事实和新闻的传播方式,也称为自媒体。自媒体内容呈现形式丰富多样,主要表现形式有文字、图片、音频、视频等,相对具有简短、直观的特点。其信息以小群体不断关注、聚集进行快速有效传播。由于移动智能手机终端的普及,使自媒体的入门门槛越来越低,也存在良莠不齐现象,使用者在获取信息时要注意鉴别采用。

在诸多新媒体模式中,有一些内容与法律相关或者以法律主题而形成法律论坛、法律博客、法律微信公众号等,蕴含着丰富的信息价值。法律信息以这些新的形式交流、传播和出版,已成为广泛使用的获取渠道。以法律类微信公众号为例,通过搜狗微信(https://weixin.sogou.com)检索微信公众号和微信文章,即通过关键词可以搜索到相关的微信公众号,或者是微信公众号推送的文章(参见图12-19)。这些操作可以在PC端,搜狗的移动搜索客户端以及手机微信中完成,即通过多种途径进行相关的微信公众号或文章的搜索、获取以及转发推荐。

图12-19 搜狗微信搜索界面截图

第十二章　网络法律资源与利用

如搜索微信公众号，可分别使用法律、法学、政法、法学院、法院等词搜索，分别得到若干结果。例如，打开公众号"法客帝国"，了解其功能简介，通过添加其微信号 EmpireLawyers，或者扫其二维码方式进行关注（参见图12-20），便可以收到它即时推送的内容，也可以浏览其历史文章。微信公众号中有大量律师、法官等写的专业文章，有助于法律实务主题的分析和研究参考。

 法客帝国
微信号：EmpireLawyers

功能介绍　数十万法律精英的专业社群,每天推送"有用的实务干货",分享各领域权威法律资讯、精准解读法律、有效解决具体法律问题；为作者打造高端传播平台、为读者提供优质内容分享及高品质法律咨询。关注并回复数字：9,可交流、合作、咨询。

帐号主体　数十万法律精英的专业社群,每天推送"有用的实务干货",分享各领域权威法律资讯、精准解读法律、有效解决具体法律问题；为作者打造高端传播平台、为读者提供优质内容分享及高品质法律咨询。关注并回复数字：9,可交流、合作、咨询。

微信扫一扫
关注该公众号

图 12-20　法客帝国微信号介绍截图

早在2014年11月，检察日报新媒体联合新媒体排行榜发布首期"中国法律微信影响力排行榜"。榜单对近五百个法律类微信公众号进行采样分析，划分政法机关、检察机关、法律媒体等类别。① 此外，由中国长安网、"中央政法委长安剑"微信公众号和新榜公司联合发布"全国政法系统微信影响力排行榜"，每月发布榜单。② 可见，法律微信公众号在法律宣传、法治文化传播等方面也发挥着一定的作用。

【思考练习题】
1. 请简要介绍中国法学会举办的法学家评选活动，并列出检索途径。
2. 请列举你关注的法律公众号。

---

① 《首期中国法律微信影响力排行榜今发布》，载正义网，http://news.jcrb.com/jxsw/201411/t20141115_1449653.html，2021年9月30日最后访问。
② 《全国政法系统微信影响力排行榜》，载中国长安网，http://www.chinapeace.gov.cn/chinapeace/c54219/2020-01/09/content_12315128.shtml，2021年9月30日最后访问。

第五部分

法律检索应用篇

第十三章　法律检索应用

【本章提要】

　　法律检索是对文献资源的综合利用。法律检索过程,是对资源和检索工具比较、选择及综合运用的过程。法律检索的技能需要在不断的动手实践中培养并日趋熟练。要了解不同的资源和检索工具的特点和功能,针对不同的检索目的和需求,制定不同的检索方案或检索策略。经过一次或多次检索,才能满足检索需求。面对诸多的检索工具和途径,要灵活、合理、有效地运用,以实现检索目标。特别注意网络资源与印刷资源并重。

　　不同的检索目的,需制定不同的检索方案或检索策略,选择不同的检索工具和资源。这里的举例,只是一般性的检索分析,列出最基本的检索步骤、常用的检索工具以及基本的检索结果,提供一定的检索思路和检索操作过程的参考。特别说明的是,这里的列举,不是完整的检索报告,更不是唯一或标准的答案。

　　实际上,许多课题的检索都是综合性的,既包括概念、法律规定,又包括对已有研究成果的综述、参考。这完全由使用者根据自己的问题和需要来展开检索。很多情况下,都需要检索资料性文献,为文章或写作提供基本知识和背景参考,这也是常见的、基础性的检索。这类检索,指向某个具体的、单一的内容,相对比较简单。如查找法律词汇、法律事件、法律人物等,可应用参考工具书如百科全书、年鉴、词典、大事记等。对法律知识的解释、说明需要准确、权威或有代表性,因此,要选择质量高的工具书。如需进一步查找裁判文书、图书专著、文章论文等,则参考本书前述相关内容选择检索工具和利用资源完成。本章的法律检索应用,涉及本书总论中的法律资源和法律检索内容,如资源类型及特点、检索词的选择及逻辑关系、检索式的制定、检索结果处理等,在检索演示中不再一一解释和说明。

　　以"正当防卫研究"为例,根据研究目标依次进行不同的检索,包括概念、法律规定、案例、研究文献(代表性筛选)及图书参考等。为演示说明,简单地分开检索,得到相关结果,这种检索过程只是起到演示作用。

　　实际上,每次检索之间都是相互关联的,并非各自独立,因此,反复强调检索思路、检索步骤、检索结果等都是为了一个研究目标,不要截然割裂开。同时,此课题检索可能涉及多个中英文关键词,如正当防卫、特殊防卫、假想防卫、挑拨防卫、事后防卫、防卫过当、防卫不当、必要限度、防卫行为、防卫人,等等。在下面的检索演示中,(1) 仅以其中一个关键词为例,不做全部关键词检索;(2) 仅在一个或部分数据库及检索工具中实施检索,其他资源检索没有演示;(3) 仅简单列出检索过程和结果,也不是完整显示;(4) 检索结果也不是全部的。特此说明。

第一节　一般资料性检索

- 例一，正当防卫的含义及其法律规定

检索分析和策略：检索要求比较明确，限定在刑法领域，可直接利用数据库查找。特别提醒的是，检索法律法规等规范性文件时，不仅仅要查阅相关立法，还有司法解释，相关的立法说明、释义等文件也不可遗漏。

检索过程：

1. 利用北大法宝数据库，使用关键词"正当防卫"在正文中检索法律法规，获得结果（参见图13-1）。

图13-1　北大法宝数据库检索界面截图

（1）《中华人民共和国刑法》（2020年修正）第20条规定：为了使国家、公共利益、本人或者他人的人身、财产和其他权利免受正在进行的不法侵害，而采取的制止不法侵害的行为，对不法侵害人造成损害的，属于正当防卫。这也是正当防卫的定义。

根据法律规定，正当防卫不负刑事责任。正当防卫明显超过必要限度造成重大损害的，应当负刑事责任，但是应当减轻或者免除处罚。对正在进行行凶、杀人、抢劫、强奸、绑架以及其他严重危及人身安全的暴力犯罪，采取防卫行为，造成不法侵害人伤亡的，不属于防卫过当，不负刑事责任。

（2）2020年8月28日最高人民法院、最高人民检察院、公安部印发《关于依法适用正当防卫制度的指导意见》的通知（法发〔2020〕31号）。该司法解释有效力。

（3）《正确理解和适用正当防卫的法律规定——最高检副检察长孙谦就第十二批指导性案例答记者问（2018年12月19日）》。该文件可参考。文件中提到"特殊防卫"

"假想防卫""挑拨防卫""事后防卫"等词语值得研究者注意。

2. 同样,可以在其他数据库完成类似的检索,比较检索结果。

3. 可以利用教材、专著、词典等查阅"正当防卫"的概念及含义解释。如分别利用工具书数据库检索,以获得该词的中英文或者同义词等(参见图13-2、图13-3)。

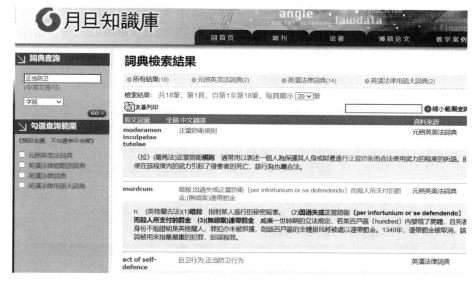

图13-2　月旦知识库词典检索界面截图

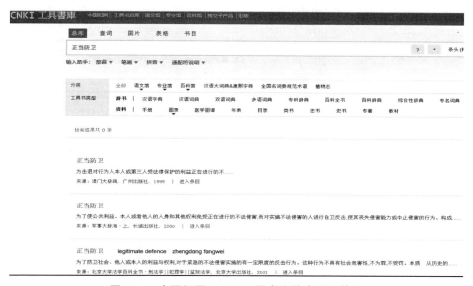

图13-3　中国知网CNKI工具书库检索界面截图

第二节 实务性资料检索

• 例二,正当防卫的相关案例

检索分析和策略:检索要求比较明确,可直接利用案例数据库查找。根据案例的参照级别如指导性案例、公报案例、典型案例等依次选择。

检索关键词:正当防卫

检索过程:

1. 利用北大法宝数据库,在默认条件下,使用"正当防卫"在标题、全文中检索司法案例,获得结果(参见图13-4)。

如指导性案例7个,其中最高人民法院指导性案例2个,最高人民检察院指导性案例5个。包括指导案例93号:于欢故意伤害案、指导案例144号:张那木拉正当防卫案、检例第47号:于海明正当防卫案等。可以根据参考程度依次查阅公报案例、典型案例、参阅案例等,分析其案情、说理、裁判结果等,为该课题研究提供相关资料支持。

图 13-4 北大法宝司法案例库检索界面截图

2. 利用威科先行法律数据库,使用"正当防卫"在标题、全文中检索裁判文书,获得结果(参见图13-5)。该结果可以与上一个检索结果参照使用。

3. 利用数据库自身的联想功能,可以实现在法律文本与案例、研究文献等之间的相互引用参考。如在例一的检索中,使用关键词"正当防卫"在正文中检索北大法宝法律法规库,得到《刑法》第20条对"正当防卫"的规定,在该条之下,列出的相关联想资源中包括案例和裁判文书(参见图13-6),可打开浏览参考。

第十三章 法律检索应用

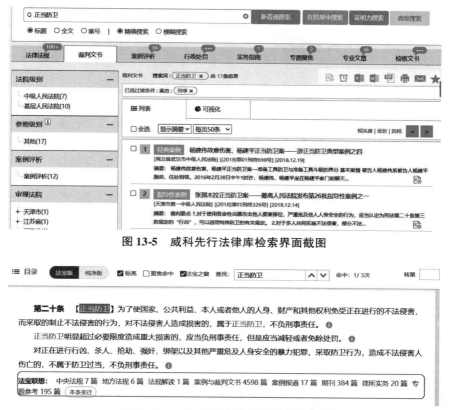

图 13-5 威科先行法律库检索界面截图

图 13-6 北大法宝法律库检索界面截图

4. 在例一的检索中,使用关键词"正当防卫"在正文中检索北大法宝法律法规库,获得的司法解释项中有多个案例来源(参见图 13-7),即最高人民检察院和最高人民法院发布的与正当防卫相关的典型案例,值得参考。

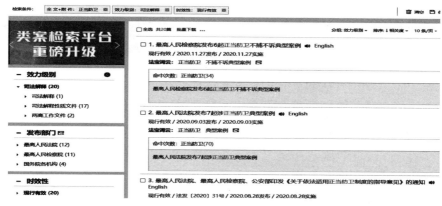

图 13-7 北大法宝法律库检索界面截图

第三节 研究性资料检索

- 例三,正当防卫的相关研究文献

检索分析和策略:根据研究文献的类型分别选择不同的工具和资源实施检索。检索词需要扩展。在例一的结果 3 中,得到"特殊防卫""假想防卫""挑拨防卫""事后防卫"等相关词。在接下来的检索结果中,通过简单阅读,可能会获得更多的相关词。这些相关词都可以当做检索词使用。在分别完成每次检索之后,对检索结果进行分析,获得高影响力的文献。

检索关键词:正当防卫、特殊防卫、假想防卫、挑拨防卫、事后防卫、防卫过当、防卫不当、必要限度、防卫行为、防卫人……

检索过程:

1. 查找文章

(1)利用中国知网 CNKI,第一,如果只是在篇名+关键词+摘要的途径中使用"正当防卫"做一般性检索,没有资源类型的限制,可见其检索结果(参见图13-8)。接下来使用不同的关键词依次检索,获得相关结果。第二,也可以利用高级检索,将检索词之间的逻辑关系设为"或者"(参见图13-9),一次性检索出相关结果。

图 13-8 中国知网 CNKI 快速检索界面截图

图 13-9 中国知网 CNKI 高级检索界面截图

对获得的诸多结果可以依据相关度、发表时间、被引及下载数量等进行排序,从中筛选出影响力比较大的文章及作者(参见图 13-10),这些文章参考性比较高。

全选　已选：0　清除　批量下载　导出与分析▾　　排序：相关度↓ 发表时间　被引　下载　　显示 20▾

题名	作者	来源	发表时间	数据库	被引	下载
侵害人视角下的正当防卫论	陈璇	法学研究	2015-05-23	期刊	174	9595
防卫过当的认定与结果 无价值论的不足	劳东燕	中外法学	2015-10-15	期刊	210	9499
克服正当防卫判断中的"道德洁癖"	陈璇	清华法学	2016-03-15	期刊	95	4511
防卫过当:判断标准与过当类型	张明楷	法学	2019-01-20	期刊	88	8756
正当防卫、维稳优先与结果导向——以"于欢故意伤害案"为契机展开的法理思考	陈璇	法律科学(西北政法大学学报)	2018-05-11 09:31	期刊	114	4303
正当防卫的异化与刑法系统的功能	劳东燕	法学家	2018-09-15	期刊	101	3781
正当防卫的司法偏差及其纠正	陈兴良	政治与法律	2019-08-05	期刊	39	3493
正当防卫如何才能避免沦为僵尸条款——以于欢故意伤害案一审判决为例的刑法教义学分析	陈兴良	法学家	2017-10-15	期刊	221	11423
正当防卫的司法异化与纠偏思路	周光权	法学评论	2017-09-13	期刊	191	6954
正当防卫的原理及其运用——对二元论的批判性考察	张明楷	环球法律评论	2018-03-28	期刊	127	9162
论持续侵害与正当防卫的关系	周光权	法学	2017-04-20	期刊	151	5719

图 13-10　中国知网 CNKI 检索结果界面截图

(2) 同样利用北大法宝数据库的联想功能,在《刑法》第 20 条对"正当防卫"的规定之下,也包括相关的期刊文章(参见前图 13-6)。北大法宝的期刊库收录的都是法学专业期刊,因此,这里文章的学术性、参考性很强,也是一个不错的来源。

(3) 利用威科先行法律数据库,通过关键词"正当防卫"搜索专业文章,这里大部分来自律师事务所的律师解读,可从法律实务的角度提供研究参考(参见图 13-11)。

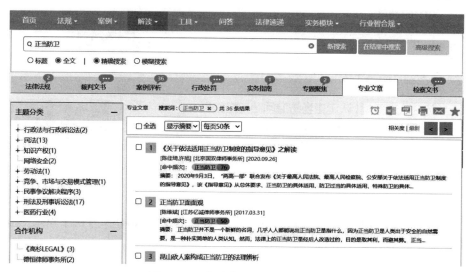

图 13-11　威科先行检索界面截图

（4）利用人民法院报、法院网站等，检索来自法官和其他人士的观点。人民法院报官网可以检索（http://search.rmfyb.com:8080/search/adsearch.jsp），免费查阅文章全文（参见图13-12）。

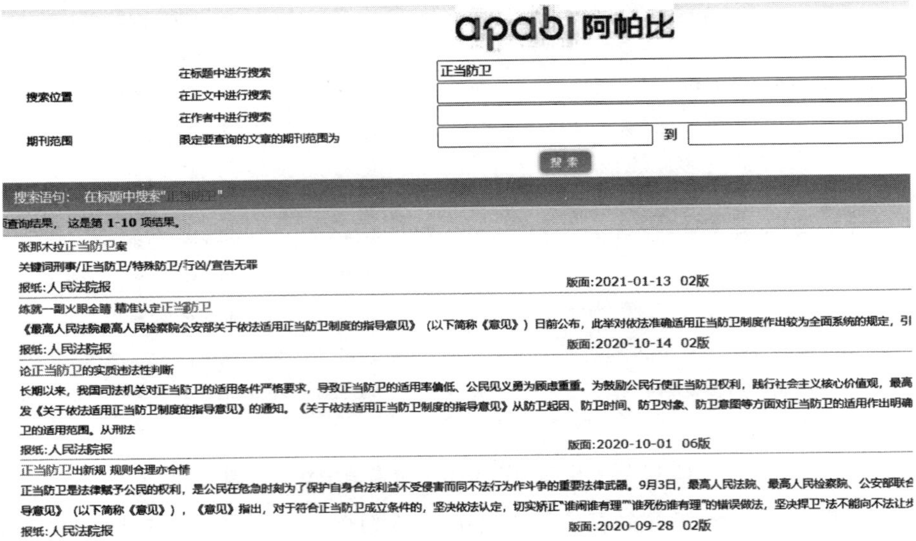

图13-12 《人民法院报》检索界面截图

（5）利用搜狗微信搜索（http://weixin.sogou.com），查阅微信公众号上发布的相关文章，可供参考（参见图13-13）。

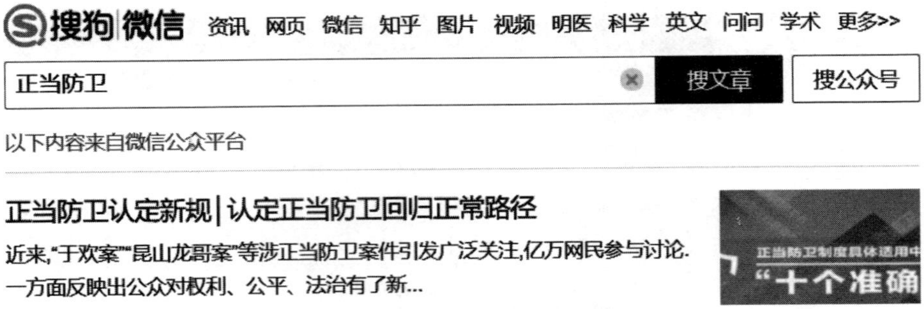

图13-13 搜狗微信检索界面截图

2. 查找图书

（1）利用图书馆的馆藏目录或者联合目录查找。如使用清华大学图书馆水木搜索，查找相关图书（参见图13-14）。

图 13-14 水木搜索检索界面截图

(2) 利用数据库查找。如使用读秀学术搜索中文图书,快速获得检索结果(参见图 13-15)。

图 13-15 读秀检索界面截图

3. 查找学位论文

(1) 利用中国知网 CNKI 学位论文库。该库包括《中国博士学位论文全文数据库》和《中国优秀硕士学位论文全文数据库》,是目前国内资源比较全面的博硕士学位论文全文数据库(检索结果参见图 13-16)。

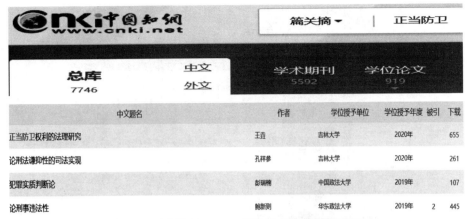

图 13-16　中国知网 CNKI 学位论文库检索界面截图

（2）查找特定大学的学位论文。以清华大学为例，查找本校的学位论文可以通过水木搜索进行检索，并链接到清华大学学位论文服务系统查看全文。也可直接检索清华大学学位论文服务系统，查阅论文电子版全文（参见图 13-17）。也可以到学位论文阅览室，查阅纸版论文。

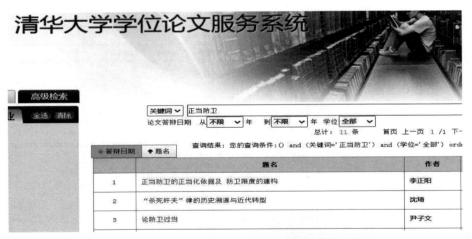

图 13-17　清华大学学位论文服务系统检索界面截图

第四节　域外研究文献检索

- 例四，正当防卫的域外相关文献

除国内参考文献外，可继续查找国外学者的研究文献或者国外立法例，进行比较性或者全面性研究,使该课题研究内容更加丰富。当然,资料的范围和来源完全取决于研究目标本身。本节只是为了检索演示而设置。

检索分析和策略: 利用英文数据库查找外文研究文献,以期刊文章为主。通过阅读几篇相关文章,提取准确的专业词汇,并扩大词汇范围进行有效检索。

检索关键词: legitimate defence, necessity in defence, self-defense, excessive defense, necessary limit, defense behavior, defendant, defender

检索过程:

1. 利用 Heinonline 数据库。可通过简单检索和高级检索依次完成,对检索结果可依相关度、被引数等排序,筛选出有参考价值的文章(参见图 13-18)。

图 13-18　HeinOnline 数据库检索界面截图

2. 利用 Westlaw 数据库,通过一站式检索,可获得不同类型的资源,如判例、期刊文章等(参见图 13-19),根据课题需求进行选择。这里的判例主要选择美国联邦法院的判例。

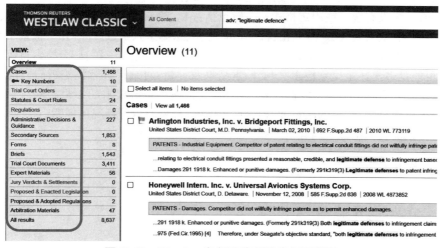

图 13-19　Westlaw 数据库案例检索界面截图

在此补充一点,可以利用该数据库中的 *Black's Law Dictionary*(11th ed., 2019)查检正当防卫的英文词语及含义。如检索"self-defense",具体解释如下图(图13-20)。

SELF-DEFENSE
Black's Law Dictionary (11th ed. 2019)   (Approx. 3 pages)
Document

Preface | Guide | Legal Maxims | Bibliography
self-defense, *n.* (1651) **1.** The use of force to protect oneself, one's family, or one's property from a real or threatened attack. • Generally, a person is justified in using a reasonable amount of force in self-defense if he or she reasonably believes that the danger of bodily harm is imminent and that force is necessary to avoid this danger. — Also termed *defense of self*. Cf. *adequate provocation* under PROVOCATION.

"The law of self-defence, as it is applied by the courts, turns on two requirements: the force must have been necessary, and it must have been reasonable." Andrew Ashworth, *Principles of Criminal Law* 114 (1991).

- **anticipatory self-defense.** (1946) See *preemptive self-defense*.
- **imperfect self-defense.** (1882) *Criminal law.* A good-faith but ultimately mistaken belief, acted on by a criminal defendant, that self-defense is necessary to repel an attack. • In some jurisdictions, such a self-defender will be charged with a lesser offense than the one committed.
- **perfect self-defense.** (1883) The use of force by one who accurately appraises the necessity and the amount of force to repel an attack.
- **preemptive self-defense.** (1969) An act of aggression by one person or country to prevent another person or country from pursuing a particular course of action that is not yet directly threatening but that, if permitted to continue, could result at some future point in an act of aggression against the preemptive actor. • In domestic-relations law, the phrase refers to the use of force to prevent another person from taking possibly lethal action against oneself. It is disfavored in the law. — Also termed *anticipatory self-defense* (ASD); *preventive self-defense*; *preemption*.
- **preventive self-defense.** See *preemptive self-defense*.
- ➡ **2.** *Int'l law.* The right of a state to defend itself against a real or threatened attack. *See* United Nations Charter, art. 51 (59 Stat. 1031). — Also spelled (esp. BrE) *self-defence*. — **self-defender**, *n.*

图13-20 Westlaw 数据库 *Black's Law Dictionary* 检索界面截图

第五节 检索报告

综上所述,我们就"正当防卫"分别进行资料性、实务性、研究性以及域外研究文献的检索,展示了不同目的、不同资源、不同路径以及不同结果的情况。当然,就一个题目而言,这几个检索应该是合而为一的,通过多次、不同检索,对结果进行选择、阅读、整理,形成最终可供参考的文献目录,并完成检索报告。

检索报告没有统一或固定格式。一般包括:(1)检索题目分析,如名称、学科、查找年限、关键词、检索式等,一一列出;(2)检索思路,从哪里入手,选择哪几个检索工具,哪几种文献类型等,简单地说就是,有哪些规范性资源、非规范性资源;(3)检索过程,实施检索,可能是多次甚至反复检索;(4)检索结果及评析,对结果进行浏览、筛选、阅读,在此环节中,有可能进行扩大检索或者缩小检索,以获得符合要求的结果。同时,可以包括对整个检索过程、结果的满意度、检索所需时间、检索心得等情况的说明。

这里仅简要列出以下内容:

一、检索工具

1. 北大法宝数据库
2. 威科先行数据库
3. 中国知网 CNKI
4. 月旦知识库

5. 清华大学图书馆水木搜索
6. 读秀学术搜索
7. 学位论文数据库
8. Heinonline 数据库
9. Westlaw 数据库
10. 其他(如律商网、Lexis®等)

二、检索词

正当防卫、特殊防卫、假想防卫、挑拨防卫、事后防卫、防卫过当、防卫不当、必要限度、legitimate defence、necessity in defence、self-defense、excessive defense、necessary limit、defense behavior、defend *

三、法律法规等规范性文件

1. 《刑法》及其修正案
2. 司法解释及司法文件

四、相关案例

1. 指导性案例
2. 公报案例
3. 典型案例/经典案例

五、研究性文献(略)

六、对检索结果采用标准的引证格式(略)

七、检索分析及结论(略)

【思考练习题】

请结合所学或者研究方向自拟题目,完成一篇完整的检索报告。

第十四章　法学论文写作与学术规范

【本章提要】

撰写法学论文,是法科生必不可少的专业要求,并可充分体现法律检索的技能及运用能力。论文写作包括论文的选题、结构组织、资料查询和整理、论文的撰写等多个方面,在写作过程中,法律检索是非常重要的环节,甚至贯穿于写作始终。同时,学术规范涉及学术研究的全过程,所以,文献资源利用的学术规范是必须了解和遵守的。

第一节　法学论文写作

在法学论文的写作过程中,法律检索是其中非常重要的环节,甚至贯穿写作始终。法学论文是关于法学领域里某一课题的新的研究成果或者科学总结,具有科学性、学术性、逻辑性、创新性等特点。论文完成后,一般要在学术会议上交流、讨论,或者在学术刊物上发表。可见,法学论文写作与一般的课题检索是有区别的,课题检索只是其中的一部分内容,论文写作还包括论文的选题、结构组织、资料查询和整理、论文的撰写,等等。

法学论文主要指学术论文和学位论文。一般情况下,法学院学生在校学习期间,都会接受来自老师给予的指导和训练或参加相关的讲座培训,以学习和掌握论文写作方法。

1. 学术论文

关于学术论文的写作,有许多相关的文章和出版物可供参考。例如,何海波教授的《法学论文写作》一书对此作了系统的介绍和论述,书中包括作者写作的许多实例,文字平易,被称为"最贴心"的论文写作指南。选题是学术论文写作的开始,是选择和确定研究课题、研究方向的过程,非常重要。何海波教授认为,一个好选题,是好文章的一半。法律检索对于题目的拟定也有一定的帮助。例如通过检索,可了解、获得该领域已有的研究成果、研究方向、研究进展、研究趋势等,避免重复选题。社会科学研究,尤其是法学研究,主要是文本研究。文本,在这里表现为各种资料,首先是法律文本,即各种立法文件,包括法律法规条文、立法理由书、各种法律草案及其修改记录;其次是司法文本,包括最高人民法院发布的司法解释文件、最高人民法院公报刊登的判例、各级法院的判决书;当然还有法学文本,包括各种法学专著、教科书、学术刊物上的法学论文等。文献资料是研究的前提条件,这些都是法律检索过程中必需的文献来源。学术论文要有根有据、有所创新,都必须建立在文献基础上。因此,法律检索在论文资料的准备过程中的作用是不可低估的。可见,法学论文写作是离不开法律检索的。

2. 学位论文

学位论文的写作，与一般的学术论文写作要求类似。例如，梁慧星教授的《法学学位论文写作方法》（以下简称《写作方法》）对此进行专门论述，该书包括引言、学位论文的选题、学位论文的资料、学位论文的结构、研究方法、学术见解、文章、社会责任及结语9个部分。学位论文的结构除标题、正文外，还有内容摘要、关键词、参考文献、后记等组成部分。

通常，各学校对于学位论文的写作都有一些具体的格式要求等规定。如清华大学研究生院（http://yjsy.cic.tsinghua.edu.cn/）的《清华大学研究生学位论文写作指南（202106）》[①]；北京大学研究生院的《研究生论文答辩和学位申请指南（2019版）》在附录中包括《北京大学研究生学位论文的基本要求与书写格式》[②]。以北京大学的规定为例，学位论文的格式一般应依次包括下述几部分：

（1）封面。

（2）版权声明。

（3）题目：应准确概括整个论文的核心内容，简明扼要，让人一目了然。一般不宜超过20个字。

（4）中文摘要：内容摘要要求在3000字以内，应简要说明本论文的目的、内容、方法、成果和结论。在本页的最下方另起一行，注明本文的关键词3—5个。

（5）英文摘要：英文摘要上方应有题目，内容与中文摘要相同。最下方一行为英文关键词。

（6）目录：既是论文的提纲，也是论文组成部分的小标题。

（7）序言（或序论、导论）：内容应包括本课题的理论意义和现实意义，国内外相关研究成果述评，本论文所要解决的问题，论文运用的主要理论和方法、基本思路和论文结构等。

（8）正文：是学位论文的主体。根据学科专业特点和选题情况，可以有不同的写作方式。严格遵循本学科国际通行的学术规范。

（9）论文中的图表、附注、参考文献、公式一律采用阿拉伯数字连续（或分章）编号。图序和图名置于图的下方；表序和表名置于表的上方；论文中的公式编号，用括号括起来写在右边行末，其间不加虚线。

（10）注释：可采用脚注或尾注的方式，按照本学科国内外通行的范式，逐一注明本文引用或参考、借用的资料数据出处及他人的研究成果和观点，严禁抄袭剽窃。

（11）结论：论文结论要明确、精炼、完整、准确，突出自己的创造性成果或新见解。应严格区分本人研究成果与他人科研成果的界限。

---

① 《研究生学位论文写作指南》，http://yjsy.cic.tsinghua.edu.cn/docinfo/board/boarddetail.jsp?columnId=0010102&parentColumnId=00101&itemSeq=5365，2021年9月30日最后访问。

② 《研究生论文答辩和学位申请指南（2019版）》，https://grs.pku.edu.cn/xwgz11/xwsy11/bsxw111/clxz09/346372.htm，2021年9月30日最后访问。

（12）参考文献：按不同学科论文的引用规范，列于文末（通篇正文之后）。外文用原文，不必译成中文。

（13）附录：包括正文内不便列入的公式推导，便于读者加深理解的辅助性数据和图表，论文使用的符号意义、缩略语、程序全文和有关说明，其他对正文的必要补充等。

（14）作者的致谢、后记或说明等一律列于论文末尾。

（15）学位论文原创性声明和授权使用说明（导师和作者本人均需签名）。

（16）封底。

3. 论文写作文献举例

论文写作是个人体验，每个学习者和研究者都各有心得。相关的图书、文章资料很多，可通过图书馆馆藏目录或者电子书、电子期刊数据库检索。这里仅以出版时间为序列举部分图书，提供参考。

（1）《法意文心：法学写作思维六讲》

编者阎天，中国民主法制出版社2021年出版。该书系法学写作课程的系列讲座稿加工整理而成。六位作者分别是章永乐、田雷、刘晗、左亦鲁、丁晓东和阎天老师，他们从不同角度分享了法学研究和写作的心得与经验，不是以传授技巧为目的，而是注重培养法学写作的思维方式。全书的内容和文字形式具有真切感和亲和力。王锡锌老师在序言中指出，写作和作品必须要设定读者，写作是作者与读者的交流，很有启发性。

（2）《法学论文的撰写、编辑与发表》

此书作者为（美）尤金·布洛克，朱奎彬译，西南交通大学出版社2018年出版。全书分为二十七章，详细地回答了学术新人所面临的"如何写""何时写""怎么样写"的问题。作者也强调注意学术伦理问题，这是很重要却经常遭到忽视的主题。

（3）《论法学研究方法》

作者陈瑞华，法律出版社2017年出版。该书是一部有关法学研究方法的学术著作，研究内容包括"如何做研究""如何写文章"的问题，其中，专门讲述"法科学生如何撰写学术论文"等，结合笔者从事法学研究的一些心得和感悟，向读者传达法学研究方法。

（4）《法学学位论文写作方法》

作者梁慧星，法律出版社2017年出版第三版。本书包括学位论文的选题、学位论文的资料、学位论文的结构、研究方法、学术见解、优秀范文、社会责任等几部分，适合法学专业学生学习参考。

（5）《法学论文写作》

作者何海波，北京大学出版社2014年出版。该书包括选题、文献、调查、论证、部分、行文、伦理等七部分内容，对论文写作从选题、文献到内容的展开进行了系统讲解，并结合作者写作的实例说明，是比较实用的论文写作指南。

（6）《法科学生必修课：论文写作与资源检索》

作者凌斌，北京大学出版社2013年出版。书中对法学写作与法律检索方法进行系统介绍，同时通过举例说明、分析文章写作与法律检索的联系，目的在于培养法律学生基本的法律思维和能力。

第二节　学术规范

一、学术规范及其基本原则

目前,在国家层面上制定了关于学术规范的文件。2004年,教育部关于印发教育部社会科学委员会《高等学校哲学社会科学研究学术规范(试行)》的通知(教社政函〔2004〕34号)。

2010年,国务院学位委员会发布《关于在学位授予工作中加强学术道德和学术规范建设的意见》(学位〔2010〕9号)。

2016年,教育部发布《高等学校预防与处理学术不端行为办法》,要求对高等学校发生的学术不端行为进行有效预防和严肃查处,以维护学术诚信,促进学术创新和发展。

2019年7月1日,行业标准《学术出版规范——期刊学术不端行为界定》(CY/T174—2019)正式实施,主管部门为国家新闻出版署。该标准界定了学术期刊论文作者、审稿专家、编辑者所可能涉及的学术不端行为;其适用于学术期刊论文出版过程中各类学术不端行为的判断和处理;其他学术出版物可参照使用。

《高等学校哲学社会科学研究学术规范(试行)》规定了高等学校哲学社会科学研究的基本规范,还包括学术引文规范、学术成果规范、学术评价规范及学术批评规范。2009年,教育部社科委学风建设委员会组织编写了《高校人文社会科学学术规范指南》(高等教育出版社出版),该《指南》正文共有8节,分别说明与学术研究相关的基本概念、学术伦理、选题与资料规范、引用与注释规范、成果呈现规范、学术批评规范、学术评价规范以及学术资源获得与权益自我保护等内容。其中,对学术共同体、学术规范、学术伦理、学风、学术失范、学术不端、学术腐败等概念进行说明。可见,学术规范涉及学术研究的所有活动和全过程。

关于写作中的引用与注释规范,各文件中都有相关或专门介绍,阐述引用的作用和规则、引用与注释的内容和格式等。一般来说,在引用和注释方面其基本原则至少应该包括以下几点[①]:

(1) 所有的专门性研究,都应该依据已有文献对相同或者相关方面的研究成果、研究状况作出概略性的说明、介绍。

(2) 对已有文献任何形式的引用,都必须注明出处。

(3) 原则上不采用间接引用方式。

(4) 引用以必要、适当为限。

(5) 引用不得改变或者歪曲被引用内容的原貌、原意。

---

① 李国新:《中国文献信息资源与检索利用》,北京大学出版社2004年版,第24—39页。

(6)引用原则上使用原始文献。

(7)引用原则上使用最新版本。

(8)引用注释应该完整、准确地显示被引用作品的相关信息。

(9)引用网络资源必须注意其"动态性",如网址、资源的发布、更新及获取时间。

《诚实做学问:从大一到教授》一书中,作者查尔斯·李普森(Charles Lipson)教授强调了学术诚实,并且归结为三个简单而有效的原则:"当你声称自己做了某项工作时,你确实是做了。当你仰赖了别人的工作,你要引注它。你用他们的话时,一定要公开而精确地加以引注,引用的时候,也必须公开而精确。当你要介绍研究资料时,你应该公正而真实地介绍它们。无论是对于研究所涉及的数据、文献,还是别的学者的著作,都该如此。"①书中举例讨论大学研究和教学中普遍存在的学术欺诈和剽窃行为,说明学术诚信的重要性以及避免学术欺诈和剽窃的主要方法。规范的引注是通往学术诚实的重要途径。

二、中国主要的文献著录规范

法律文献有一些特殊的类型,如法律文件、司法案例等,其引注格式与一般的图书、期刊论文又不同。比如,规范性文件的全称、简称、书写方式、条款序号等,案例资料的名称、信息内容等,相关统一的规范尚无形成,仍然需要使用者关注。

最高人民法院《关于裁判文书引用法律、法规等规范性法律文件的规定》(法释〔2009〕14号)中要求,人民法院的裁判文书应当依法引用相关法律、法规等规范性法律文件作为裁判依据。引用时应当准确完整写明规范性法律文件的名称、条款序号,需要引用具体条文的,应当整条引用。并列引用多个规范性法律文件的,规定了引用顺序。这可以说规定了法律法规等规范性法律文件的使用规范。

在法学学术方面,中国的学术出版机构和法学期刊杂志社对各自出版物参考文献的注释体例规定不尽相同,如《法学研究》《中外法学》分别规定了各自的引证体例,读者在发表作品时需要关注这些具体内容。2020年出版的《法学引注手册》,反映了国内法学界对文献引注格式方面的探讨及共识成果。该手册由多家法学期刊、法律图书出版单位共同起草制定,中国法学会法学期刊研究会推荐使用。内容包括引注的一般规范、中文引注体例、外文引注体例几个部分。基本原则包括:(1)引注应当必要和适度;(2)文献来源真实、相关、权威;(3)引注信息准确、完整、简洁。对文献的引用格式及常见的文献包括法律文件、司法案例、网络文章等的引用,作了比较具体的规定,对于英文、法文、德文、日文文献的引用也进行了详细的规定。该手册是关于法学论文写作规范引注操作指引和法学文献引注规范的参考用书。

---

① 〔美〕查尔斯·李普森:《诚实做学问:从大一到教授》,郜元宝、李小杰译,华东师范大学出版社2006年版,第3页。

除专门的法律文献引注规范或建议之外,目前,我国学术界常用的文献引证规范主要有两种。

1.《信息与文献 参考文献著录规则》(GB/T 7714—2015)

这是国家标准,于 2015 年 12 月 1 日实施。该标准规定了各个学科、各种类型信息资源的参考文献的著录项目、著录顺序、著录用符号、著录用文字、各个著录项目的著录方法以及参考文献在正文中的标注法。本标准适用于著者和编辑著录参考文献,而不是供图书馆员、文献目录编制者以及索引编辑者使用的文献著录规则。该标准代替了《文后参考文献著录规则》(GB/T 7714—2005),有许多技术变化和部分条款的修改、补充。新标准采用的标识符号、文献类型及载体标识符、日期和时间的表示法、中国人名汉语拼音拼写法等,均借鉴了相关标准的规范。重点增补了电子图书、电子期刊、电子学位论文、电子资源的示例,尤其是增补了附视频的电子期刊、载有 DOI 的电子图书和电子期刊的示例以及韩文、日文、俄文的示例。

2.《中国学术期刊(光盘版)技术标准规范》修订版(CAJ-CD B/T 1—2006)

1999 年 1 月,中国学术期刊(光盘版)编委会提出,国家新闻出版署印发了《中国学术期刊(光盘版)检索与评价数据规范》(CAJ-CD B/T 1—1998),其英文名称"*Data norm for retrieval and evaluation of Chinese Academic Journal-CD*",简称"CAJ-CD 规范"。2006年,该规范进行修订,名称为《中国学术期刊(光盘版)技术标准规范》(CAJ-CD B/T 1—2006),该规范规定了中国学术期刊检索与评价数据主要项目的名称、标志、结构和表示格式,提出了各类文献的选用项目及其在印刷版期刊上排印位置的建议。规范适用于各类期刊的数字化处理,也可供其他类型文献及文献检索与评价系统参考。

对于中文文献著录格式,在常用的数据库中可直接复制引用,如中国知网 CNKI、万方数据库等(参见图 14-1、图 14-2)。

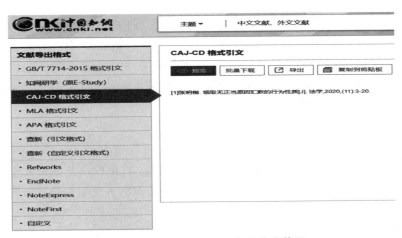

图 14-1　中国知网 CNKI 文献格式截图

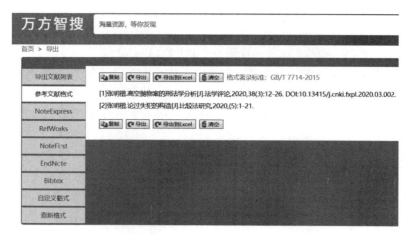

图14-2 万方智搜文献格式截图

三、国外主要的文献著录规范

不同学术领域的论文写作风格不同,参考文献的著录方式也有区别。在社会科学领域特别是法学领域中,文献著录规范主要有以下各种。①

1.《蓝皮书:统一引注体系》

《蓝皮书:统一引注体系》(*Blue Book*:*An Uniform System of Citation*,简称《蓝皮书》)由哈佛、耶鲁、哥伦比亚和宾夕法尼亚四所大学法学评论编委会联合制定的,由哈佛法学评论社出版发行。《蓝皮书》出版历史较长,是美国法律界比较通行的引注标准,大约每隔5年修订再版一次。2021年1月出版了第21版,在其网站上(http://www.legal-bluebook.com)有印刷版的更新信息。

2. ALWD法律引注指南

ALWD是指Association of Legal Writing Directors(美国法律写作主任协会,简称ALWD,https://www.alwd.org),该协会成立于1996年,有300余名会员,来自美国、加拿大、澳大利亚的150多所法学院。协会编辑出版的ALWD Guide to Legal Citation已经第6版,在美国法学院中也有一定的影响。

3. 芝加哥手册

芝加哥手册是指《芝加哥手册:写作、编辑和出版指南》(*The Chicago Manual of Style*:*The Essential Guide for Writers*,*Editors & Publishers*),由美国芝加哥大学出版社出版、发行。手册历经多次修订,简称为芝加哥手册,也被称为芝加哥格式。该格式成为

---

① 参见罗伟:《法律文献引证注释规范》(第二版),北京大学出版社2013年版。另外,李普森的《诚实做学问:从大一到教授》一书第二部分详细介绍目前美国各大学通行的几种主要"引注规则",并配以大量"引注"例证,说明所有引注规则的常见问题。其中,第13章介绍了《蓝皮书》的法学引注规则。

美国出版界和学术界应用广泛的一种专业写作和编辑规范,成为人们共同遵守的规则。2017 年该手册出版第 17 版。

4. MLA 手册

MLA 手册是指由美国现代语言学会(Modern Language Association,简称 MLA)编辑出版的《MLA 学术论文写作者手册》(*MLA Handbook for Writers of Research Papers*,简称"MAL 手册")。该协会还出版了《MLA 文体手册和学术出版指南》(*MLA Style Manual and Guide to Scholarly Publishing*,简称《文体手册》)。MLA 手册成为 MLA 格式的权威来源。2021 年出版手册第 9 版,在其网站上(https://style.mla.org)有印刷版的更新信息。

5. APA 手册

APA 手册是指由美国心理学会(American Psychological Association,简称 APA)编辑出版的《APA 出版手册》(*Publication Manual of the APA*,简称"APA 手册"),该规范广泛应用于社会科学领域。2020 年出版第 7 版,可在其网站上(https://apastyle.apa.org/products/publication-manual-7th-edition)查询相关信息。

6.《牛津法律权威引注标准》

《牛津法律权威引注标准》(*The Oxford Standard for the Citation of Legal Authorities*,简称 OSCOLA)是由牛津大学法学院的《英联邦法律杂志》(*Oxford University Commonwealth Law Journal*)在与主要法律出版社协商之后制定的,并发布在其网站上(http://denning.law.ox.ac.uk/published/oscola.shtml)。该标准又称《牛津手册》(*Oxford Manual*),有英国的《蓝皮书》之称,得到了英国法律界的广泛接受。

7.《澳大利亚法律引注指南》

《澳大利亚法律引注指南》(*Australian Guide to Legal Citation*,简称 AGLC,https://law.unimelb.edu.au/mulr/aglc/about)为澳大利亚提供了统一的法律引用体系。1998 年 AGLC 的第 1 版由《墨尔本大学法律评论》(*Melbourne University Law Review*)出版。2018 年 AGLC 由《墨尔本大学法律评论》和《墨尔本国际法杂志》(*Melbourne Journal of International Law*)合作出版第 4 版。

8.《加拿大统一法律引注指南》

《麦吉尔法律杂志》(*McGill Law Journal*)的编辑们于 1986 年发布《加拿大统一法律引注指南》的第一版,也称《麦吉尔统一法律引注指南》(*McGill Guide to Uniform Legal Citation*)。该指南每四年发布一次新版本,2018 年出版了第 9 版,可在其网站上(https://lawjournal.mcgill.ca/cite-guide)查询相关信息。

英文文献的引注格式在一些数据库中也可以直接获得,如 HeinOnline 数据库中的文章引注格式包括 8 种格式(参见图 14-3)。

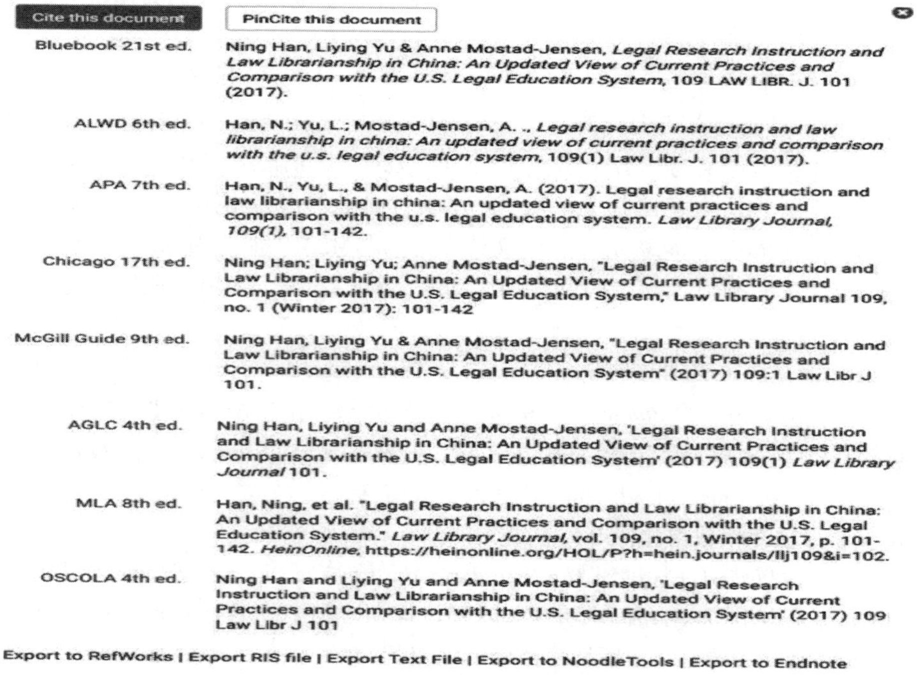
Cite this document | PinCite this document

Bluebook 21st ed. Ning Han, Liying Yu & Anne Mostad-Jensen, *Legal Research Instruction and Law Librarianship in China: An Updated View of Current Practices and Comparison with the U.S. Legal Education System*, 109 LAW LIBR. J. 101 (2017).

ALWD 6th ed. Han, N.; Yu, L.; Mostad-Jensen, A. ., *Legal research instruction and law librarianship in china: An updated view of current practices and comparison with the u.s. legal education system*, 109(1) Law Libr. J. 101 (2017).

APA 7th ed. Han, N., Yu, L., & Mostad-Jensen, A. (2017). Legal research instruction and law librarianship in china: An updated view of current practices and comparison with the u.s. legal education system. *Law Library Journal, 109(1)*, 101-142.

Chicago 17th ed. Ning Han; Liying Yu; Anne Mostad-Jensen, "Legal Research Instruction and Law Librarianship in China: An Updated View of Current Practices and Comparison with the U.S. Legal Education System," Law Library Journal 109, no. 1 (Winter 2017): 101-142

McGill Guide 9th ed. Ning Han, Liying Yu & Anne Mostad-Jensen, "Legal Research Instruction and Law Librarianship in China: An Updated View of Current Practices and Comparison with the U.S. Legal Education System" (2017) 109:1 Law Libr J 101.

AGLC 4th ed. Ning Han, Liying Yu and Anne Mostad-Jensen, 'Legal Research Instruction and Law Librarianship in China: An Updated View of Current Practices and Comparison with the U.S. Legal Education System' (2017) 109(1) *Law Library Journal* 101.

MLA 8th ed. Han, Ning, et al. "Legal Research Instruction and Law Librarianship in China: An Updated View of Current Practices and Comparison with the U.S. Legal Education System." *Law Library Journal*, vol. 109, no. 1, Winter 2017, p. 101-142. *HeinOnline*, https://heinonline.org/HOL/P?h=hein.journals/llj109&i=102.

OSCOLA 4th ed. Ning Han and Liying Yu and Anne Mostad-Jensen, 'Legal Research Instruction and Law Librarianship in China: An Updated View of Current Practices and Comparison with the U.S. Legal Education System' (2017) 109 Law Libr J 101

Export to RefWorks | Export RIS file | Export Text File | Export to NoodleTools | Export to Endnote

图 14-3 HeinOnline 数据库文献格式截图

第三节 文献资源利用中的著作权保护

一、相关法律概述

在文献信息利用过程中,会涉及对这些智力活动成果的保护即知识产权问题。用户应该尊重知识产权,做到合理使用。特别要注意网络环境下知识产权的保护。

对著作权的法律保护由来已久,许多国家都制定了著作权法,著作权法律制度也日趋完善。我国现行著作权法是 2020 年修订的《中华人民共和国著作权法》(以下简称《著作权法》),与之相关的法规还有《中华人民共和国著作权法实施条例》(2013 年)、《信息网络传播权保护条例》(2013 年)、《计算机软件保护条例》(2013 年)、《音像制品管理条例》(2011 年)、《实施国际著作权条约的规定》(2020 年)、《互联网著作权行政保护办法》(2005 年)等,这些规定全面提高了我国著作权保护水平。同时,我国还加入了一系列国际公约和条约,如《保护文学艺术作品伯尔尼公约》(1971 年)、《保护录音制品制作者防止未经授权复制其制品公约》(1971 年)、《保护表演者、唱片制作者和广播组织的国际公约》(《罗马公约》,1961 年)、《与贸易有关的知识产权协定》(《TRIPS 协定》,1994 年)、《世界知识产权组织表演和录音制品条约》(WPPT,1996 年)以及《世界知识产权组织版权条约》(WCT,亦称《WIPO 版权条约》,1996 年)等,推动了中国著作权制度与国际接轨。

著作权法诞生于传统媒体发达时代,网络等新兴媒体的出现和发展,对已有著作权法提出新的规则、标准等需求。信息资源的传播与利用不仅仅限于知识产权的层面,还涉及信息保护、数据保护等其他法律领域。随着网络、大数据及信息技术的发展,带来的各种问题和需求,各国政府通过修改原有法律法规、制定新的法律政策等方式,完善政府数据开放、数据流通规则以及个人信息保护,调整和保护网络环境下的知识产权领域。我国目前已经制定或修订的相关法律法规,关于网络信息保护方面,如《全国人民代表大会常务委员会关于维护互联网安全的决定》(2009 年)、《全国人民代表大会常务委员会关于加强网络信息保护的决定》(2012 年)、《国家安全法》(2015 年)、《数据安全法》(2021 年)、《网络安全法》(2016 年)、《互联网信息服务管理办法》(2011 年)、《互联网新闻信息服务管理规定》(2017 年)、《电信条例》(2016 年)、《国际联网安全保护管理办法》(2011 年)、《电信和互联网用户个人信息保护规定》(2013 年)等。部门法方面包括《民法典》(2020 年)、《个人信息保护法》(2021 年)、《反不正当竞争法》(2017 年)、《电子商务法》(2018 年)、《消费者权益保护法》(2013 年)等。2020 年修正的《刑法》第 217 条规定了以营利为目的,有侵犯著作权或者与著作权有关的权利的情形,情节严重的,将处罚金及有期徒刑。可见,侵犯著作权的行为可能会被追究行政、民事甚至刑事责任。

二、著作权法相关规定

著作权法是一个专业领域,有着自己的研究对象,对于著作权的客体、内容、保护期限等制度需要专门的研究。著作权是指作者和其他著作权人对文学、艺术、科学作品依法所享有的专有权利。法律保护文学、艺术和科学作品作者的著作权,以及与著作权有关的权益。我国《著作权法》第 3 条规定了作品的种类,包括以下列形式创作的文学、艺术和科学领域内具有独创性并能以一定形式表现的智力成果:(1) 文字作品;(2) 口述作品;(3) 音乐、戏剧、曲艺、舞蹈、杂技艺术作品;(4) 美术、建筑作品;(5) 摄影作品;(6) 视听作品;(7) 工程设计图、产品设计图、地图、示意图等图形作品和模型作品;(8) 计算机软件;(9) 符合作品特征的其他智力成果。此外,对于一些特殊的作品,如演绎作品、汇编作品、数据库、实用艺术品和民间文艺作品的著作权保护,在使用时也应该注意参照有关法律规定。

著作权由作者的精神权利和经济权利两部分构成,包括广泛的内容。我国《著作权法》第 10 条列举了著作权人或许可权人享有的人身权和财产权,如发表权、署名权、修改权、保护作品完整权、复制权、发行权、出租权、信息网络传播权、改编权、翻译权、汇编权等各项权利。可见,在文献信息的利用过程中,不能侵犯著作权。即使是进入公有领域或超过著作权保护期限的作品,其经济权利丧失,但是精神权利依然存在,依然不能侵犯。

此外,权利人享有的信息网络传播权,受《著作权法》和《信息网络传播权保护条例》

保护。除法律、行政法规另有规定外，任何组织或者个人将他人的作品、表演、录音录像制品通过信息网络向公众提供，应当取得权利人许可，并支付报酬。

三、合理使用

著作权法规定了著作权人广泛的权利内容，以鼓励和促进人们创作的积极性。同时，为满足社会公众对知识和信息的需要，在一定条件下也允许他人不经权利人许可使用，甚至可以无偿使用作品。著作权法规定对于著作权的限制和例外，是为了平衡作品的创作者与社会公众之间的利益。我国《著作权法》规定了对著作权的两类限制：合理使用和法定许可。简单地说，根据法定许可，使用作品者无须经过著作权人许可，但应当支付报酬；根据合理使用的规定，则对作品的使用既不需经过著作权人许可，也不需支付报酬。使用者应该在遵守法律规定的前提下，合理使用拥有著作权的作品。

我国《著作权法》第24条列出了"合理使用"的情形。在规定的情况下使用作品，可以不经著作权人许可，不向其支付报酬，但应当指明作者姓名或者名称、作品名称，并且不得影响该作品的正常使用，也不得不合理地损害著作权人的合法权益。合理使用的情形如为个人学习、研究或者欣赏，使用他人已经发表的作品；为学校课堂教学或者科学研究，翻译、改编、汇编、播放或者少量复制已经发表的作品，供教学或者科研人员使用，但不得出版发行；图书馆、档案馆、纪念馆、博物馆、美术馆、文化馆等为陈列或者保存版本的需要，复制本馆收藏的作品；等等。《信息网络传播权保护条例》第6条也规定了8种在数字环境中"合理使用"的情形。

四、图书馆对知识产权保护的实践

作为文献资源保障及提供使用服务机构，图书馆也非常注重资源利用中的知识产权保护问题，特别是对电子资源利用的版权保护。以大学图书馆为例，大多数图书馆都在其网站发布版权保护或类似的声明，强调尊重并维护著作权人的知识产权利益，要求用户使用校园网电子资源时，应遵守法律法规和学校规定，并遵循合理使用的原则。2008年，北京大学制定了《北京大学校园网电子资源使用管理办法》①。北京大学图书馆发布《校园网电子资源的使用规定以及违规使用行为的处理办法》对校园网电子资源、合法用户、合理使用、违规使用电子资源的行为及处理办法作了明确规定②。其中，列举了违规使用校园网电子资源的行为，包括连续、集中、大批量下载电子资源（超过了正常的阅读速度，如在一小时内下载量超过百篇以上的均属于违规操作；违规操作的判断通常以出版商提供的违规使用报告为准）；使用软件工具下载电子资源；将所获得的文献提供给校外人员，并进行非法商业性牟利；私自向其他任何非法用户提供代理服务

---

① 《北京大学校园网电子资源使用管理办法》，https://its.pku.edu.cn/download/pkulibglbf.pdf，2021年9月30日最后访问。

② 《校园网电子资源的使用规定以及违规使用行为的处理办法》，https://www.lib.pku.edu.cn/portal/cn/fw/rgzn/guizhangzhidu/notice12，2021年9月30日最后访问。

或大批量的文献传递;将电子资源的合法使用权限再提供给其他任何非法用户使用(如将校园网帐号租给校外人员使用)及其他不符合中国知识产权法的非法使用行为。2020年,厦门大学图书馆制定了《厦门大学图书馆数字资源使用管理办法（试行）》[①]以保护数字资源知识产权,规范数字资源使用行为。清华大学图书馆在其网站主页上发布"关于保护电子资源知识产权的公告",明确要求各使用单位和个人重视并遵守电子资源知识产权的有关规定。

总之,任何组织和个人都要树立知识产权保护意识,在文献资源利用过程中,遵守著作权保护相关法律规定,依法合理使用各类资源特别是电子资源,充分保护网络知识产权,推动知识创新和社会发展。

【思考练习题】

1. 请了解学术研究与写作中的学术规范。
2. 请了解文献资源利用过程中涉及的有关知识产权保护方面的法律法规。

---

① 《厦门大学图书馆数字资源使用管理办法（试行）》,https://library.xmu.edu.cn/zy/cysjk/szzysyglbf.htm,2021年9月30日最后访问。

附录1　中文法学核心期刊目录

目前,国内中文法学核心期刊目录主要有以下三种评判体系:
第一种,"中文社会科学引文索引",即南京大学版的 CSSCI。
第二种,《中文核心期刊要目总览》,即北大中文核心期刊要目总览。
第三种,"中国法学核心科研评价来源期刊",即中国法学会组织的 CLSCI。

一、中文社会科学引文索引(CSSCI)

"中文社会科学引文索引"(以下简称 CSSCI)是由南京大学中国社会科学研究评价中心开发研制的数据库,用来检索中文社会科学领域的论文收录和文献被引用情况。CSSCI 每年对其来源期刊进行定性评价。

法学类期刊(2021—2022)包括 24 种:《比较法研究》《当代法学》《东方法学》《法律科学》《法商研究》《法学》《法学家》《法学论坛》《法学评论》《法学研究》《法制与社会发展》《国家检察官学院学报》《华东政法大学学报》《环球法律评论》《清华法学》《现代法学》《行政法学研究》《政法论丛》《政法论坛》《政治与法律》《中国法律评论》《中国法学》《中国刑事法杂志》《中外法学》。

期刊扩展版(2021—2022)包括 18 种:《北方法学》《财经法学》《地方立法研究》《法学杂志》《法律适用》《法治研究》《甘肃政法大学学报》《国际法研究》《河北法学》《河南财经政法大学学报》《交大法学》《科技与法律(中英文)》《南大法学》《苏州大学学报(法学版)》《知识产权》《中国海商法研究》《中国应用法学》《中国政法大学学报》。

二、《中文核心期刊要目总览》

《中文核心期刊要目总览》(以下简称《要目总览》)由北京大学图书馆与北京高校图书馆期刊工作研究会联合编辑出版。2020 年已出版第九版。

2020 版北大中文核心期刊目录收录法学类期刊计 28 种。包括:《中国法学》《法学研究》《中外法学》《法学》《法律科学》《法学家》《清华法学》《法商研究》《当代法学》《政治与法律》《现代法学》《法学评论》《政法论坛》《比较法研究》《法制与社会发展》《环球法律评论》《华东政法大学学报》《法学论坛》《国家检察官学院学报》《法学杂志》《东方法学》《行政法学研究》《法律适用》(改名为:《法律适用·理论应用》)《中国刑事法杂志》《政法论丛》《河北法学》《知识产权》《北方法学》。

三、中国法学核心科研评价来源期刊(CLSCI)

"中国法学核心科研评价来源期刊"(China Legal Science Citation Index,CLSCI)是中

国法学会法律信息部于2010年起,对全国法学研究机构和个人在重要核心期刊上发表的论文进行统计分析的期刊目录。2022年,中国法学创新网对CLSCI来源期刊筛选24种:《中国社会科学》、《中国法学》、《法学研究》、《中外法学》、《法学家》、《法商研究》、《法学》、《法律科学》、《法学评论》、《政法论坛》、《法制与社会发展》、《现代法学》、《比较法研究》、《环球法律评论》、《清华法学》、《政治与法律》、《当代法学》、《法学论坛》、《法学杂志》、《华东政法大学学报》、《中国刑事法杂志》、《东方法学》、China Legal Science、Frontiers of Law in China。

四、中文法学核心期刊目录列表

1. 中文法学核心期刊目录(以汉语拼音为序)

序号	期刊名称	主办者
1	《北方法学》*	黑龙江大学
2	《比较法研究》*#	中国政法大学
3	《当代法学》*#	吉林大学
4	《东方法学》*#	上海法学会、上海人民出版社
5	《法律科学》*#	西北政法大学
6	《法律适用》*	国家法官学院
7	《法商研究》*#	中南财经政法大学
8	《法学》*#	华东政法学院
9	《法学家》*#	中国人民大学
10	《法学论坛》*#	山东省法学会
11	《法学评论》*#	武汉大学
12	《法学研究》*#	中国社会科学院法学研究所
13	《法学杂志》*	北京市法学会
14	《法制与社会发展》*#	吉林大学
15	《国家检察官学院学报》*#	国家检察官学院
16	《河北法学》*	河北省法学会
17	《华东政法大学学报》*#	华东政法学院
18	《环球法律评论》*#	中国社会科学院法学研究所
19	《清华法学》*#	清华大学
20	《现代法学》*#	西南政法大学
21	《行政法学研究》*#	中国政法大学
22	《政法论丛》*#	山东政法学院
23	《政法论坛》*#	中国政法大学
24	《政治与法律》*#	上海社会科学院法学研究所
25	《知识产权》*	中国知识产权研究会
26	《中国法律评论》#	法律出版社
27	《中国法学》*#	中国法学会
28	《中国刑事法杂志》*#	最高人民检察院检察理论研究所
29	《中外法学》*#	北京大学

注:标识*代表《中文核心期刊要目总览》(2020年第九版)法学期刊28种
　　标识#代表CSSCI收录来源期刊(2021—2022)法学期刊24种

2. CSSCI 扩展版(2021—2022))来源期刊法学期刊目录(18 种)

序号	期刊名称	主办者
1	《北方法学》	黑龙江大学
2	《财经法学》	中央财经大学
3	《地方立法研究》	中山大学、广东省立法研究所
4	《法学杂志》	北京市法学会
5	《法律适用》	国家法官学院
6	《法治研究》	浙江省法学会
7	《甘肃政法大学学报》	甘肃政法大学
8	《国际法研究》	中国社科院国际法研究所、社科文献出版社
9	《河北法学》	河北省法学会
10	《河南财经政法大学学报》	河南财经政法大学
11	《交大法学》	上海交通大学
12	《科技与法律》	中国科学技术法学会
13	《南大法学》	南京大学
14	《苏州大学学报(法学版)》	苏州大学
15	《知识产权》	中国知识产权研究会
16	《中国海商法研究》	中国海商法协会、大连海事大学
17	《中国应用法学》	中国应用法学研究所、人民法院出版社
18	《中国政法大学学报》	中国政法大学

附录2　主要图书分类法简介

在国内曾经使用或有影响的图书分类法,主要有"中国图书馆分类法"(简称"中图法")、"中国科学院图书馆图书分类法"(简称"科图法")、"中国人民大学图书馆图书分类法"(简称"人大法")等。其中,"中图法"是目前国内图书馆使用最广泛的分类法体系。现代西方图书分类法,主要有"杜威十进分类法"(Dewey Decimal Classification,DC或DDC,简称"杜威法")、"美国国会图书馆分类法"(Library of Congress Classification,LC,简称"国会法")、"国际十进分类法"(Universal Decimal Classification,UDC)等。

1. "中国图书馆分类法"

"中国图书馆分类法"(简称"中图法",英文译名为Chinese Library Classification,英文缩写为CLC),曾用名为"中国图书馆图书分类法",是我国建国后编制出版的一部具有代表性的大型综合性分类法,是当今国内图书馆使用最广泛的分类法体系。"中图法"初版于1975年,2010年出版了第五版。2011年推出"中图法"(第五版)Web试用版。资料参见国家图书馆网站http://clc.nlc.cn/index.jsp。

"中图法"基本结构分5个基本部类,即马克思主义列宁主义毛泽东思想、哲学、社会科学、自然科学及综合性图书,在此基础上扩展为22个大类。1981年,被正式批准为国家标准的试用本。目前,"中图法"已普遍应用于全国各类型的图书馆,国内主要大型书目、检索刊物、机读数据库,以及"中国国家标准书号"等都著录"中图法"分类号。

"中图法"中,法律与政治合为一类(D类),没有单独立类。基本类目如下:

类号	类名
A	马克思主义、列宁主义、毛泽东思想、邓小平理论
B	哲学、宗教
C	社会科学总论
D	政治、法律
E	军事
F	经济
G	文化、科学、教育、体育
H	语言、文字
I	文学
J	艺术
K	历史、地理
N	自然科学总论

(续表)

类号	类名
O	数理科学和化学
P	天文学、地球科学
Q	生物科学
R	医药、卫生
S	农业科学
T	工业技术
U	交通运输
V	航空、航天
X	环境科学、安全科学
Z	综合性图书

"法律"类(D9)类目简表

类号	类名
D90	法的理论(法学)
D91	法学各部门
D92	中国法律
D93/97	各国法律
D99	国际法

2."美国国会图书馆分类法"

"美国国会图书馆分类法"(Library of Congress Classification,简称LC)由美国国会图书馆编制,共21个大类,其中法律单独立类(K),资料参见美国国会图书馆网站(https://www.loc.gov/aba/cataloging/classification)。其基本类目如下:

类号	类名
A	General Works
B	Philosophy. Psychology. Religion
C	Auxiliary Sciences of History
D	World History and History of Europe, Asia, Africa, Australia, New Zealand, Etc.
E	History of the Americas (United States (General))
F	History of the Americas (United States local history. Canada. Latin America)
G	Geography. Anthropology. Recreation
H	Social Sciences
J	Political Science
K	Law

(续表)

类号	类名
L	Education
M	Music and Books on Music
N	Fine Arts
P	Language and Literature
Q	Science
R	Medicine
S	Agriculture
T	Technology
U	Military Science
V	Naval Science
Z	Bibliography. Library Science. Information Resources (General)

"法律"类(K)类目简表

类号	类名
K	Law in general. Comparative and uniform law. Jurisprudence
KB	Religious law in general. Comparative religious law. Jurisprudence
KBM	Jewish law
KBP	Islamic law
KBR	History of canon law
KBU	Law of the Roman Catholic Church. The Holy See
KD-KDK	United Kingdom and Ireland
KDZ	America. North America
KE	Canada
KF	United States
KG	Latin America — Mexico and Central America — West Indies. Caribbean area
KH	South America
KJ-KKZ	Europe
KL-KWX	Asia and Eurasia Africa Pacific Area and Antarctica
KZ	Law of nations

3. "杜威十进分类法"

"杜威十进分类法"(Dewey Decimal Classification, DDC)由美国著名图书馆学家麦维尔·杜威(Melvil Dewey)所创。首先把所有学科归纳成9大类,不能归入任何一类的设为总论类,共10个基本大类。法律列于社会科学类目(300)。其第23版基本类目如下(资料参见网址 https://www.oclc.org/en/dewey.html):

类号	类名
000	Computer science, information & general works(计算机科学、信息与综合性作品)
100	Philosophy & psychology(哲学、心理学)
200	Religion(宗教)
300	Social sciences(社会科学)
400	Language(语言学)
500	Science(自然科学)
600	Technology(应用科学)
700	Arts & recreation(艺术、娱乐)
800	Literature(文学)
900	History & geography(历史、地理)

附录3 文献类型及代码一览表(国家标准)[①]

表1 文献类型和标识代码

参考文献类型	文献类型标识代码
普通图书(Monograph)	M
会议录(Conference)	C
汇编(General)	G
报纸(Newspaper)	N
期刊(Journal)	J
学位论文(Dissertation)	D
报告(Report)	R
标准(Standard)	S
专利(Patent)	P
数据库(Database)	DB
计算机程序(Computer Program)	CP
电子公告(Electronic Bulletin Board)	EB
档案(Archive)	A
舆图(Cartographic Material)	CM
数据集(Data Set)	DS
其他	Z

表2 电子资源载体和标识代码

电子文献的载体类型	载体类型标识代码
磁带(Magnetic Tape)	MT
磁盘(Disk)	DK
光盘(CD-ROM)	CD
互联网(Online)	OL

[①] 摘自 GB/T 7714—2015《信息与文献 参考文献著录规则》

附录4　主要参考文献

1. 于丽英,罗伟.法律文献检索教程[M].北京:清华大学出版社,2008.
2. 刘丽君,于丽英.漫游虚拟法律图书馆:在线法律研究指南[M].北京:法律出版社,2004.
3. 林燕萍.信息素养与法律文献检索[M].北京:法律出版社,2018.
4. 刘鸿霞.法律文献信息检索理论与实例研究[M].北京:中国政法大学出版社,2018.
5. 米健.比较法学导论[M].北京:商务印书馆,2013.
6. 郭依群,关志英.网络学术资源应用导览(社科篇)[M].北京:中国水利水电出版社,2006.
7. 凌斌.法科学生必修课:论文写作与资源检索[M].北京:北京大学出版社,2013.
8. 何海波.法学论文写作[M].北京:北京大学出版社,2014.
9. Hoffman M, Rumsey M. International and Foreign Legal Research a Coursebook [M]. Leiden;Boston:Martinus Nijhoff Publishers, 2008.
10. Cohen M L, Olson K C. Legal Research in a Nutshell [M]. 12 ed. St. Paul, MN: West Academic Publishing, 2016.
11. 柯恩,奥尔森.美国法律文献检索:第12版[M].夏登峻,缪庆庆译.夏登峻审校.北京:北京大学出版社,2020.
12. 马文峰.人文社会科学信息检索[M].北京:北京图书馆出版社,2004.
13. 杜学亮.中文法学工具书辞典[M].北京:知识产权出版社,2006.
14. 罗伟.法律文献引证注释规范[M].2版.北京:北京大学出版社,2013.

北大社
法学论文写作与资源检索书单

本书思考练习题
部分参考答案